Gabriele Teckentrup
Frauen in der 68er Bewegung

Psychoanalyse

Gabriele Teckentrup, geb. 1944, ist Psychoanalytikerin, Dozentin und Lehrsupervisorin u.a. am Michael-Balint-Institut Hamburg. Sie studierte Wirtschaftswissenschaft, Politikwissenschaft, Pädagogik und Germanistik. Ihre Forschungsschwerpunkte umfassen die Themen Geschlechterdifferenz, Adoleszenz, Film und Psychoanalyse sowie Trauma und transgenerative Traumatisierung durch Krieg, Flucht und Migration.

Gabriele Teckentrup

Frauen in der 68er Bewegung

Psychoanalytische Perspektiven auf einen Generationenkonflikt

[transcript]

Bibliografische Information der Deutschen Nationalbibliothek
Die Deutsche Nationalbibliothek verzeichnet diese Publikation in der Deutschen Nationalbibliografie; detaillierte bibliografische Daten sind im Internet über http://dnb.d-nb.de abrufbar.

Umschlaggestaltung: Maria Arndt, Bielefeld
Lektorat: Brigitte Grosse
Druck: Majuskel Medienproduktion GmbH, Wetzlar
https://doi.org/10.14361/9783839468104
Print-ISBN: 978-3-8376-6810-0
PDF-ISBN: 978-3-8394-6810-4
Buchreihen-ISSN: 2703-1330
Buchreihen-eISSN: 2703-1349

Gedruckt auf alterungsbeständigem Papier mit chlorfrei gebleichtem Zellstoff.
Besuchen Sie uns im Internet: *https://www.transcript-verlag.de*
Unsere aktuelle Vorschau finden Sie unter *www.transcript-verlag.de/vorschau-download*

Für Katja und Paula.

Inhalt

I. Vorwort – Brief an die Frauen

Liebe Frauen,
inzwischen sind fast 30 Jahre vergangen, seit wir die biografischen Interviews über euren politischen Aufbruch 1968 gemacht haben, und es ist für mich eindrucksvoll, wie präsent ihr für mich nach wie vor seid.

Dass eure Geschichte nun so lange schon bei mir liegt und das Projekt, das eigentlich eine Promotion werden sollte, immer noch nicht abgeschlossen ist, hat verschiedene Gründe. Einige möchte ich im Folgenden näher zu erklären versuchen.

Zum einen hatte ich mich nach längeren Überlegungen entschlossen, keine Promotion aus dem »Material« zu machen, obwohl es von Hochschulseite recht großes Interesse an dem Projekt gegeben hat. Je mehr ich mich aber mit den Interviews beschäftigt habe, desto mehr hatte ich das Gefühl, wegen meiner eigenen 68er-Geschichte selbst viel zu sehr verwickelt zu sein, als dass ich zu dem Thema die distanzierte Haltung hätte einnehmen können, die für eine wissenschaftliche Arbeit notwendig gewesen wäre. Zudem hatte ich Zweifel, ob ich mit einer akademisch distanzierten, analytischen Herangehensweise den Frauen und ihrer Geschichte gerecht werden könnte. Das ging so weit, dass ich befürchtete, womöglich zur »Verräterin« an euch, an der Sache der Frauen der 68er-Bewegung, zu werden. Das Gefühl von Verrat hatte ich immer wieder, wenn ich mich mit euren Lebensgeschichten beschäftige habe, insbesondere dann, wenn ich kritische Gedanken dazu hatte. Das finde ich bemerkenswert, weil Befürchtungen von Verrat auch in euren Interviews, vor allem im Zusammenhang mit den Einstellungen zur politischen Organisation, immer wieder Thema gewesen sind. Darauf werde ich an anderer Stelle näher eingehen.

Ein weiterer Grund dafür, dass ich das Projekt damals nicht weiterverfolgt habe, hängt mit einer Erfahrung zusammen, die bei mir offensichtlich nachhaltig gewirkt hat: Ich hatte mich mit einem Exposé der Arbeit ans

Hamburger Institut für Sozialforschung gewandt, von dem ich annehmen konnte, dass dieses Forschungsgebiet dort von Interesse sein würde. In einem Gespräch mit Wolfgang Kraushaar, dem wissenschaftlichen Leiter für diesen Forschungsbereich, teilte dieser mir mit, dass er in meinem Projekt keine forschungsrelevante Fragestellung erkennen und es daher nicht unterstützen könne. Statt empört zu sein oder wütend und kämpferisch zu reagieren, habe ich mich sprachlos erlebt und mich zurückgezogen. Dann habe ich mir die Ablehnung damit erklärt, dass die psychoanalytisch begründete, tiefenhermeneutische Untersuchungsmethode, die ich aus der Kulturanalyse von Lorenzer u.a. hergeleitet habe, nicht akzeptiert wurde, weil dies möglicherweise mit dem soziologischen Forschungsansatz des Instituts nicht vereinbar war. Ausschlaggebend für meinen Rückzug war aber vor allem die Entwertung und die Beschämung, die ich in dem Gespräch erfahren habe: dass das Thema, die Frauen und die politischen Motive ihres Engagements in der 68er- Bewegung, nicht forschungsrelevant sei.

Im Nachhinein ist es sicher interessant zu fragen, warum ich so empfindlich reagiert habe, warum ich das Projekt nicht weiter aktiv verfolgt und dafür gekämpft habe. Es wäre angebracht gewesen!

Ich habe darüber viel nachgedacht, und so viel kann ich an dieser Stelle erst einmal dazu sagen: Ich denke, dass ich mich nach dieser Erfahrung mit der Entwertung des Projekts identifiziert habe, das heißt aber auch, dass ich selbst an dem Projekt gezweifelt habe, an der Forschungsrelevanz der Motive von Frauen für ihren rebellischen Aufbruch 68, was mir heute unverständlich ist.

Nun sind Selbstwertzweifel, Versagensgefühle, Anpassung und Rückzug von jeher Ausdruck der Unsicherheit von Frauen hinsichtlich ihrer Bedeutung. Das zumindest wird in den Interviews immer wieder deutlich.

Übrigens hat das Institut für Sozialforschung 2018, also 50 Jahre danach, eine Ausstellung gemacht: *»Die Frauen der APO – Die weibliche Seite von 68«*.

Als ich bei der Eröffnung von meiner Erfahrung berichtet habe, reichte die Reaktion der Anwesenden von Betroffenheit bis zu Empörung mit der Bemerkung: »Manchmal ist frau mit ihren Vorhaben der Zeit voraus«.

Soweit an dieser Stelle zu einigen der Gründe, die dazu geführt haben, dass ich so lange mit dem Projekt im Rückzug verharrt habe.

Zugleich möchte ich betonen, dass ich mein Vorhaben nie aufgegeben habe, eure Geschichte, die ihr mir erzählt habt, das heißt auch, die Geschichte von Frauen, zu erhalten und sie zu veröffentlichen.

Fast 30 Jahre danach habe ich mich noch einmal aufgemacht. Warum und warum gerade jetzt? Seit 1968 sind über 50 Jahre vergangen. Alle Frauen sind inzwischen 70 Jahre und älter. Viele der Frauen, die ich interviewt habe, sind aus unterschiedlichen Gründen und in unterschiedlicher Weise nach wie vor beruflich und gesellschaftlich aktiv. Das ist sicher ein Novum in der Lebensbiografie von Frauen.

Auf der anderen Seite sind von den 16 Frauen, die an den Interviews teilgenommen haben, inzwischen 6 gestorben. Das bedeutet, dass wir, die Frauen der zweiten Generation, inzwischen Zeitzeuginnen sind von dem, was sich 1968 gesellschaftlich, kulturell und historisch ereignet hat. Wir, die Frauen der zweiten Generation, die in der 68er-Bewegung politisch aktiv geworden sind, haben die gesellschaftlichen Veränderungen dieser Bewegung mit erfahren, mit gestaltet und mit zu verantworten.

Ich denke, dass sich daraus für uns politisch und gesellschaftlich auch die Verpflichtung ergibt, unser Erleben und unsere Erfahrungen zu bewahren, öffentlich zu machen und weiterzugeben, auch als Beitrag dazu, dass Frauen in der offiziellen Erinnerung nicht mehr an den Rand gedrängt und davon ausgeschlossen werden.

In dankbarer Verbundenheit
Gabriele Teckentrup

Gabriele Teckentrup

II. Einleitung

Fünf Jahrzehnte ist über »68« geforscht und geschrieben worden.

Norbert Frei spricht davon, dass diese Bewegung zum einen überkommentiert und zugleich unterforscht sei: »Das, was 68 in Bewegung gekommen ist, ist noch immer eher Gegenwart als Geschichte (Frei, 2008, S. (25).

Nach Wolfgang Kraushaar ist 1968 ein Ominosum, ein schillerndes Phänomen, das in seiner Bedeutung schwer begreifbar und historisch schwierig handhabbar sei (vgl. Kraushaar, 1998, S. 311).

Somit kann man sagen, dass das, was wir bis heute mit 1968 verbinden, noch immer nicht ausgedeutet ist. Und das gilt allemal für die Frauen und ihre Bedeutung in der und für diese Bewegung.

Bis heute umgibt 68 etwas Faszinierendes, das auf merkwürdige Weise fesselt und wohl auch daher nicht losgelassen wird, denn loslassen kann man nur, was wirklich verstanden ist. Loslassen hieße zugleich, dass die Ereignisse von damals ihre Faszination, ihre libidinöse Besetzung und die Idealisierung, die ihnen bis heute anhaftet, verlieren würden.

Es scheint, als hätten wir bis heute nicht begriffen, wodurch 1968 die Gesellschaft nicht nur in der damaligen Bundesrepublik in Bewegung geraten ist und was sich dabei so verändert hat, dass die als bleiern empfundene Zeit der Fünfzigerjahre durchbrochen werden konnte. Das hat mich neugierig gemacht.

1995 habe ich mit 16 Frauen der »zweiten Generation«[1] narrative Interviews durchgeführt, die 1968 im Zusammenhang mit der sogenannten 68er-Revolte gesellschaftlich und politisch aktiv geworden sind. Die Frauen, die zwischen 1940 und 1950 geboren sind, habe ich alle persönlich gekannt, mit einigen von

---

1 Mit dem Begriff der »zweiten Generation« sind Kinder von Eltern gemeint, die mit Beginn des NS Staates bzw. des Krieges Erwachsene und damit verantwortlich Handelnde waren (vgl. Eckstaedt,1989, und Moré, 2013).

ihnen habe ich, selbst eine 68erin, eine Zeit lang politisch zusammengearbeitet, was zum Zeitpunkt der Interviews einige Jahre zurücklag.

So gesehen soll dieses Projekt einerseits ein weiterer Beitrag dazu sein, dem nachzuforschen, was 1968 für Frauen bedeutet hat. Ich wollte mehr über die bewussten, vor allem aber über die unbewussten Beweggründe von Frauen der zweiten Generation erfahren, die dazu führten, dass sie 1968 gegen die bestehenden gesellschaftlichen Bedingungen, Strukturen und Normen und damit gegen die Elterngeneration aufbegehrt und Widerstand geleistet haben, und darüber, welche Bedeutung diese Erfahrungen für ihre weitere persönliche und gesellschaftliche Lebensgeschichte, explizit für ihre weibliche Lebens- und Identitätsentwicklung hatte. Und ich wollte wissen, was den Ausbruch dieser Frauen aus einer erstarrten Geschlechterzuweisung möglich gemacht hat, die, von der NS-Ideologie übernommen, bis in die Sechzigerjahre wie festgezurrt erschien. Diese Normen basierten auf der Erziehungsphilosophie der bürgerlichen Gesellschaft des 18. Jahrhunderts, in der Kinder und Jugendliche auf deren Tugendkanon ausgerichtet werden sollten (vgl. Koch, 1995).

Unter der Annahme, dass die 68er-Bewegung im wesentlichen aus den Konflikten der Bundesrepublik im Zusammenhang mit dem Nationalsozialismus und den Erfahrungen aus dem Zweiten Weltkrieg resultiert, wollte ich mehr erfahren über den Zusammenhang zwischen dem 68er-Widerstand der Frauen und den Einstellungen ihrer Eltern und ihres familiären Umfelds zu Nationalsozialismus und Krieg und zu deren möglicher und angenommener Traumatisierung durch diese Erfahrungen (vgl. Frei, 2008, S. 78)

Mehr als 50 Jahre danach sind die Frauen, die in den Vierzigerjahren geboren sind, heute zwischen 70 und 80 Jahre alt. Sie gehören zu der Generation, die die Geschichte Nachkriegsdeutschlands, die der Bundesrepublik und die der DDR, von Anfang an miterlebt und miterfahren haben. Somit sind sie Zeitzeuginnen von gesellschaftlichen und politischen Ereignissen, die für das Nachkriegsdeutschland und dessen Gesellschaft von historischer Bedeutung sind. Sie haben daran mitgewirkt, dieses Land und seine Kultur zu gestalten und zu prägen. Inzwischen sind sechs von den Frauen, die ich interviewt habe, gestorben. Und auch darum geht es in dem Projekt: das Wissen und die Erfahrungen von Frauen der zweiten Generation zu bewahren und weiterzugeben.

Ich selbst bin eine Frau dieser zweiten Generation. Ich habe mich in den Siebzigerjahren links von den etablierten Parteien politisch engagiert und bin bis in die Neunziger politisch aktiv gewesen. Die Geschichte der 68er-Frauen ist also auch meine Geschichte, und die Frage nach den Beweggründen, die 1968 zum Aufbruch und zum Widerstand von Frauen geführt haben, ist daher auch eine sehr persönliche Frage. Sie berührt den Wunsch, den Motiven für meinen Aufbruch und dessen Bedeutung für meine Geschichte als Frau in einem umfassenderen, kollektiven Sinne auf die Spur zu kommen und dafür eine Sprache zu finden, um dazu beizutragen, dass sich der Blickwinkel auf und von Frauen in Bezug auf ihre gesellschaftliche Handlungs- und Wirkungsrelevanz verändert.

III. Die gestohlene Geschichte der Frauen

> Die Abwesenheit von Frauen im Kanon des gesellschaftlichen Wirkens zeugt von der »gestohlenen Geschichte«, die wir uns zurückholen müssen.
> *(vgl. Hagengruber, 2019, S. 9)*

Obwohl es in allen Epochen erstaunlich viele Werke von Frauen gibt, kommen Frauen auch 50 Jahre nach 1968 in den Publikationen über die 68er-Generation als politisch gestaltende und entscheidungstragende Subjekte namentlich so gut wie nicht vor (vgl. Hagengruber, 2019) Das hat sicher auch damit zu tun, dass Frauen seit jeher aus der offiziellen Erinnerung ausgeschlossen waren, weil diese Erinnerung schon immer von Männern an Männer weitergegeben worden sei, wie Christina von Braun es ausdrückt (vgl. Braun, 2007, S. 14). So erwähnt Wolfgang Kraushaar in seinem Buch »1968 – Das Jahr, das alles verändert hat« (1998), nur eine einzige Frau, Helke Sander, als aktiv Handelnde. Andere Veröffentlichungen über Frauen, die 68 aktiv waren, nennen als Protagonistinnen noch Sigrid Rüger, Marianne Herzog und eben Helke Sander, deren Beitrag auf der 23. Delegiertenkonferenz des SDS 1968 zum berühmt gewordenen Tomatenwurf[1] geführt hat: »Wir müssen hier mal feststellen, dass an der Gesamtgesellschaft etwas mehr Frauen als Männer beteiligt sind. Deshalb ist es nicht unbescheiden, dass wir die sich daraus ergebenden Ansprüche auch einmal anmelden und fordern, dass sie zukünftig eingeplant werden« (Sander,1968). Antje Vollmer konstatiert 1988 in ihrem Beitrag auf dem Kongress »Prima Klima – Zur ersten gnadenlosen General-Debatte« den chronischen Frauenmangel in den ersten Reihen des SDS, in denen es für Frauen keinen Platz gab (Vollmer, 1988, S. 138), und 1991 zur Situation von Frauen in der

1 Als der folgende Redner (Hans Jürgen Krahl) auf ihren Beitrag nicht einging, wurde er von den Frauen mit Tomaten beworfen.

Studentenbewegung: »Im Alltagsleben (...) stellten Frauen das Gros der Flugblattverteiler morgens um sechs Uhr vorm Werktor, sie puzzelten die diversen linken Zeitungen zusammen, sie putzten die Kinderläden und beschrifteten rote Tücher. Sie füllten als Zuhörerinnen die Teach-ins. Die Rhetorik der Studentenbewegung war ausschließlich von Männern bestimmt, die wieder ›Führer‹ genannt wurden« (Vollmer, 1991, S. 16).

Im Vergleich dazu fällt der hohe Anteil von namentlich bekannten Frauen in den ersten Reihen der Rote-Armee-Fraktion auf. Dies lässt die Vermutung zu, dass es bei Frauen eine Vorstellung gegeben haben mag, dass sie nur dann Beachtung und gesellschaftliche Bedeutung erlangen könnten, wenn sie radikal die Rollen tauschen und alles hinter sich lassen (vgl. Vollmer 1991, S. 17) oder wenn sie »... nach Wurfgeschossen greifen, damit ihre Argumente einmal zum Tragen kommen«, wie Ulrike Meinhof es ausgedrückt hat (Meinhof, 1968, S. 149).

Ein Weg aus dem Erleben der Namen- und Bedeutungslosigkeit von Frauen führte zu Beginn der Siebzigerjahre zum Aufbruch in die autonome Frauenbewegung. Mit dem Wandel der Auseinandersetzung dort von der Opfer-Täter-Diskussion hin zu den Thesen um die »Mittäterschaft von Frauen« (vgl. Thürmer-Rohr, 1984) und um ihre Mitverantwortung für die gesellschaftlichen Bedingungen entstand ein zunehmendes Interesse an der Frage nach der Rolle von Frauen und ihrer Verantwortung während der NS-Zeit, so zum Beispiel die Untersuchung von Claudia Koonz (1991) über »Mütter im Vaterland«. Darüber hinaus begaben sich Frauen auf die Suche nach Spuren dieser Zeit in ihren eigenen Biografien und in den Biografien ihrer Generation. Die Psychoanalytischen Sozialwissenschaften der Frankfurter Schule wurde für viele zu einer »Lebensform auf ihrer Spurensuche«, wie Lerke Gravenhorst es ausdrückte: »Zutage kamen brüchige, schwankende Fundstücke, auf denen das eigene Leben aufgebaut werden musste« (Gravenhorst, 1990, S. 12).

Man könnte nun annehmen, dass 50 Jahre danach, das heißt, auf dem Hintergrund und mit den Erfahrungen der Frauenbewegung der Siebziger- und Achtzigerjahre den Frauen in der Geschichtsschreibung über die 68er-Bewegung inzwischen ein ihnen angemessener Platz zuerkannt wurde bzw. sie diesen Platz eingenommen haben. Inzwischen gibt es tatsächlich zunehmend Publikationen über die Rolle und Bedeutung von Frauen in der und für die 68er-Bewegung, dennoch sind die Frauen und ihre Bedeutung für 68 bis heute wenig sichtbar geworden.

2002 scheibt Ute Kätzel dazu: »Die Bewegung von 1968 ist zwar in der Öffentlichkeit immer wieder ausführlich diskutiert worden. Doch der Anteil der Frauen wird dabei meistens verschwiegen« (Kätzel, 2002, S. 9). Und Gisela Notz bemerkt 2006: »Obwohl bei vielen Demonstrationen der Jahre 1967/1968 (…) Frauen führend beteiligt waren, spielten die Probleme, die sie aufgrund der traditionellen geschlechtsspezifischen Arbeits- und Aufgabenverteilung hatten, praktisch keine Rolle. Die 68er setzten damit die Tradition fort, die sich auch in den älteren Frauenbewegungen gezeigt hatte: Trotz des vielfältigen politischen Engagements, das die historischen Frauenbewegungen in Deutschland auszeichnete, blieben die spezifisch weiblichen Lebensbedingungen lange Zeit ein Randthema. Dies änderte sich erst gegen Ende der Sechzigerjahre« (Notz, 2006, S. 12).

2020 haben Frauen zwar in der gesellschaftlichen Wirklichkeit mehr Raum eingenommen und sie haben Räume gesellschaftlicher und politischer Macht besetzt. Dennoch sind Frauen bis heute auch in der Geschichtsschreibung noch immer weniger präsent und finden weniger Beachtung als Männer. Gisela Notz dazu in der TAZ vom 11.7.2019: »Generell ist es so, dass vor allem Männer genannt werden und namhafte Männer gesellschaftlich eine Rolle spielen, während Frauen ebenso wie Menschen der unteren Schichten noch immer weitestgehend ausgelassen werden. Das mag zum einen daran liegen, dass Frauen selbst ihre eigene Geschichte zu wenig dokumentieren und an Archive vermitteln, so dass die Quellenlage in der Frauengeschichte auch von daher sehr dünn ist.« Luisa Muraro konstatiert, dass es weibliche Subjektivität in einer Welt, die mit der Existenz begehrender und sprechender Frauen gar nicht rechne, nicht geben könne (Muraro, 2019, S. 133)

So erscheint es nur folgerichtig, dass Frauen ihrer Geschichte und ihrem Anteil daran, d.h. auch ihrer Verantwortung, selbst wenig Wert beimessen und dass sie sich in Identifikation mit der Frauenrolle innerhalb der traditionellen Geschlechterbeziehung trotz aller Entstarrung durch die Bewegung von Frauen in den letzten 50 Jahren nach wie vor schwer tun, sich und ihre historische Bedeutung zu erkennen, sie zu besetzen und offensiv zu vertreten – wie es mir mit meinem Rückzug aus der Bewerbung um das Projekt wohl ergangen ist.

1. Zur Lebensgeschichte von Frauen der »zweiten Generation«[2]

»Die Verwurzelung ist wohl das wichtigste und am meisten verkannte Bedürfnis der menschlichen Seele.«
(Weil, S. 2019, S. 113)

Wenn ich die 68er-Frauen als Frauen der »zweiten Generation« bezeichne, so meine ich damit, dass sie Frauen einer Generation sind, die gemeinsame Erlebnisse und Erfahrungen haben, die für ihre Generation bestimmend und universell waren und die zur markanten Trennung von der ersten Generation geführt haben (vgl. Moré, 2013). Norbert Frei konstatiert dazu: »Mehr als irgendwo sonst in Europa resultieren die Konflikte in der Bundesrepublik aus der Erfahrung des Zweiten Weltkriegs – genauer aus dem Umgang mit dem Nationalsozialismus und seinen Verbrechen« (Frei, 2008, S. 78).

Die Frauen der 68er-Revolte haben Eltern, die den Nationalsozialismus und den Krieg als Heranwachsende und Erwachsene miterlebt und die Folgen und Auswirkungen des Nationalsozialismus selbst miterlitten und mitzuverantworten haben. Ihre Töchter wurden während des Krieges oder in der Nachkriegszeit geboren. Viele von ihnen haben Vertreibung und Flucht als Kinder in passiver Abhängigkeit erlebt. Sie konnten das, was mit ihnen geschehen ist, nicht verstehen und nachvollziehen. Die Frauen der 68er-Revolte sind Kriegskinder, zu deren frühkindlichen Realitäten die reale oder fantasierte Konfrontation mit Tod und Zerstörung gehört (vgl. Leuzinger-Bohleber & Dumschat, 1991).

Sie sind Töchter von Vätern, von denen viele bei ihrer Geburt und in den ersten Jahren ihres Lebens in Krieg und Gefangenschaft waren. Wenn die Väter zurückkehrten, waren sie häufig körperlich beschädigt und schwer traumatisiert. Sie waren den Töchtern fremd und glichen häufig so gar nicht dem vermittelten Ideal oder dem ersehnten Bild eines Heldenvaters. Die Männer wurden zu »Heimkehrern«, wie Harald Jähner es ausdrückt, ein Begriff, der noch Jahre danach das seltsame Benehmen von Männern entschuldigen sollte (vgl. Jähner, 2020).

Sie sind Töchter von Müttern, von denen viele im Krieg und in der Zeit danach »ihren Mann« gestanden haben. Viele Frauen haben am Ende des Krieges

2 Vgl. Teckentrup, 2021.

nicht nur Vergewaltigungen durch Soldaten der Roten Armee erfahren müssen, auch in westlichen Besatzungszonen kam es immer wieder zu Übergriffen von Soldaten auf Frauen. Aber »so gefährlich die Zeiten auch sein mochten, viele Frauen wollten endlich wieder was erleben, was sich auch in erotischer Hinsicht äußerte« (Jähner, 2020, S. 170). Nach der »Heimkehr« ihrer Männer sind viele der Frauen wieder in die namenlose, scheinbar bedeutungslose zweite Reihe zurückgetreten oder mussten als »Kriegswitwen« sich und ihre Kinder allein durchbringen.

Die Frauen der 68er-Bewegung sind Kinder von Eltern, von denen die meisten sich mit den Ideen des Nationalsozialismus identifiziert oder arrangiert hatten. Über die Einstellung der Eltern zum Nationalsozialismus wurde meist geschwiegen. So erschien diese Zeit den meisten Frauen in ihrer Kindheit einerseits bedeutungslos, andererseits gab es eine Ahnung darum.

Alle Eltern waren durch den Krieg aber auch selbst traumatischen Situationen ausgesetzt, »die zu irreparablen Rissen im Selbst und in der Realität führten«, wie Claudia Koonz es ausdrückt (Koonz,1991, S. 21).

Kaum jemand von ihnen konnte 1945 als Befreiung erleben, sondern sie erlebten das Kriegsende vor allem als politischen Zusammenbruch und Zerstörung der äußeren materiellen Lebenssituation, als Scheitern der bislang gültigen Vorstellungen und Ideale. Auch in dieser Hinsicht war das Ende des Krieges nicht das Ende der traumatischen Lebenssituation, sondern kann im Sinne des Traumakonzepts von H. Keilson (1979) als dritte traumatische Sequenz verstanden werden. Die Erkenntnis, einer Illusion erlegen zu sein, vor allem jedoch die Konfrontation damit, ein mörderisches System mitgetragen und unterstützt zu haben, führte zu einer Entwertung des eigenen Selbstbilds und zur Angst vor dem Zusammenbruch des eigenen Selbstgefühls. Diese von innen herrührende Bedrohung beschreiben Alexander und Margarete Mitscherlich (1967) als eine der Ursachen für die manischen Anstrengungen der Elterngeneration beim Wiederaufbaus in den Vierziger- und Fünfzigerjahren und für die »Unfähigkeit zu trauern«, über das, was »im deutschen Namen« geschehen ist.

Weil die Gefühle »der Schuld der Handlung oder der Schuld der Duldung« (Mitscherlich & Mitscherlich, 1967, S. 24) und die Scham darüber nicht ertragen werden konnten, suchten die Eltern für die eigene Entschuldung nach Auswegen. In den meisten Familien boten Rechtfertigung oder Verharmlosung, vor allem aber das Schweigen, das Verschweigen, einen Schutz vor der Angst, dass etwas Unerträgliches auftauchen könnte. Anita Eckstaedt dazu: »Diese Eltern, die sozusagen die ›erste Generation‹ bildeten, blieben ihren

Kindern gegenüber stumm, auch dann, wenn diese sich intensiv mit ihrem eigenen Schicksal und dem ihrer Eltern auseinandersetzten« (Eckstaedt, 1989, S. 18).

Die Frauen der zweiten Generation sind in einem Klima des »kommunikativen Beschweigens« der Vergangenheit herangewachsen. Die »vielfach gescheiterten Gespräche zwischen Vätern und Söhnen, Müttern und Töchtern bildeten deren gleichsam negativen Grundstock von Erfahrungen« (vgl. Frei, 2008, S. 80)

Die Vergangenheit der Eltern war jedoch im Schweigen ständig präsent.

Daran zu rühren, um die Spannung zu entschärfen, auch um Antworten zu bekommen, schien den Töchtern jedoch undenkbar. Vielleicht war es auch deswegen zu gefährlich, weil es das ersehnte Bild der Eltern hätte zerstören können, wie es Lerke Gravenhorst beschreibt: »Mein Problem öffentlich anzusprechen, hätte auch geheißen, (…) die Erwachsenen, an die ich für meine Existenz gebunden war und denen ich mich sehr verbunden fühle, preiszugeben und zu verraten; zum anderen ein Geheimnis zu verlieren, an dem ich nicht nur ein Bewusstsein von Gezeichnetsein, sondern auch von Ausgezeichnetsein, einer mir willkommenen Besonderheit, ausgebildet habe. Zu dieser Besonderheit gehört auch ein von mir dringlich gewünschtes Bild eines Heldenvaters – trotz seines negativen Entstehungszusammenhanges« (Gravenhorst, 1990, S. 374)

So gesehen, können die manischen Anstrengungen der Elterngeneration beim Wiederaufbau in den Vierziger- und Fünfzigerjahren auch als Schutz vor dem Auftauchen der traumatisch bedingten Ängste und Fantasien verstanden werden, die auf dem Weg der transgenerativen Vermittlung, unbewusst, an die nächste Generation weitergegeben und von ihr in identifikatorischer Weise übernommen worden sind.

1968 waren die Frauen der zweiten Generation selbst Heranwachsende oder standen an der Schwelle zum Erwachsensein. Viele von ihnen waren so alt wie ihre Eltern während der NS-Zeit. In den Parolen aus dieser Zeit, wie zum Beispiel: »Nie wieder Krieg – nie wieder Faschismus!«, wurde sichtbar, dass die Vergangenheit der Eltern auch Teil der eigenen Vergangenheit und somit ständig präsent ist, wie Hannah Ahrendt es mit einem Zitat von W. Faulkner benennt: »Ich halte es eher mit Faulkner, der sagt: ›Das Vergangene ist niemals tot, es ist nicht einmal vergangen‹ – und zwar aus dem einfachen Grund, weil die Welt, in der wir leben, in jedem Augenblick auch die Welt der Vergangenheit ist, sie besteht aus den Zeugnissen und Überresten dessen, was Menschen im Guten und im Schlechten getan haben; ihre Fakten sind immer das, was geworden ist« (Ahrendt, 1986, S. 77).

IV. Psychoanalytische Reflexion und ihre Konzepte

Für die Untersuchung meiner Fragestellung stütze ich mich im Wesentlichen auf psychoanalytische Reflexionen und ihre Konzepte.

Freud selbst hat die Psychoanalyse stets nicht nur als klinische Methode verstanden, sondern ebenso als Methode für den Zugang zu kulturtheoretischen Fragen und er war so auch ein anerkannter und gefragter Diagnostiker des Zeitgeschehens. Diese Seite der Psychoanalyse war in der Nachkriegszeit weitgehend aus dem Blickfeld geraten und wurde erst in der 68er-Bewegung als Instrumentarium für die Erklärung gesellschaftlicher und sozialer Bewegungen wiederentdeckt. Inzwischen hat sich in der psychoanalytischen Forschung zunehmend die Auffassung durchgesetzt, dass die Berücksichtigung der deutschen Geschichte und deren Einfluss auf die psychische Entwicklung für das Verständnis von menschlichem Verhalten unumgänglich ist (vgl. Leuzinger-Bohleber & Dumschat, 1991). Indem sie die sozialen Konflikte der Individuen in »den Tiefen der Triebschicksale« aufsucht und sie an den vermeidbaren und unvermeidbaren Zumutungen der gesellschaftlichen Ordnungen misst, wie Alfred Lorenzer (2007) es ausdrückt, ist die Psychoanalyse immer auch Kulturbetrachtung und Kulturkritik zugleich gewesen. Das bedeutet, dass die Psychoanalyse sowohl für die eigene Geschichte als auch für kollektive Prozesse einen Zugang zu einem anderen Narrativ eröffnet.

In meiner Untersuchung geht es mir nicht so sehr um die bewussten, sondern vielmehr um die unbewussten Motive, die Frauen 1968 zu ihrem politischen Aufbruch bewegt haben. Das Konzept vom Unbewussten ist ein Essential der Psychoanalyse (vgl. Freud, 1915). Gemeint ist damit, dass das psychische Leben und unser Handeln nicht auf das reduzierbar sind, was uns bewusst ist, sondern dass unbewusste Inhalte und Mechanismen in uns existieren und wirksam sind, die unsere Entscheidungen wesentlich beeinflussen. Meist wird das Unbewusste dem Verdrängten gleichgesetzt, das heißt, die

Wünsche und Vorstellungen, die gesellschaftlich als nicht erlaubt, sondern als verpönt und verboten gelten, werden verdrängt und somit dem Bewusstsein entzogen. Darüber hinaus aber gibt es Inhalte, die nicht vom Individuum selbst erworben wurden, sondern die wir über Jahrhunderte – phylogenetisch vermittelt – in uns tragen und die den eigentlichen Kern des Unbewussten ausmachen (vgl. Laplanche & Pontalis, 1972).

Ausgehend von meiner Hypothese, dass die Motive der Frauen für ihren politischen Aufbruch 1968 im Zusammenhang mit wohl traumatisierenden Erfahrungen und Erlebnissen zu sehen sind, die die Frauen auf dem Hintergrund von NS-Zeit, Krieg und Nachkriegszeit selbst und vermittelt erfahren haben, werde ich zunächst die wesentlichen psychoanalytischen Traumakonzepte zusammenfassen. Besonderes Gewicht lege ich dabei auf den Aspekt der transgenerativen Vermittlung von Traumata und auf die Frage, aus welchen Gründen und in welcher Weise traumatische Erfahrungen an die nächste Generation weitergegeben werden und dort wirken und wie dies in den Interviewtexten zum Ausdruck kommt.

In meinem Überblick über Konzepte der Adoleszenz und der weiblichen Identitätsentwicklung geht es mir vor allem um die Bedeutung dieses Entwicklungsprozesses für die gesellschaftlichen Bewegungen und Veränderungen 1968, an denen die Frauen mitgewirkt haben. Daran anschließen werde ich Überlegungen zur Untersuchungsmethode von narrativen Interviews und deren Analyse.

1. Trauma und Traumatisierung

Ereignisse können zu traumatischen Erfahrungen führen, wenn deren Reize so stark sind, dass das Individuum außerstande ist, sich davor zu schützen, sodass die psychische Integrität überwältigt zu werden droht (vgl. Freud, 1929). Nach Masud Khan (1963) wirkt nicht ein Einzelereignis traumatisch, sondern eine Vielzahl von Geschehnissen, die sich zu unterschiedlichen Zeitpunkten und Lebensphasen ereignen können. Sie führen kumulativ zu seelischen, das heißt, traumatischen Verletzungen, vor allem dann, wenn das Kind in seiner frühen Hilflosigkeit nicht hinreichend die Erfahrung machen konnte, dass es von seinen primären Beziehungspersonen vor der Überflutung durch äußere und innere Reizen geschützt wird.

Bei einem traumatischen Geschehen wird die psychische Fähigkeit, sich vor Angst zu schützen, außer Kraft gesetzt, wodurch tiefgreifende universelle

Ängste wiederbelebt und verstärkt werden: die Angst, die wichtigsten Beziehungspersonen im Leben oder ihre Liebe zu verlieren, hilflos und ohnmächtig zu sein und schließlich Todesangst im eigentlichen Sinne. Somit kann ein Trauma immer eine dauerhafte Veränderung der psychischen Organisation bewirken. Freud spricht davon, dass die traumatische Erfahrung zu einem Fremdkörper in der Psyche wird, der wie ein Loch im seelischen Gewebe oder wie ein »Pfahl im Fleisch« wirke (zitiert nach Laplanche & Pontalis, 1970).

Als Ergebnis seiner Holocaustforschungen führte Hans Keilson (1979) den Begriff der *sequentiellen Traumatisierung* ein. Danach ist ein Trauma nicht die psychische Folge eines bestimmten einzugrenzenden Ereignisses.

In seinem Konzept unterscheidet Keilson drei traumatische Sequenzen:

1) Die Beginnphase mit den präludierenden Momenten der Verfolgung und Vernichtung.
2) Die direkte Verfolgung, Deportation, Trennung, Versteck, Aufenthalt in Konzentrationslagern.
3) Die »Zeit danach« mit allen Schwierigkeiten der Wiedereingliederung.

Die Studien von Keilson zeigen, dass der Verlauf der dritten traumatischen Sequenz, der Zeit danach also, für die weitere Lebensentwicklung bedeutsamer ist als der Schweregrad der Traumatisierung in der vorangegangenen Phase. Viele Opfer bezeichnen »die Phase danach« als die eingreifendste und schmerzlichste ihres Lebens. So gesehen bedeutet das Ende des Krieges also nicht das Ende der Traumatisierung, sondern es sind vor allem die Bedingungen **danach,** die entscheidenden Einfluss auf die psychische Lebenssituation der traumatisierten Menschen haben.

2. Gefühlserbschaften

In seinen kulturtheoretischen Überlegungen konstatiert Freud: »Das normale Band zwischen den Generationen ist die Gefühlserbschaft, die auch Verborgenes enthält, das es erst zu entschlüsseln und zu enträtseln gilt. Die Weitergabe dieser Botschaften erfolgt weitgehend unbewusst« (Freud, 1912–1913, S. 191). Bewusst werden »ererbte Gefühle« erst durch das Erleben, dass es etwas Fremdes im Innern gibt. Das führt vor allem in der adoleszenten Entwicklungsphase zusätzlich zu Identitätsirritationen. Gerade diese Irritationen aber sind es, die die Chance für gesellschaftliche Veränderungen bieten. Wenn das Gefühl von Fremdheit im Innern unerträglich wird, wenn es nicht mehr gehalten und ausgehalten werden kann, dann muss es im Sinne des Wiederholungszwangs agiert werden.

Ererbte Gefühle beziehen sich nicht nur auf verdrängte Inhalte, wie zum Beispiel auf Schuld- oder Schamkonflikte, die mit Traumata verbunden sind. Sie können sich auch auf unbewusste oder verleugnete Familiengeschichten beziehen (vgl. Moré, 2013). Freud betont die Notwendigkeit oder das Verlangen nach einer »psychischen Kontinuität innerhalb der Generationsreihen«, das heißt, nach einer Kontinuität im Seelenleben der einander ablösenden Generationen, was sich auch darin zeige, dass es keiner Generation gelingt, unliebsame seelische Regungen vor der nächsten zu verbergen (vgl. Freud, 1912/13).

Das Schweigen der Eltern über die eigene Verantwortung an den Verbrechen während der NS-Zeit, aber auch über selbst erlittene Traumatisierungen, das Bewahren des Familiengeheimnisses, führt bei den Frauen der zweiten Generation dazu, dass die innere Welt mit der äußeren Welt schließlich nicht verbunden werden kann. Dieses Schweigen ist stets begleitet von Versuchen, Vermeidungen und Tabus aufrechtzuerhalten. Gerade diese Bemühungen sind es aber, die Spuren zu den abgewehrten Ereignissen und Gefühlen legen und schließlich dazu führen, dass das Verdrängte sich nicht begraben lässt, sondern immer wiederkehrt. Dieser Mechanismus hat zugleich den Sinn, dass es nicht verstanden wird, auch weil es nicht verstanden werden darf, da sonst ein Zusammenbruch drohen könnte (vgl. Mitscherlich & Mitscherlich, 1967).

Frauen haben seit jeher einen Ausweg aus dem Schweigegebot gefunden, indem sie Ausdrucksformen jenseits der Sprache entwickelt haben, über die sie ihre Leiden und Botschaften mitgeteilt haben, ohne dafür das Schweigegebot zu durchbrechen und damit schuldhaft zu werden. So haben überproportional viele Frauen der ersten Generation in der Nachkriegszeit massive depressive und hysterische Symptome entwickelt, Ausdrucksformen, mit denen sie anderen, insbesondere wohl ihren Kindern, zumindest fremd und beängstigend erschienen und als krank oder verrückt abgestempelt worden sind. Dieser Ausweg hatte zugleich den Effekt, dass Frauen Trägerinnen von Geheimbotschaften in der Familie blieben. Das heißt, sie haben das Unbewusste der Erinnerungsketten aufbewahrt und verschlossen gehalten. Darüber wurden sie zu Trägerinnen von Gefühlsbotschaften, deren Inhalte die eine Generation vor der nächsten zu verbergen suchte. Für das Phänomen der Gefühlserbschaften, das heißt, für die innerpsychischen Verflechtungen und verschobenen Zeitkurven zwischen den Generationen (vgl. Moré, 2013) hat Haydee Faimberg (1985) den Begriff des »Telescoping« geprägt. Dieser Begriff beschreibt, wie die Generationen durch die Gefühlsbotschaften ineinandergeschoben werden. Dadurch werden sie aneinandergebunden und zugleich wird eine Ablösung verhindert. Zieht man das Teleskop auseinander, dann ergibt sich eine raumzeitliche Entfernung, die keine wirklichen Unterschiede zwischen den Generationen mehr zulässt, was zu einer Nichtdifferenzierung der Vergangenheit in der Gegenwart und Zukunft führt. Die Gefühlsbotschaften, die in der nächsten Generation ankommen, können Irritationen, Verunsicherungen der eigenen Identität, Gefühle von Fremdheit und Rätselhaftigkeit auslösen.

Indem Frauen zu Trägerinnen von Geheimnissen werden, bleiben sie durch ihr Schweigen nach außen hin unschuldig. Das Tabu, das sie bewahren, wird verzerrt und somit unzugänglich, zugleich erhält es gerade dadurch seine Faszination. Der Preis dafür ist, dass Frauen sich nach wie vor in der öffentlichen Geschichtsschreibung schwer tun, eine Sprache zu finden, mit der sie gehört und verstanden werden, das heißt, eine sichtbare Bedeutung bekommen. Vielleicht hat die Sprachhemmung von Frauen auch damit zu tun, dass sie befürchten, sie könnten etwas auslösen, sich schuldig machen, zur Verräterin werden, wenn sie ihr Erleben zur Sprache bringen. Gerade diese Bemühungen der Abwehr sind es aber, die Spuren zu den abgewehrten Ereignissen und Gefühlen legen und schließlich zur »Stillen Post« werden, wie Christina von Braun es ausdrückt (Braun, 2007).

3. Die transgenerative Weitergabe von Traumata

In seinem Konzept der Wiederkehr des Verdrängten geht Freud (1915) davon aus, dass sich das Individuum vor dem Auftauchen, das heißt, vor der Bewusstmachung von befürchteten Gefühlen und Wünschen schützt, indem es diese mit Hilfe der Verdrängung dem Bewusstsein entzieht.

Nach Freuds Vorstellungen verschwindet das Verdrängte jedoch niemals, sondern kehrt immer wieder, oftmals in verzerrter, kaum verständlicher Weise. Es zeigt sich in Träumen, Fehlleistungen, in körperlichen und seelischen Konflikten bewältigen, und es zeigt sich im Wiederholungszwang, einem psychischen Mechanismus, durch den verdrängte, traumatisch erlebte Strukturen unbewusst wiederholt werden, um das Trauma selbst aktiv zu bewältigen.

Die Frage, ob und in welcher Weise sich die traumatischen Erlebnisse und Erfahrungen der ersten Generation, der nationalsozialistischen Täter/innen und Mitläufer/innen, auf deren Kinder übertragen haben, ist in der Forschung lange Zeit vernachlässigt worden.

Inzwischen gibt es eine Vielzahl von Untersuchungen, die belegen, dass die Kinder der ersten Generation ungewollt und unbewusst die Schatten der elterlichen Vergangenheit in sich tragen. Unbestritten ist auch, dass unbearbeitete, das heißt, verdrängt gebliebene Traumata auf transgenerativen Übertragungswegen von einer Generation zu nächsten weitergegeben werden. Es sind die traumatischen Erfahrungen, die die Eltern psychisch selbst nicht verarbeiten konnten und die, wie Fremdkörper erlebt, abgestoßen werden sollen. Dabei werden sie unbewusst über den Weg der Projektion auf das Kind übertragen.

Ilany Kogan (1989) postuliert zwei Mechanismen, die bei einem transgenerativ übertragenem Trauma in der Beziehung zwischen Eltern und Kind wirksam werden: Die Projektion von Wünschen und unerträglichen Gefühlen der Eltern auf das Kind und die Anpassung des Kindes an die vermeintlichen Vorstellungen der Eltern, indem es diese Projektionen annimmt und sich mit ihnen identifiziert. Dieser Mechanismus dient zum einen dem Wunsch des Kindes, einen Zugang zu den Eltern zu finden, die wegen ihres verdrängten Traumas unerreichbar erscheinen. Zugleich ist es eine Abwehr gegen die eigenen Separations-, Trennungs- und Unabhängigkeitswünsche, weil diese Strebungen immer verbunden sind mit der Angst, das Objekt, zum Beispiel die Mutter und/oder den Vater durch den eigenen Trennungswunsch zu verlieren, aber auch mit der Schuld, die Eltern im Stich zu lassen, die immer mit Trennung einhergeht.

Nach Franziska Henningsen (2000) bleibt bei frühkindlich erfahrenen Traumata ein Teil des Selbst mit dem frühen Beziehungsobjekt verbunden. Das heißt, das Trauma des Kindes bleibt das Trauma der Mutter. Weil es zugleich wie ein Fremdkörper erlebt wird, muss es abgespalten bleiben und kann nicht zur eigenen psychischen Realität werden. Die Folge ist, dass Trennungen und Autonomieentwicklungen zwischen Mutter und Tochter be- und verhindert werden, was in der Adoleszenz dann zu vehementen Autonomie- und Abgrenzungskonflikten führen kann, als Aus-Weg, damit Trennungen überhaupt möglich und erfahrbar werden.

Betonen möchte ich an dieser Stelle aber auch, dass das Phänomen der transgenerativen Übertragung kein Determinismus ist, weil Menschen unterschiedlich empfänglich und empfangsbereit sind für die Übertragung von psychischen Verletzungen. Dieser Mechanismus ist abhängig von frühen Beziehungserfahrungen, die wesentlichen Einfluss darauf haben, ob und in welcher

Weise ein Kind Schutzmöglichkeiten gegen die Identifikation mit den elterlichen Projektionen entwickeln konnte (vgl. Moré, 2013).

4. Adoleszenz und ihre Bedeutung für die individuelle und gesellschaftliche Entwicklung

Die Frauen meiner Untersuchungsgruppe waren 1968 zwischen 18 und 28 Jahre alt und befanden sich damit in der Entwicklungsphase der Adoleszenz, genauer der Spätadoleszenz. Dass und in welcher Weise diese Entwicklungsphase die Entscheidung der Frauen beeinflusst hat, 1968 politisch aktiv zu werden, das heißt, auf- und auszubrechen aus den erstarrten gesellschaftlichen Strukturen der Elterngeneration, ist für die Frage meiner Untersuchung von eminenter Bedeutung.

Im Entwicklungsverlauf ist die Adoleszenz eine Phase von Umbrüchen, Krisen und kreativen Lösungen, und sie ist, bezogen auf die Intensität und Bedeutsamkeit für die weitere Lebensgeschichte, mit grundlegenden körperlichen und psychischen Umwälzungen verbunden. Dazu gehört auch ein radikaler Bedeutungswandel von Sexualität, Beziehungen und Arbeit. Nach Erdheim (2015) wird jeder spätere Bedeutungswandel, der durch äußere Verhältnisse, zum Beispiel durch Kriege oder Migration erzwungen wird, zu Neuauflagen der adoleszenten Umbrüche führen.

Lebensgeschichtlich bietet die Adoleszenz eine zweite Chance, Schäden, Defizite, Wunden und Traumata aufzuheben, die aus der frühen Kindheit und danach rühren. Nach Erdheim besteht die entscheidende lebensgeschichtliche Bedeutung der Adoleszenz darin, dass die Erfahrungen, die das Individuum während der Adoleszenz macht, nachträglich bestimmen, was aus der Kindheit wirkungsmächtig bleibt und was nicht. Das bedeutet auch, dass die Veränderungen in der Pubertät ein anderes Verständnis dessen möglich machen, was aus der Kindheit erinnert wird (Erdheim, 2015, S. 22).

In dieser Lebensphase stehen Jugendliche unter dem besonderen Druck, neue Erfahrungen machen zu müssen.

Vor allem drei psychische Prozesse treiben das Individuum dazu an (Erdheim, 2015, S. 24):

1. Sexualität und Aggression, wofür neue Objekte außerhalb der Familie gesucht werden müssen. Dabei wird die Welt neu erfahren, weil in diesem Prozess Liebes- und Hassobjekte auftauchen, die alles in neuem Licht erscheinen lassen.

2. Größen- und Allmachtsfantasien. Sie sind bereits in der frühen Kindheit aufgetreten, werden in der Adoleszenz aber besonders virulent. Dabei können politische Gruppierungen eine besondere Faszination für Jugendliche erlangen, die für sich in Anspruch nehmen, sie seien allen anderen, die nicht dazu gehören, überlegen. Der Eindruck, zu einer Elite zu gehören, die in der Zukunft die Macht erobern wird, bezieht seine Überzeugungskraft aus dem Omnipotenzgefühl der Adoleszenz.

3. Der Generationskonflikt stellt eine Bruchstelle in der Kultur dar und eröffnet wichtige neue Erfahrungsräume. Da traditionelle Gesellschaften darauf bedacht sind, sich jeder Veränderung ihrer Struktur zu widersetzen (vgl. Lévi-Strauss, 1969, S. 39), wird von Jugendlichen erwartet, dass sie sich an den Erfahrungen und Werten der Älteren orientieren, diese übernehmen und bewahren.

In modernen Gesellschaften, denen der Antrieb zu Veränderungen der Kultur inhärent ist, wird die Aufgabe der Adoleszenz darin gesehen, die vorausgegangene Generation als Kulturträger abzulösen, damit gesellschaftliche und kulturelle Innovationen überhaupt möglich werden.

Entwicklungsgeschichtlich bedeutet die Adoleszenz den Übergang von der Anbindung an die Familie hin zur Kultur.

Kultur wird dabei eher als Bewegung verstanden, die sich um das Phänomen Arbeit und Gesellschaft strukturiert. Familie hingegen tendiert dahin, sich gesellschaftlich abzuschließen und der kulturellen Bewegung entgegenzustellen.

Beide Formen sind für das menschliche Zusammenleben notwendig, aber sie können nicht ineinander überführt werden.

Nach Freud (1930) besteht zwischen beiden Ordnungen ein antagonistisches Verhältnis. Dieser Antagonismus verschärft sich umso mehr, je mehr sich die Kultur wandelt, und umgekehrt gilt, je stabiler und starrer eine Kultur, umso geringer der Antagonismus. Daher sei die Ablösung von der Autorität der Eltern eine der notwendigsten, aber auch schmerzlichsten Leistungen der Entwicklung. Diese Trennung nicht zu vollziehen hätte eine Entwicklungshemmung zur Folge. Das würde letztlich bedeuten, dass wir das Leben der Eltern wiederholen und keine eigene Zukunft haben.

Demnach ist die Adoleszenz die Voraussetzung dafür, dass der Mensch die überkommenen Institutionen nicht nur überliefert, sondern sie auch ändert. Anders ausgedrückt, würde sich eine Kultur ohne Adoleszenz gar nicht weiterentwickeln (vgl. Erdheim, 1988, S. 179).

5. Identität und weibliche Identitätsentwicklung

Identitätsbildung resultiert aus der adoleszenten Verarbeitung der kindlichen Erfahrungen. Von daher kann von Identitätsbildung im engeren Sinne überhaupt erst ab der Adoleszenz gesprochen werden. Denn erst in der Entwicklungsphase der Adoleszenz entwickelt sich die Fähigkeit zur Selbstreflexion, das heißt, zur Selbsterforschung und Selbstkritik; psychisch ist es erst dann möglich, die Position eines Anderen einzunehmen (vgl. Erikson, 1959).

Die Suche nach einer eigenen Identität, nach einer Antwort auf die Fragen: *Wer bin ich? – Woher komme ich? – Wer will ich sein,* ist demnach eine Aufgabe, die sich in der Adoleszenz noch einmal ganz grundsätzlich stellt (vgl. King, 2002).

Durch den Ablösungs- und Umgestaltungsprozess während der adoleszenten Entwicklungsphase sind Identifizierungen aus der Kindheit immer weniger, spätestens aber in der Spätadoleszenz gar nicht mehr brauchbar, sodass sie aufgegeben, verändert oder in neuen Konfigurationen absorbiert werden müssen (vgl. Bohleber, 1996).

Nach Vera King (2002, S. 85 ff) stellt die Suche nach einer Antwort auf die Frage, *Wer bin ich?*, eine psychische Leistung dar, bei der das Ich zwischen Innen und Außen, zwischen Selbst und Anderem, schließlich zwischen unterschiedlichen sozialen Rollenerwartungen, Wünschen und Zwängen vermitteln muss.

In dieser Lebensphase entsteht einerseits eine schmerzliche Sehnsucht danach zu wissen, wer man ist, andererseits werden Identitätszumutungen und -zuschreibungen besonders leidenschaftlich zurückgewiesen. Diese Zurückweisungen entzünden sich an von außen kommenden Erwartungen, wie »man« zu sein hat. Sie rühren aber auch an unbewusst verinnerlichte Ansprüche, die sich in Selbstzweifeln, Scham- und Schuldgefühlen bemerkbar machen können.

Zu den Voraussetzungen für eine eigene Identitätsentwicklung, für das Herausfinden von eigenen Werten und Lebensvorstellungen, gehört die Loslösung von den Werten und Vorstellungen der internalisierten Eltern.

In der Spätadoleszenz geht es schließlich um Trennungen, um Abschiede von früheren Selbstvorstellungen, um die Festlegung von Identitätsentwürfen und damit auch um Entscheidungen zum Beispiel für einen Beruf oder für eine berufliche Richtung und um Fragen, die sich auf die Geschlechtsidentität beziehen (vgl. Leuzinger-Bohleber & Dumschat, 1991, S. 135)

Diese Suche mündet in Fragen nach dem eigenen Ursprung und nach der eigenen Geschichte: *Wie bin ich geworden, was ich bin? Was werde ich selbst sein und hervorbringen?* (King, 2002, S. 87)

V. Narrative Interviews – Theoretische Konzepte

»Geschichte muss erzählt werden, entweder sich selbst oder einem Anderen.«
(Bohleber, 2005)

1. Zum methodischen Vorgehen

Grundlage meiner Untersuchung sind die narrativen Interviews, die ich mit den Frauen durchgeführt habe. Narrative Interviews sind erzählte Texte, in denen es um die Erinnerung der Lebensgeschichte dieser Frauen geht, das heißt, um die Erinnerung an ihre Vergangenheit bzw. darum, wie sich ihre Vergangenheit in der Gegenwart in ihnen abgebildet hat. Im gesellschaftlichen Diskurs dienen Erinnerungsprozesse auch dazu, unerfüllte Hoffnungen und Ansprüche aus der Vergangenheit ans Licht zu bringen. Ausschlaggebend für meine Entscheidung, welche Frauen ich interviewen wollte, waren ihr politischer Aufbruch und ihr Engagement im Zusammenhang mit der 68er-Bewegung sowie ihre Bereitschaft, darüber zu sprechen. Mein Interesse galt dabei weniger den prominenten 68er-Frauen, deren politische Vita und Bedeutung inzwischen bekannt und mehrfach veröffentlicht worden ist.[1] Mein Interesse galt mehr den Frauen, die in den Publikationen über diese Bewegung bisher weniger öffentlich in Erscheinung getreten und beachtet worden sind. Über deren Biografien und Beweggründe wollte ich mehr erfahren.

Für die Interviews habe ich jeweils eine Zeit von ca. 100 Minuten vorgegeben. Die Leitfragen habe ich den Frauen vorab zugeschickt. Meine Intention war, die Interviews nicht allzu sehr durch meine Fragen zu steuern, sodass die Frauen zu ihrem eigenen Narrativ gelangen könnten. Zudem hatte ich die Idee,

1 Siehe u.a. Kätzel, 2002. *Die 68erinnen*, und die Ausstellung: »Die Frauen der APO – 50 Jahre danach – Die weibliche Seite von 68«.Hamburger Institut für Sozialforschung, 2018.

dass ich mich beim Zuhören weniger kontrollieren müsste. Im Nachhinein hat sich diese Haltung auch als schwierig erwiesen: Ich habe weitgehend versucht, Pausen und Schweigesituationen nicht durch Interventionen zu überbrücken und Unklarheiten nicht durch Nachfragen zu klären. Das war mir wichtig, weil ich die Bedeutung von Sprechpausen verstehen wollte, zum Beispiel, ob sie Ausdruck schwieriger Gefühle oder bislang unbewusster Einstellungen oder Hinweise darauf waren. Auffallend ist, dass ich bei fast allen Interviews zum Ende hin in meiner Haltung aktiver werde. Vielleicht wollte ich durch Nachfragen schließlich doch Antworten bekommen, im Sinne des Übertragungsgeschehens ein Gefühl von Kohärenz und Klarheit erzwingen, anstatt die Lücken auszuhalten und sie zu verstehen. Die Gefühle von Unklarheit und Verwirrung habe ich als besondere Herausforderung bei Zuhören empfunden.

Nach den Interviews habe ich jeweils ein Protokoll darüber geschrieben, wie ich das Beziehungsgeschehen während des Interviews erlebt habe. Ich habe die Interviews in kollegialen Supervisionsgruppen und auch in Einzelsupervision u.a. mit Paul Parin und Goldi Parin-Matthèy besprochen.[2]

2. Erinnerung von Vergangenheit in der Gegenwart

Bei den Interviews geht es um einen Erinnerungsprozess, der ein komplexes Zusammenspiel ist zwischen den gegenwärtigen Lebensumständen, zwischen dem, was man zu erinnern erwartet, und dem, was man aus der Vergangenheit behalten hat. Anders gesagt, vergegenwärtigen wir mit der Erinnerung unsere Vergangenheit, wobei Teile aus verschiedenen Regionen des Gehirns zu einer einheitlichen Erinnerungsgestalt zusammengefügt werden.

In diesem Prozess wird die Vergangenheit durch die Wiedererinnerung gleichzeitig transformiert. Erinnerungen werden demnach nicht rekonstruiert, sondern sie werden wiedererschaffen, woraus folgt, dass historische Wahrheit und narrative Wahrheit nicht zwingend übereinstimmen. Das bedeutet, dass historische Klärung nicht allein dadurch stattfindet, dass die Vergangenheit erzählt wird (vgl. Bohleber, 2007).

Bei traumatischen Erfahrungen stellt sich das Problem der Zuverlässigkeit von Erinnerungen in besonderer Weise. Grundsätzlich kann ein Trauma nicht vergessen werden. Wenn es unbewusst bleibt, dann wirkt es im Innern wie

2 Goldy Parin-Matthey, gest. 1997, und Paul Parin, gest. 2009, danke ich an dieser Stelle für ihr Interesse an diesem Projekt und für ihre Unterstützung.

ein Fremdkörper. Untersuchungen zeigen, dass Erinnerungen an reale Traumen im allgemeinen dauerhaft und auffallend genau sind: »Trauma, Latenz, Leerstellen, Nachträglichkeit, Wiederholungszwang und Wiederkehr des Verdrängten weisen auf die Macht von vergangenen Ereignissen, von untergegangenen Traditionselementen, von Narrativen und geschichtlichen Lebensentwürfen hin, die sich nicht durchsetzen konnten, die aber in Lücken und Brüchen der geschichtlichen Überlieferung ihre Spuren hinterlassen haben« (Bohleber, 2003, S. 787). R. Bernstein (1998) spricht davon, dass es gerade die unbewussten Erinnerungen sind, die transgenerationell im kollektiven Gedächtnis ihre Dynamik entfalten und zu einer machtvollen Wiederkehr des Verdrängten in der nachfolgenden Generation führen können. Traumatische Erfahrungen können nur dann verarbeitet werden, wenn sie nicht abgespaltene Fremdkörper bleiben, sondern zu Eigenem werden und dann nicht mehr dem Wiederholungszwang unterliegen.

Nach J. Küchenhoff (2002) bedeutet Erinnern Befreiung von den Erinnerungen, von der Wiederkehr des Verdrängten und damit auch vom Wiederholungszwang. Denn erst wenn Ereignisse aus der Vergangenheit erinnert, das heißt wiederbelebt werden, können sie als zu sich gehörend erlebt und damit zur eigenen psychischen Realität werden. Das ist die Voraussetzung dafür, dass für das, was geschehen ist, auch Verantwortung übernommen und getragen werden kann.

3. Tiefenhermeneutische Kulturanalyse als Zugang zum Verstehen

Für das Verstehen der Interviews, und damit meine ich der Texte und deren Sprache, werde ich mich auf die psychoanalytische Hermeneutik beziehen. Grundsätzlich geht es bei der Interpretation von Texten nach der tiefenhermeneutischen Methode um den Versuch, bislang Unverstandenes und undeutlich Gebliebenes aufzuklären. Dabei beziehe ich mich im Wesentlichen auf die Methode des szenischen Verstehens, wie Alfred Lorenzer (1974) sie entwickelt hat. In ihr geht es darum, die unbewusste Bedeutung der Lebensentwürfe, die sich hinter dem Narrativ verbergen, herauszuarbeiten und dem Erleben zugänglich zu machen. Nach Lorenzer (1978a) geht es beim Verstehen von Texten nicht so sehr um deren objektive Bedeutung, sondern vor allem um das subjektive Texterleben, das heißt, es geht nicht so sehr darum, was erzählt wird, sondern eher, wie etwas erzählt wird, das heißt, wie das Erzählte vom Zuhörer erlebt wird. Demnach ist die sprachliche Inszenierung des Erlebten für den Verstehensprozess von besonderer Bedeutung. Das Unbewusste, auf das diese Hermeneutik zielt, meint die Wünsche und Vorstellungen der Frauen, die dem Bewusstsein entzogen wurden, weil sie wiederum unbewusst als verboten und gesellschaftlich nicht konform gelten. Die Verdrängung stellt dabei einen Schutz dar vor der Befürchtung, dass das Verbotene deutlich und aufgeklärt werden könnte und dann Schuld- und Beschämungsgefühle ausgelöst würden, die nicht bewusst werden sollen.

Bezogen auf die Interpretation der folgenden drei Interviews möchte ich an dieser Stelle noch einmal betonen, dass der Bezugsrahmen für die Interpretation allein der Text ist und nicht die erzählende Person. Das bedeutet, dass sich die Textanalyse auf die Analyse der in der Erzählung konstruierten Sinn- und Bedeutungszusammenhänge beschränkt. Sie kann Aufschluss geben über die Struktur der Erzählung und danach fragen, wie sich die Person in ihrer Erzählung selbst darstellt und was, bzw. wie sie über ihren Umgang mit ihrer lebensgeschichtlichen Erfahrung berichtet (Quindeau, 1995, S. 155). Die tiefenhermeneutisch fundierte Textanalyse bezieht gleichermaßen die Interaktion zwischen Erzählerin und Interviewerin ein, die, als Übertragungsgeschehen verstanden, eine grundlegende konstitutive Bedingung des Erzählprozesses darstellt (vgl. Quindeau, 1995, S. 100).

VI. Interpretation von drei autobiografischen Interviewtexten

»Frauen erzählen Geschichte anders.«
(Hagengruber, 219, S. 13)

Die Interviews habe ich gekürzt und für deren Lesbarkeit sprachlich bearbeitet.

Sprechpausen sind mit Auslassungspunkten gekennzeichnet, drei Punkte in Klammern (...) stehen für Kürzungen.

Mit Einverständnis der Frauen habe ich mich dafür entschieden, die Interviews von Ingeborg Glock, Helga Wullweber und Katja Leyrer mit Hilfe der tiefenhermeneutischen Methode zu interpretieren, wie ich sie oben beschrieben habe. Bei aller individuellen lebensgeschichtlichen Besonderheit habe ich die Lebensgeschichte dieser drei Frauen, Flucht, Familie, die Bedeutung und Rolle des Nationalsozialismus, das Erleben der Kindheit auf dem Hintergrund der Nachkriegszeit, den politischen Aus- und Aufbruch, das politische Engagement und die damit verbundenen Erfahrungen auch stellvertretend für die Erfahrungen der anderen Frauen erlebt.

1. Ingeborg Glock[1]

Vorbemerkung

Persönlich kannte ich Ingeborg zunächst vor allem aus der Gewerkschaftsarbeit in der GEW in den Siebziger- und Anfang der Achtzigerjahre. Später hatten wir miteinander zu tun, als die Frauen der GAL den Plan hatten, zur Bür-

1 Vgl. Teckentrup, 2021.

gerschaftswahl 1986 als reine Frauenliste (1) zu kandidieren. Bis zum Zeitpunkt des Interviews 1993 sind wir uns nur noch sporadisch begegnet.

Bevor ich Ingeborg für das Interview traf, hatte ich von ihr das Bild einer selbstbewussten, etwas strengen Frau mit einer hohen moralischen Haltung. In den politischen Gruppen schien sie mir integriert und anerkannt. In politischen Diskussionen erlebte ich sie in ihren Positionen, die sie meist mit einem ironischen Unterton vertrat, fundiert und klar, sodass ich mich ihr gegenüber oft ein wenig unsicher fühlte. So mag es auch zu verstehen sein, dass ich sie nicht gefragt habe, ob sie an meinem Projekt teilnehmen will, vielleicht, weil ich eher moralische Bedenken und eine Absage erwartet hatte. Umso erstaunter war ich dann, als sie von sich aus auf mich zukam und fragte, ob sie mitmachen könne. Es interessiere sie sehr.

Die erste Begegnung

Als ich bei zur vereinbarten Zeit klingle, öffnet Ingeborg ein wenig hastig die Tür und begrüßt mich mit der Bemerkung, sie sei erleichtert, dass sie es geschafft habe, pünktlich nach Hause zu kommen.

Sie ist eine kleine, zierliche, vor allem entschlossen wirkende Person. Ich bin überrascht, wie lebendig, fast ein wenig aufgedreht sie mir begegnet, während ich mich eher kontrolliert und angespannt fühle. Zugleich spüre ich auch einen Druck und bekomme rasch das Gefühl, dass unser Treffen und das Thema für Ingeborg wichtig sind, dass es uns verbindet. Dann sitzen wir uns gegenüber. Auf dem Tisch liegt der Zettel mit den Leitfragen. Es tritt ein Moment der Stille ein. Ingeborg blickt mich erwartungsvoll an. Schließlich unterbricht sie die Stille und sagt, dass sie das Projekt ganz wichtig findet.

Biografie

Ingeborg Glock wurde Anfang der Vierzigerjahre in einer Kleinstadt in Vorpommern als erstes Kind ihrer Eltern geboren. 1945 floh sie mit der Mutter mit dem letzten Zug nach Norddeutschland, wo sie vorübergehend bei der Schwester der Mutter und deren beiden Kindern unterkam. Der Vater kehrte im Spätsommer 1945 aus dem Krieg zurück. Im selben Jahr zog die Familie zunächst nach Niedersachsen, in ein »300-Seelen-Dorf«, zu den Großeltern mütterlicherseits, die der Familie eine kleine Wohnung unter dem Dach besorgt hatten, später dann in die Nähe von Hamburg in eine Kleinstadt an der Elbe. 1947 wurde die Schwester geboren. Die Familie lebte in eher ärmlichen Verhältnissen. Der Vater, geboren 1912, war in den Dreißigerjahren nach einer abgebrochenen Tischlerlehre zunächst bei der Polizei und wurde dann Berufssoldat. Die Mutter war Hausfrau und arbeitete nach dem Tod des Vaters in einer Sparkasse. Nach dem Krieg war der Vater zunächst arbeitslos, bis er dann 1952 einen »richtigen Job« bei der Sparkasse bekam. Im Alter von 47 Jahren verunglückte der Vater auf dem Weg zur Arbeit tödlich.

Eine wichtige Rolle im Leben von Ingeborg spielen die Großeltern mütterlicherseits. Der Großvater, Volksschullehrer, war Ortsgruppenleiter der NSDAP und zugleich Bürgermeister des Dorfes. Er wurde nach dem Krieg »entnazifiziert« und kam für sechs Monate in ein Lager. Die Großmutter war Frauenschaftsführerin, die Mutter BDM-Führerin.

Ingeborg ging auf das Mädchengymnasium, machte Abitur, heiratete 1966 und trennte sich zwei Jahre später von ihrem Mann. Sie zog nach Hamburg. Ihren Lebensunterhalt verdiente sie als Hotelangestellte, bis sie 1970 anfing, »auf Lehramt für Volks- und Realschule mit Hauptfach Soziologie« zu studieren. Zeitgleich begann sie sich dafür zu interessieren, was da »überall politisch losgeht«. Sie engagierte sich in der Frauenbewegung, gründete mit anderen Frauen einen »Weiberrat« und trat dem KB (Kommunistischer Bund Westdeutschland) bei, wo sie bis 1981 Mitglied blieb. 1984 wurde sie als Abgeordnete der Grünen Frauenfraktion in die Hamburger Bürgerschaft gewählt. Bei der Neuwahl der Bürgerschaft sechs Monate später trat sie nicht mehr an. (1)

Zum Zeitpunkt des Interviews lebte Ingeborg allein in einer Wohnung in einem »linken« Stadtteil Hamburgs. Sie hatte keine Kinder. Sie war politisch nicht organisiert, engagierte sich aber in Bürgerinitiativen und unterstützte deren Aktionen im Stadtteil.

Ingeborg schrieb und veröffentlichte unter dem Pseudonym Fanny Müller satirische Glossen und Beiträge über Politik und Alltagsleben. Sie las ihre Texte auf Veranstaltungen und war damit recht erfolgreich.

Ingeborg Glock ist im Alter von 74 Jahren gestorben.

Das Interview

Also, geboren bin ich 1941.

Ich habe kürzlich angefangen, für meine Nichte meine Familiengeschichte zu schreiben. Sie studiert Geschichte und hat jetzt bemerkt, dass ich die Geschichte unserer Familie und auch unsere Eltern ganz anders wahrgenommen habe als meine Schwester.
Ich habe in meinen Nachforschungen festgestellt, dass meine ganze Familie in den Na-

tionalsozialismus involviert war. Als Kind habe ich das nie so begriffen. Es wurde aber auch nie darüber gesprochen, nie ...

In Nebenbemerkungen wurde mal erwähnt, dass zum Beispiel meine Großtante, die Schwester meiner Oma, für den Führer geschwärmt hatte, weil der so blaue Augen hatte. Oder dass mein Großvater stellvertretender Ortsgruppenleiter in unserem 300-Seelen-Dorf war. Das war wohl so üblich, dass in diesen kleinen Dörfern der Ortsgruppenleiter immer Bürgermeister wurde und die nächstniedrigere Instanz, zum Beispiel der Lehrer, sein Stellvertreter. Und meine Großmutter wurde dann entsprechend die Frauenschaftsführerin. Darüber habe ich mal mit meiner Großmutter gesprochen. Die sagte dazu ... dass sie diese Abende pflichtgemäß gemacht hätte, aber über Juden hätten sie nicht gesprochen. Sie hätte immer so Pamphlete über Leute aus dem Dorf vorlesen und diskutieren müssen, das sei ihr zu blöd gewesen und das habe sie auch abgelehnt. Sie kannte die Leute, und sie hat das, was darin gestanden hat, nicht mit dem zusammengebracht, was sie über die Leute gewusst hätte. Sie hätten gestrickt und gehäkelt und Lieder gesungen oder irgendwas gemacht, und das sei es auch gewesen. Ich nehme ihr das ab, denn sie war eine ziemlich selbstbewusste, starke Frau, die politisch allerdings relativ ungebildet gewesen ist.

Mein Großvater ist entnazifiziert worden ... von den Engländern, nach dem Krieg. Der kam in die Lüneburger Heide in so ein Lager und nach einem halben oder Dreivierteljahr kam er wieder zurück. Was da so gewesen ist und was die da gemacht haben, darüber wurde nicht gesprochen, außer dass sie Rübeneintopf gekriegt und aus Holz irgendwelche Löffel geschnitzt und Karten gespielt hätten. Mehr habe ich darüber nicht gehört.

Meine Mutter war als Tochter dieses Ehepaars BDM-Führerin. Sie spielte Bandoneon und ... Klavier. Da wurde auch viel gesungen und Wanderungen gemacht. Über irgendwelche politischen Diskussionen hat sie nicht berichtet. Und ich habe damals nicht gefragt, das ist mir später, zu spät eingefallen, als sie schon tot war.

Mein Vater war Soldat. Ich weiß nicht, ob er in der Partei war, ich denke schon. Der war Funker auf einem Flugzeug und in Vorpommern, in der Nähe von Stettin, stationiert. Ich erinnere mich noch, dass wir 1945 von Vorpommern nach Husum geflohen sind und dafür drei oder vier Tage gebraucht haben.

T: Da warst du vier Jahre alt.

Ja, fast vier. Im März sind wir geflohen, mit dem letzten Zug, der hat nur Mütter mit kleinen Kindern mitgenommen. Ich erinnere mich, dass wir auch in Hamburg waren und dass wir unterwegs angegriffen wurden. Da musste der Zug halten und wir haben in einem Bahnwärterhäuschen geschlafen. Ich erinnere mich auch noch an die Bomben, als wir in Husum waren. Der Krieg war ja im März/April noch nicht zu Ende. Als Kind habe ich das einfach aufregend empfunden. Man wurde nachts geweckt, man wurde angezogen, man wurde in den Keller gebracht, und da spielten wir Kinder zusammen, das war toll. Aber ich höre das noch, wie diese Bomben fallen, dieses Zischen und Pfeifen und der Einschlag. Und ich habe erst Jahre später davon Alpträume gehabt, als ich wusste, was es bedeutete ...

Ich muss neun oder höchstens zehn Jahre alt gewesen sein, als ich zum ersten Mal vom Nationalsozialismus gehört habe, davon, was der bedeutet hat. Ich habe ziemlich spät lesen gelernt, und dann las ich allerdings alles, was ich in die Finger kriegte. Wir hatten auf dem Spitzboden eine Menge alter Zeitungen liegen, alte Spiegelausgaben, von 1946, glaube ich, die hatte irgendjemand dort gelassen. Da waren Berichte über die Lage in den KZ und was die da gemacht haben. Und die habe ich gelesen, ganz alleine, ohne jemandem etwas zu sagen. Das hat mich total beeindruckt. Ich habe zum ersten Mal eine Vorstellung davon bekommen, was da alles passiert ist. Das hat nachhaltig gewirkt. ... Später, da war ich schon über 20, habe ich mal einen Leserbrief an den »Stern« oder die »Zeit« geschrieben. Die hatten einen kritischen Artikel über die Juden und deren Palästinapolitik veröffentlicht, und ich habe empört geschrieben, dass es doch egal sei, was die machen würden, man hätte diesem Volk so viel Unrecht angetan. Mein Brief ist nicht veröffentlicht worden, aber ich kriegte dann einen Brief von einem Juden, der sich bei mir bedankt hat. Irgendwie müssen sie meinen Brief an den weitergeleitet haben. Ich habe bei meiner Kritik nicht daran gedacht, dass das jetzt ein autonomer Staat ist, in dem auch Unrecht geschieht. Na ja, ich war durch diese Fünfzigerjahre und den Unterricht, den wir hatten, politisch ungebildet ...

T: Wie habt ihr damals gelebt?

Ich habe nach der Flucht mit meiner Mutter zunächst in Husum gewohnt, weil da meine Tante mit ihren zwei kleinen Kindern lebte, die ungefähr in meinem Alter waren. Das war eine ganz tolle Zeit, die nur ein halbes Jahr gedauert hat. In dem Haus lebte noch eine Frau mit ihrem Kind, und dann wurde noch eine mit einem Kind eingewiesen. Sie hatte eine ziemlich große Wohnung, das war im alten Schloss. Wir hatten einen Garten und lebten nur mit Frauen und Kindern. Irgendwie war das toll. Ohne richtige Zubettgehzeiten und auch mit Lachen, es war irgendwie ganz toll ... Das habe ich aber erst im Nachhinein empfunden.

Und dann kamen im August/September 1945 mein Vater und kurz danach auch mein Onkel zurück aus dem Krieg. Ja, die kamen zu Fuß aus Süddeutschland, wo sie wohl aus der Armee entlassen worden sind oder abgehauen waren. Die kamen an, und wir zogen in die Nähe von S., da hatten die Eltern meiner Mutter uns eine Wohnung besorgt, das waren zwei Dachkammern. Mein Vater wurde dann Flüchtlingsbetreuer, weil er der deutschen Sprache mächtig war ... (...)

Meine Mutter war Hausfrau. 1947 wurde meine Schwester geboren, und ich kam dann irgendwann zur Schule.

Der Winter von 46 auf 47 war sehr hart. Ich bin mit Wintermantel und Wollmütze und Handschuhen ins Bett geschickt worden, so kalt war das. Wir hatten ganz wenig Geld ... Ich habe nicht gehungert, aber es war immer sehr knapp. Mein Vater hat mal ein Brot gefunden auf der Straße, das vom Brotwagen runtergefallen war, das war eine richtige Feier. ...

Wir lebten sehr beengt, hatten einen kleinen Kanonenofen, auf dem gleichzeitig gekocht wurde. Im anderen Zimmer haben wir geschlafen. (...) Das war alles ... sehr ärmlich. Aber das ging den anderen Leuten auch so. (...) Ich habe das nicht als Mangel empfunden, erst als langsam die Fünfzigerjahre kamen und der Arzt sich ein Haus baute. Ich war mit dessen Tochter befreundet, und die ältere Schwester von ihr, die schämte sich immer. Sie hat ihre Schulfreundinnen nicht nach Hause eingeladen, weil die schon irgendwie besser gewohnt haben. Wir waren doch relativ arm, und als es darum ging, ob ich aufs Gymnasium gehe, da hat die mich mal gefragt: »Was, du willst aufs Gymnasium?« Das hat mich schwer gekränkt, und da habe ich zum ersten Mal bemerkt, dass ich von jemandem angesehen wurde, als komme ich aus einer anderen sozialen Klasse.

Auf dem Gymnasium, es war ein Mädchengymnasium, waren Mädchen aus Familien, deren Väter Rechtsanwalt, Arzt und auch Geschäftsleute waren. Zum Teil durfte ich nicht im gleichen Abteil mit denen fahren. Daraus hatten die sich einen Spaß gemacht. Das hat mich schwer gewurmt. Denn ich hatte vom Elternhaus her nichts zu bieten, weder Spielzeug noch Taschengeld. Die kauften sich in der Pause häufig im Café ein Franzbrötchen. Das kostete damals 50 Pfennig oder 30, das war für mich undenkbar. Man kriegte sein Brot von zu Hause mit und basta. ...

Und da habe ich mir auch was zugelegt. Mit irgendwas musstest du ja hervortreten, irgendwie musstest du dich ja behaupten. Das lag bei uns so ein bisschen in der Familie. Ich war dann der Klassenkasper. Das sind ja meistens nicht die Betuchten, die diese Rolle übernehmen. ... (...)

Also, mein Vater kam aus dem Krieg. Er wurde nicht entnazifiziert, insofern nehme ich an, dass er weiter keinen großen Posten hatte oder irgendwas in der Partei war. Er war Berufssoldat gewesen und war als Stabsfeldwebel entlassen worden. Er war dann erstmal arbeitslos und hat hier und da gejobbt. Mein Vater war ein Mann, der nicht besonders geschickt war, das hat ja damals reichlich Männer oder Leute gegeben, die Kapital aus dieser Situation, zum Beispiel auf dem Schwarzmarkt, geschlagen haben. Dazu war er einfach zu ... er hatte so eine gewisse Gradlinigkeit, oder er war ... einfach ungeschickt. Dann hat er in einem Porzellanladen gearbeitet, dann ging der Pleite und dann hat er in einem Briefmarkengeschäft gearbeitet. Er hatte im Grunde nichts gelernt. In seiner frühen Jugend hatte er zwar mal Tischler gelernt. Mit der Lehre war er 1929 fertig, und da gab es auch keine Arbeit. Er ist dann zur Polizei gegangen, und die haben ihn 1936 direkt ins Heer übernommen. Meine Großeltern haben ihm dann 1952 den ersten richtigen Job verpasst. Er wurde bei der Sparkasse angestellt und war Kassierer, bis er 1958 gestorben ist.

T: Wie alt war er da?

47 ... und komischerweise ging es uns ab da (als der Vater tot war) sehr viel besser. Er war auf dem Weg zur Arbeit verunglückt, und meine Mutter kriegte eine Witwenrente und gleichzeitig noch eine andere, also doppelte Rente.

Da wurde dann ein Fernsehapparat angeschafft und all solche Sachen. (...)

Ganz glücklich war ich eigentlich in der Zeit, als ich aufs Gymnasium ging. Ich war da immer mit drei anderen Frauen zusammen. Wir waren ein Kleeblatt, die immer zusammengehockt haben. Wir haben entsetzlich viel gelacht und Partys besucht, und wenn eine Stunde ausfiel, haben wir im Kaffee gesessen und für 95 Pfennig eine Tasse Kaffee und eine holländische Kirschschnitte gegessen. Trinkgeld gab man damals nicht, auf die Idee ist auch die Serviererin nicht gekommen. Also, das war ganz schön ... Obwohl ich das nicht noch einmal erleben möchte, weil die Zeit war schon ... Neulich haben mich im Secondhandladen junge Mädchen angesprochen, die da Petticoats und diese Kleider aus der Zeit anprobiert haben. Und als ich sagte: »Ach, du liebe Zeit, so was möchte ich nicht noch einmal anziehen«, da meinten die, dass das doch eine tolle Zeit gewesen sein muss, mit den Petticoats und Elvis Presley und so. Aber es gab nicht die Pille, und man musste um zehn Uhr schon zu Hause sein. Es war eine Stimmung, die nicht gerade zu Freiheit, Aufbruch oder so was rief. Wir alle dachten, dass im Leben noch etwas ganz Tolles auf uns zukommen würde, so von selber. Das kannten wir aus den Romanen. Aber ich weiß nicht, ob wir selbst tatsächlich daran geglaubt haben. Irgendwie habe ich die Zeit als grau in Erinnerung ...

T: Was meinst du mit grau?

Ja ... es hatte so was Enges. Ich erinnere mich, dass ich abends im Bett so einen Sender in meinem alten Volksempfänger eingestellt habe. Da kriegte man manchmal sogar New York. Und ich dachte: Ah, New York, da muss das Leben sein! Da muss das brausen, da muss der Wahnsinn toben. Das war nun zufällig New York, es hätte auch was anderes sein können. Jedenfalls hatte ich nicht das Gefühl, dass das Leben da brauste, wo ich bin, oder dass ich überhaupt die Möglichkeit hatte, aus irgendwas auszubrechen. Es gab nur die Familie, und danach gab es die, die man selber gründete, und dazwischen gab es überhaupt nichts. ... Und dann diese ganzen Fragen um Verhütung, bloß nicht mit einem Kind nach Hause kommen und solche Geschichten. Das war schon bedrückend irgendwie. (...)

T: Du wohntest damals auf einem Dorf?

Ja, ja, in einer Kleinstadt, und ich war Fahrschülerin. (...) Meine damalige Schulfreundin, die ich jetzt noch kenne, wir haben das beide so empfunden, dass es nicht mehr zum Aushalten ist. Das ist übrigens die Einzige, mit der ich noch in Kontakt bin.

Aber diese Mädchenfreundschaften ... die waren schon wichtig. Ich habe überhaupt nur Abitur gemacht, weil ich von denen nicht getrennt werden wollte. In der Familie gab es das ja sonst nicht, studieren oder so. Mein Großvater, der Lehrer war, der hatte nicht studiert, der war mit 16 Jahren aufs Lehrerseminar gekommen, und mit 18 war er fertig. Das war ja kein Studium. Und ich konnte mir auch nicht vorstellen, dass ich studieren sollte, dazu war ich zu blöd ...

T: Und dann hast du es doch gemacht.

(lacht) ... Ja ... ich hatte 66 geheiratet und mich 68 scheiden lassen ...

(...) Ich habe den eigentlich nur geheiratet, weil ich heiraten wollte. Ich war ja ein spätes Mädchen, und meine Oma fragte schon immer nach, wann ich endlich heirate. Und 1966 war das noch so, dass ich dachte, meine Güte, nun muss ich mal langsam. Und dann stellte ich schnell fest, dass es doch nicht das Wahre war. Und dann kam diese Studentenbewegung ...

Ich hatte vorher immer gedacht, dass irgendwann noch was ganz Tolles kommen würde, ohne etwas dazu tun zu müssen, also ein Wunder irgendwie, wie das in den Büchern immer so steht. Aber dieses Wunder trat nicht ein. Ich hab mich zunächst damit abgefunden (...) so als Opfer, und gedacht, jetzt bist du verheiratet, und jetzt ist das Leben so, in Hut und Mantel Kartoffeln aufsetzen, wenn man von der Arbeit kommt, und dann noch die Wäsche in die Maschine schmeißen, und am Sonntag kommen Verwandtenbesuche, dann wird der Kaffeetisch gedeckt, das ist das Leben, und das musst du jetzt tragen, das ist nun mal so. Das habe ich aber nur kurze Zeit durchgehalten. Ich habe viel Radio gehört, und da kriegte ich eben auch Rudi Dutschke und alles, was da so passiert ist, mit ... Ich habe zwar nicht ein Wort von dem, was die wollten, verstanden. Nur, dass irgendwas im Gange ist und dass Leute auf Straßenbahnschienen sitzen, Studenten. Aber ich habe das alles nicht kapiert. Ich kannte diese soziologische Sprache und die Ideen dahinter überhaupt nicht ... Aber das hat mir Auftrieb gegeben. Mir war klar, dass ich damit was zu tun haben wollte. ... Ja, und dann habe ich die Scheidung eingereicht ... und bin mit einem Freund zusammengezogen.

Im Herbst 69 rief mich eine Freundin aus Berlin an und sagte, sie habe wieder angefangen zu studieren. Sie werde Volksschullehrerin, und da habe ich gedacht, wenn die das kann mit zwei kleinen Kindern, dann müsste ich das doch eigentlich auch können. Ich habe sofort gekündigt, und 1970 habe ich auch angefangen zu studieren, natürlich auch Volksschullehrerin.

Ich hatte zwar keine Ahnung vom Studium, nur dass ich unbedingt Soziologie studieren wollte, weil ich wusste, dass Rudi Dutschke und all die Leute das studiert hatten. Ich dachte, dass ich dann mehr darüber erfahren würde, wie das mit der Politik und so eigentlich alles zusammenhängt. ...

Der Schulrat wollte mir das aber nicht erlauben mit der Begründung, ich wolle das ja nur, weil da die jungen Männer mit den langen Bärten ... wären.

T: Er wollte dir tatsächlich das Soziologiestudium verweigern?

Ja, das musste man sich damals noch genehmigen lassen, wenn man Lehrerin werden wollte. Na, und da habe ich dem so einen Heulanfall hingelegt, dass er das schließlich genehmigt hat.

In der Zeit bin ich dann auch auf die Frauenbewegung gestoßen. Mir war das Buch »Der Weiblichkeitswahn« von Betty Friedan in die Hände gefallen. Das ist das erste feministische Buch, das ich gelesen habe, und das hat schwer Eindruck auf mich gemacht. Heute ist das ein Buch, das mir nicht mehr so wichtig ist, aber damals war das der Hammer für mich. Mir ist ein Licht aufgegangen: Ich habe plötzlich gedacht, ach so, dass ich mich immer so komisch fühle und dass ich mich habe scheiden lassen und so, das hat was damit zu tun, dass ich eine Frau bin, und nicht, weil ich versagt habe. Das kam dann alles plötzlich auf ein Mal (...)

Ja, und auf der Uni habe ich dann auch Heidi Burmeister kennengelernt. Und 1970 gründeten wir einen Weiberrat, so nannte sich das, da war es eigentlich schon ziemlich spät. Wir klebten Zettel auf die Männerklos und haben eines Nachts ans Audimax geschrieben, »Frauen aller Fakultäten vereinigt Euch«, und die Anarchisten haben am nächsten Tag drunter geschrieben »Mit uns« ... Es machte Spaß und so richtig darüber nachgedacht {...) das hat uns nicht weiter beschäftigt, einfach nur aus Spaß. Ja, und als ich dann Heidi B. kennengelernt habe, da ging es in eine andere Richtung. Sie hatte ein ziemliches Charisma und sie konnte einen sehr gut umgarnen. ... Jedenfalls bin ich ziemlich schnell bei ihr in die Wohngemeinschaft eingezogen. Heidi war Leiterin des Ring Bündischer Jugend (RBJ) (2). Da wurde viel gesungen, aber es gab auch politische Diskussionen, das heißt, damals vor allem psychologische Diskussionen. Wir haben unter anderem Anna Freud gelesen und andere psychoanalytische Autoren. Und wir haben so eine Art Gruppentherapie aus der Lamäng gemacht, da haben dann so einige rumgeschluchzt. Das war ein ziemlich gefährliches Unternehmen, wenn ich mir das heute so betrachte. Das änderte sich schlagartig, als ich Verbindung zu KB-Leuten bekam.

Heute kann ich gar nicht sagen, warum ich da eigentlich mitgemacht habe. Ich habe immer gedacht, dass ich wegen Heidi B. da reingeschliddert bin und dann nicht mehr rausgekommen bin. Das habe ich oft, übrigens nur bei Frauen und nicht bei Männern, dass ich es schwer habe, wieder rauszukommen. (...) Ich bekomme dann sehr schnell das Gefühl, ich verrate jemanden. Ich hatte ja in dieser Zeit durch die Diskussionen in der Uni oder im Weiberrat oder auch in (...) Seminaren über Marx allmählich mehr verstanden, wie die Welt funktioniert und warum und dass ich irgendwie was machen müsste. Aber natürlich beileibe nicht für mich, sondern ... für die Armen in der Dritten Welt, für die Proletarier. ... Heute bin ich schon der Meinung, dass ich politisch mehr bewegen kann, wenn ich die Dinge tue, die mir Spaß machen oder die ich wirklich für wirklich wichtig halte, weil das dann auch eine Ausstrahlung auf andere Leute hat. Ich fühle mich bis heute verantwortlich für die Verbrechen der Nazizeit, dafür, was wir den Menschen in den Konzentrationslagern angetan haben.

Es gibt so ein tiefes Gefühl in mir, dass es eigentlich gemein ist, wenn es einem besser geht als anderen. Das gehört sich nicht, und dann muss man den anderen sofort etwas abgeben oder irgendwas tun.

T: Es hilft einem vielleicht ein bisschen, sich selbst nicht arm zu fühlen, wenn ich daran denke, wie es dir ergangen ist, als ihr arm gewesen seid.

Ja, ja, das kann natürlich auch sein, daran habe ich noch gar nicht gedacht. Ich bin ja dann einmal diejenige, die etwas hat.

Also, ich kann nicht sagen, dass es mir Spaß gemacht hätte. Die ganzen Jahre, die ich im RBJ und auch im Kommunistischen Bund (KB) (4) verbracht habe, haben mir wirklich überhaupt keinen Spaß gemacht. Meistens war ich nur am Zittern, weil ich die Sachen nur durchgelesen hatte, die man gelesen haben sollte, um darüber zu diskutieren.

T: Wovor hattest du Angst?

Dass ich irgendwie entlarvt werde, dass ich nicht alles gelesen hatte oder dass ich den falschen politischen Standpunkt womöglich in irgendeiner Frage vertrete.

T: Was wäre dann passiert in deiner Vorstellung?

Ja, dann hätten sie mich ... dann hätten sie mal gesehen, wer ich wirklich bin. Dass ich eigentlich ganz faul bin und keine Lust habe, nicht die richtige, nicht die gefragte Einstellung hatte, und dann werde ich nicht mehr geliebt.

T: Warum bist du nicht rausgegangen?

Also, aus dem RBJ bin ich erst rausgegangen, als er sozusagen von selbst zerfallen ist. Das war ein längerer Prozess. Er hatte was von einer Sekte. Man hatte nur mit astreinen Leuten zu verkehren, die mussten hundertpro sein. Ich hatte ein paar Mal erlebt, dass über Leute, die abgehauen sind, übel geredet wurde, was das überhaupt für Charaktere seien, dem Untergang geweiht und was weiß ich noch alles ...

Na ja, ich jedenfalls war noch nicht so weit. Aus dem KB bin ich dann selber rausgegangen. Das hat zwar keiner gemerkt, aber ich habe das auch nicht mit einer Erklärung gemacht, dazu war ich nicht in der Lage. Ich wusste nur, das mach ich nicht mehr, das will ich nicht mehr.

T: Wann war das?

1981, glaube ich, ich weiß das nicht mehr genau. Also, im RBJ hielt man sich an die kommunistische Idee, dass jeder sein Geld abzugeben hat und dann so viel bekam, wie er brauchte. Das fand ich ganz toll. Und dann erlebt man, wie plötzlich irgendwelche Leute zugreifen und andere halten sich zurück, und dann kommt die Wut hoch. Das funktioniert nicht (...) aber das weiß ich heute. Da habe ich überall eine Menge Geld gelassen und Klamotten und Möbel ... (...) Dann wäre ich heute nämlich noch reicher ... (lacht)

T: Welche Bedeutung hat diese Zeit für dich im Nachhinein?

Später habe ich mich mehr mit Geschichte befasst. Ich weiß heute mehr und kann Zusammenhänge besser erkennen und beurteilen. Das macht mich einfach sicherer. Damals habe ich das alles, also die Welt und wie das alles so funktioniert, nicht so zusammengekriegt. Das ist der eine Punkt, und der andere ist, dass ich mich nicht mehr so verloren fühle, so umhergewirbelt, das betrifft auch meine privaten Situationen.

T: Dann ist diese Zeit auch für deine private Lebensplanung sehr wichtig gewesen.

Ja, damals war das völlig undenkbar zu heiraten und Kinder zu kriegen. Beziehungen hatten sich nach den politischen Vorgaben zu richten. Ich hatte ja auch Angst, dass derje-

nige durch irgendwas in Ungnade fallen würde, denn dann hätte ich mich von ihm trennen müssen, das war durchaus angesagt. ...

Frauen, die schwanger wurden, wurde dringend geraten abzutreiben, nach der Devise, es gebe genug Kinder auf der Welt usw. ... Ich wollte keine Kinder mehr haben ... ich hatte mal eine Abtreibung und in meiner Ehe eine Fehlgeburt und das alles war ziemlich schrecklich und das wollte ich nicht noch einmal erleben ...

T: Magst du erzählen, was du jetzt so machst?

Ich hatte irgendwann in den letzten Jahren das Gefühl, dass es nun genug sei.
Daher war ich auch heilfroh, als ich aus dem Parlament rausgeschmissen wurde, absolut froh, weil ich auch gemerkt habe, dass das nicht mein Ding war. (4)
Ich hatte das Gefühl, dass ich jetzt mal rausfinden muss, was ich irgendwie selbst machen kann.

Momentan bin ich nirgendwo als Mitglied politisch aktiv. Aber sobald sich was ergibt, bin ich dabei. ... (...) Obwohl, ich habe immer auch Angst. Ich stehe zwar oft in der ersten Reihe, aber mit Zittern und Zagen, aber heute denke ich, dass das in Ordnung ist, dass man das auch zugibt und dass man nicht immer die rote Fahne hochhängen muss. Ich finde, das ist schon eine Entwicklung. Ich finde, dass es ganz viele Menschen gibt ... die sich politisch richtiger verhalten als ich, obwohl sie weniger Durchblick haben. Zum Beispiel die Verkäuferin hier im Supermarkt. Wie die mit den Punks umgeht so, so menschlich. Das ist eine ganz einfache Frau, ohne einen großen gebildeten Hintergrund, nehme ich mal an.

T: Du scheinst nicht so resigniert zu sein wie viele Linke?

Nee, nee, das bin ich nicht ... Ich versuch immer wieder rauszufinden ... wie Menschen so sind. Ich möchte einfach mehr verstehen, warum und was Menschen so treibt, das zu tun, was sie tun.

T: Die Frage nach dem Warum ist offensichtlich für dein Leben sehr wichtig.

Das stimmt. Als Kind oder Jugendliche habe ich gar keine Fragen gestellt, ganz automatisch, das habe ich gespürt, dass das nicht angesagt ist und dass es Ärger geben könnte.

Aber dieses Warum, das hat mich immer interessiert. Warum mir dies oder jenes zustößt und warum ich Ärger mit Vorgesetzten habe.

Ich denke, das ist so eine Temperamentsfrage, manche Sachen halte ich einfach nicht aus.

T: War deine Mutter eher eine geduldige Frau?

Nein, die war genauso wie ich, die war nur viel starrer. Ich habe immer gedacht, mit meiner Mutter habe ich nichts zu tun, also schon vom Aussehen her, aber im Grunde war sie eine, die sich größtenteils geduckt hat. ... Ich war mal für ein paar Tage verschwunden. Ich als Mutter hätte mir sofort ein Taxi genommen und meine Tochter gesucht. Auf die Idee ist sie nicht gekommen. Sie hatte ja Dienst und das stand über allem ... Auf der anderen Seite hatte sie Angst vor allem, was Uniform trug, auch vor dem Briefträger. Aber uns gegenüber hat sie sich immer wieder zu wütenden Ausbrüchen hinreißen lassen. So hat sie jedes Mal rumgetobt, wenn ich auf ein harmloses Fest gegangen bin, oder meinem Vater, der einmal in der Woche zum Kegeln ging, dem hat sie das so vermiest, dass der immer mit einem schlechten Gewissen gegangen ist. ... Und als ich mit dem Mann ankam, den ich später geheiratet habe, da hat sie mir sofort einen Brief geschrieben, dass der ja unmöglich wäre.

Letzten Endes hat sie ja recht behalten ... Aber das hat einfach unser Verhältnis enorm gestört.

Hamburg, im Juni 1993

Interpretation

In der Anfangssituation des Interviews spüre ich einen Druck, alles richtig machen zu müssen, den ich auch als Ausdruck meiner eigenen Anspannung verstehe. Darein mischt sich Vorsicht, als könnte ich mit meinen Fragen Ingeborg zu nahe kommen, und die Befürchtung, ich könnte etwas berühren, was nicht berührt und aufgedeckt werden soll (vgl. Lorenzer, 1974).

Im Nachhinein habe ich mir immer wieder die Frage gestellt, was ich eigentlich befürchtet habe. Was hätte ich falsch machen oder mit meinen Fragen anrichten oder aufrühren können, welches Tabu hätte ich berühren oder durchbrechen können, noch immer, fast dreißig Jahre danach?

Beim Zuhören und später beim Nachhören der Interviewtexte, insbesondere aber bei der Analyse des Interviews fühlte ich mich immer wieder verwirrt. Obwohl die Leitfragen vor Ingeborg auf dem Tisch lagen und sie anfangs wohl zu ihrer Orientierung immer mal wieder draufsah, sprang sie beim Erzählen häufig vor und zurück, so, als falle ihr immer noch etwas ein, als wolle oder dürfe sie nichts vergessen, wobei sie auf mich ein wenig gehetzt wirkte. Mir schien fast durchgehend, als sei sie mit den Ereignissen, von denen sie berichtete, selbst nicht verbunden, so als sei ihr das Leben irgendwie passiert, als habe sie selbst keinen Einfluss darauf gehabt. Beim Zuhören bekam ich kein greifbares Bild von ihr, davon, wie sie sich selbst, aber auch die Menschen erlebt haben mag, die ihr nahestanden, insbesondere ihre Familie, und welche Bedeutung sie für Ingeborg gehabt haben mögen. Ich ertappte mich dabei, dass ich immer wieder angestrengt nach einem roten Faden suchte, der mich durch das Labyrinth ihrer Lebensgeschichte hätte führen können. Schließlich verstand ich, dass diese Verwirrung, die sich für mich durch ihre Lebensgeschichte zog, ein Ausdruck sein könnte für die Traumatisierung, die Ingeborg erfahren hatte, deren Abwehr nicht angetastet werden durfte. So gesehen hat sich die Traumatisierung in der Übertragung entfaltet, von der Ingeborg wohl spricht, wenn sie am Ende des Interviews auf meine Frage nach der Bedeutung ihres politischen Engagements sagt: »Ich habe das alles, also die Welt und wie das alles so funktioniert, nicht so zusammengekriegt«, ein Satz, der als Resümee ihrer Motive zum politischen Aufbruch stehen könnte.

Zum Interviewtext

Im Interviewtext ist zunächst auffallend, wie kontrolliert Ingeborg erscheint, als sie auf die Leitfragen eingeht, wie distanziert und rationalisierend sie von sich, von den Bezugspersonen und über ihre Lebensereignisse spricht. So wird sie selbst ebenso wie ihre Beziehungspersonen wenig erfahrbar. Sie bleiben wie unbeschrieben, was wie ein beredtes Verschweigen anmutet.

Beim Zuhören hatte ich immer wieder den Impuls nachzufragen, weil ich es schwierig fand, der Erzählung passiv zu folgen. Ich spürte, dass ich es zunehmend schwer aushalten konnte, wie wenig Ingeborg sich mit dem, was ihr im Leben geschehen ist, selbst in Verbindung brachte und wie drängend ich sie zugleich in ihren Fragen dazu erlebte. Vielleicht habe ich befürchtet, ich könnte mit Interventionen etwas anrühren, das nicht berührt und aufgedeckt werden durfte, insbesondere wenn es um ihre Beziehungen zum Vater oder zur Mutter ging, über die sie überhaupt erst am Ende des Interviews und auf meine Nachfrage etwas sagte. Zugleich dachte ich darüber nach, ob diese Unverbundenheit auch Ausdruck eines Traumas sein konnte, das unzugänglich bleiben musste (vgl. Moré, 2012). So habe ich dem Impuls zu Anfang nicht nachgegeben und mich an die Abstinenzregel meiner Rolle gehalten.

Beide Eltern, ihre Beziehung zu ihnen ebenso wie zur Schwester bleiben in dem Interview in auffallender Weise wenig beschrieben. Mit keinem Wort spricht Ingeborg darüber, wie sie die Beziehung der Eltern zueinander erlebt hat. Über den Vater spricht sie in einer elaboriert anmutenden Sprache[2]. An keiner Stelle erzählt sie von einer persönlichen Begegnung oder einem Gespräch mit ihm: »Er wurde nicht entnazifiziert, insofern nehme ich an, dass er weiter keinen großen Posten hatte.« Ingeborg war fünf Jahre alt, als der Vater aus dem Krieg zurückkam. Die »tolle Zeit« nach der Flucht war damit vorbei: »Wir zogen in die Nähe von S. ... und waren arm, auch wenn ich nicht gehungert habe.«

In ironisierender und ein wenig flapsig anmutender Weise schildert Ingeborg den Lebenslauf des Vaters, wobei dessen Tragik spürbar wird. Sie erzählt vom Vater und dessen beruflicher Erfolglosigkeit im Zusammenhang mit der beschämenden Erfahrung, sozial von den Freundinnen ausgeschlossen zu werden, weil ihre Familie im Vergleich zu anderen eher ärmlich gewesen sei. Dabei erlebe ich sie zum ersten Mal nachdenklich. Spürbar werden neben der Entwertung des Vaters auch ihre Enttäuschung über ihn, aber auch ein Mitgefühl mit dem Vater, der so wenig aus seinem Leben hat machen können, weil er ungeschickt, aber auch gradlinig gewesen sei. Es klingt, als habe der Vater sein Leben nicht selbst gestaltet, sondern als sei es ihm verordnet worden. Auffällig ist, wie sehr Ingeborg dabei dem Vater ähnlich und mit ihm identifiziert scheint, als sie über ihr Leben berichtet. Dazu scheint auch zu passen, dass sie dem Vater in ironisch-sarkastischer Weise erst einen Wert zuspricht, nachdem er tödlich verunglückt ist. Da war sie 17 Jahre alt. Dahinter jedoch werden auch Bitterkeit und Trauer spürbar. Was bleibt, ist das Bild eines schwachen Mannes, der so gar nicht den Idealen oder Wünschen nach einem Vater entsprach, der denen ihrer Freundinnen aus der Nachbarschaft mit ihren Arzt- oder Rechtanwaltsvätern ähnlich gewesen wäre. Eine Erfahrung von Mangel und Wertunsicherheit, die das Selbstbild von Ingeborg geprägt haben mag, was sich dem Aspekt nach wiederholt, als sie über ihr Selbsterleben in der politischen Gruppe berichtet.

Die Mutter wird zu Beginn des Interviews überhaupt nur in zwei Sätzen erwähnt: »Sie war als Tochter dieses Ehepaares BDM-Führerin (6). Sie hat nie

---

2 Diese rationalisierende Art zu sprechen kann zum einen der Hinweis auf die Abwehr einer Befürchtung sein, ein Thema von traumatischer Bedeutung zu berühren, ein Thema, bei dem es um verbotene, nicht erlaubte Vorstellungen und Wünsche geht, wobei ich an die ödipale Enttäuschung am Vater denke, die nicht zur Sprache, das heißt, bewusst werden darf. Zugleich kann diese Art zu sprechen auch der Ausdruck einer zeitgebundenen Sprechkultur sein, denn zum Zeitpunkt des Interviews, Mitte der Neunzigerjahre, war das Sprechen über Gefühle eher ungewohnt.

berichtet, was da so passiert ist und ich habe nicht gefragt.« Und an anderer Stelle: »Die Flucht mit meiner Mutter, das war eine ganz tolle Zeit, weil da viele Kinder waren.« Das war die Zeit, als sie mit der Mutter allein war, in der sie die Mutter nicht mit dem Vater oder der Schwester teilen musste oder auch, in der sie sich nicht auf die Mutter angewiesen fühlte. Vielleicht hat Ingeborg die Mutter in dieser Zeit auch anders erlebt, »mütterlicher«, nicht so »obrigkeitshörig«, »starr«, wie Ingeborg sie erst am Schluss des Interviews und auf meine Nachfrage hin beschreibt. So lässt sich Ingeborgs Sehnsucht nach einem unbeschwerten Leben verstehen, das sie schon einmal erfahren hatte und das dann so abrupt beendet wurde. In ihrer Haltung zu den Eltern bleibt Ingeborg distanziert, so dass es scheint, als hätte sie sich wenig verbunden, fremd mit ihnen gefühlt, wohl auch, weil sie nicht die Eltern waren, die sie sich eigentlich gewünscht hätte. Der Satz: »Meiner Mutter ging es erst besser, als mein Vater tot war«, gibt Einblick in ihr Bild der Beziehung ihrer Eltern zueinander, aber auch in ihre Beziehung zur Mutter.

»Ich war mit allem, was passiert ist, ganz allein«, bemerkt Ingeborg, als sie davon erzählt, dass sie im Alter von neun Jahren alles über den Nationalsozialismus gelesen habe, »was ich in die Finger kriegte.... und das hat irgendwie nachhaltig gewirkt«.

So entsteht der Eindruck, als habe Ingeborg eher von den Großeltern, denen sie Fragen stellen konnte, Halt und Orientierung bekommen. Zumindest konnte sie mit ihnen sprechen, sodass ihr das Geschehen dieser Zeit zugänglicher wurde.

Vor diesem Hintergrund inszeniert sich im Text und im Übertragungsgeschehen das Trauma und die Traumatisierung, die Ingeborg erfahren hat, vor allem in den Passagen, in denen sie über ihr Leben berichtet, als sei es ihr irgendwie geschehen ist, als habe sie darauf wenig Einfluss gehabt habe.

Die latente Bedeutung des Textes bündelt sich m.E. in folgenden Sätzen, in denen auch ihr Erleben von innerer Unverbundenheit als Wirkung des Traumas zum Ausdruck kommt, das Ingeborg selbst erfahren hat: »Ich versuch immer wieder rauszufinden, wie Menschen so sind. Ich möchte einfach mehr verstehen, warum und was Menschen so treibt, das zu tun, was sie tun.«

Ingeborg erzählt von den Bombennächten, die sie als vierjähriges Kind aufregend fand und die erst später als Alpträume wiederaufgetaucht seien. Da habe sie verstanden, dass ihr etwas Traumatisches geschehen sei.

Über die Rückkehr des Vaters spricht sie wie über ein Ereignis, das alles verändert hat, der Beginn eines Lebens, das ärmlich und karg, eng und grau war. Ebenso erscheint der plötzliche Tod des Vaters als traumatisches Ereignis, an das sie sich zwar erinnert, aber ohne dass dabei eine Verbindung zu ihren Gefühlen spürbar wird, dessen Wirkung sich dann wohl im Unbewussten entfaltet. Ich denke dabei vor allem an Ingeborgs ideal anmutende Wünsche und Vorstellungen in Bezug auf Männer, die so unerreichbar und unerfüllbar erscheinen, aber ebenso an deren Entwertung.

So gesehen kann die distanzierte Beschreibung ihres Beziehungserlebens zu ihren familiären Beziehungspersonen auch als Ausdruck dafür stehen, dass und wie sehr Ingeborg ihre als verboten und gefährlich erlebten Enttäuschungs- und Entwertungsgefühle in sich halten und verbergen musste.

Die Distanz erscheint dann wie ein Schutz vor der Befürchtung, sie könnte die Eltern, auf die sie sich angewiesen und mit denen sie sich zugleich verbunden fühlte, beschädigen und verraten, sie könnte an ihnen zur Täterin werden (vgl. Gravenhorst, 1990, S. 374).

Darüber hinaus verstehe ich die Passagen des Textes, in denen deutlich wird, wie fremd und unverbunden Ingeborg sich mit sich selbst und ihren Beziehungspersonen beschreibt, als Hinweis dafür, dass sie auch Trägerin von Traumatisierung gewesen ist, die wohl beide Eltern in transgenerativer Weise an sie weitergegeben haben und die sie in identifikatorischer Weise aufgenommen hat. So führen das Schweigen und Verschweigen dessen, was wohl als unerträglich und auch beschämend erlebt wurde, dazu, dass sie ihre Leben, das heißt, ihre innere und äußere Welt, nicht miteinander in Verbindung bringen konnte. In den Textpassagen, in denen Ingeborg über den Vater erzählt, erlebe ich einerseits ihren Abstand zu ihm – die sprachliche Kargheit und Härte muten an, als müsse sie jegliche Nähewünsche zu ihm unterbinden – und zugleich scheint sie ihm sehr nahe. Diese Dynamik lässt daran denken, dass Ingeborg wohl die Last des Vaters in sich trägt, dass sie in transgenerativer Weise das Trauma des Vaters in sich auf- und übernommen hat. Wenn das vermittelte Trauma im Laufe des Lebens zu einem Teil von Ingeborg geworden ist, das heißt, einerseits fremd und zugleich vertraut, dann ist es kaum möglich, sich davon zu lösen. Ironie und Sarkasmus dienen ihr dabei als Möglichkeit, sich von den verwirrenden, unverstandenen Selbstempfindungen abzugrenzen, die durch transgenerative Traumaverbindungen ausgelöst werden (vgl. Henningsen, 2000).

Durch Schweigen und Sprachlosigkeit werden die Eltern, die Familiendynamik und damit auch Ingeborg selbst geschont. So lange es aber keine Sprache dafür gibt, kann die Dynamik von Verwirrung und Abhängigkeit nicht aufgeklärt und nicht aufgelöst werden.

Was nun hat den Aufbruch aus der grauen, bedrückenden Enge, wie Ingeborg ihr Erleben in der Pubertät beschreibt, möglich gemacht? Woher kommt die Triebkraft für den Ausbruch aus dem Anpassungs- und Schweigegebot und damit für das Wagnis, Täterin zu werden (vgl. Thürmer-Rohr, 1993) und Schuld auf sich zu nehmen? Ingeborg war 17 Jahre alt, als der Vater tödlich verunglückte, das heißt, sie war in der Lebensphase, in der es um Löslösung und Trennung von der Familie und von den familiären Beziehungspersonen geht und um den damit einhergehenden Konflikt zwischen Familie und Kultur (vgl. Erdheim,1988).

Vor diesem Hintergrund kann Ingeborg den Tod des Vaters auch wie eine Befreiung von der Last seiner transgenerativ vermittelten Tragik und der damit verbundenen Verantwortung erlebt haben.

Auffallend ist, dass sich die Erzähldynamik verändert, als Ingeborg über die Zeit ihrer Adoleszenz berichtet. Es scheint mir, als sei sie emotional mehr verbunden mit dem, worüber sie spricht. Sie wird erfahrbarer, als sie von dem Spaß mit der Gruppe der Freundinnen erzählt, mit denen sie sich wie ein »Kleeblatt« verbunden gefühlt habe und ohne die sie nicht das Abitur gemacht hätte. Es hat den Anschein, als hätte ihr die Freundinnengruppe einen Ausweg aus der depressiven familiären Enge und Trostlosigkeit und aus der familiären Abhängigkeit gewiesen. Zugleich lässt diese Passage daran denken, dass sie in der Beziehung zu den Freundinnen die »tolle Zeit« mit der Kindergruppe nach der Flucht wiedererlebt. Mit den Freundinnen kann sie ihre Gefühle teilen und darüber sprechen. Sie scheint mehr in Verbindung mit anderen zu sein, was sie vielleicht gesucht und bei den Freundinnen gefunden hat.

Ingeborg erzählt in selbstironisch-kritischer Weise, wie sehr sie sich den elterlichen und gesellschaftlichen Normen der Fünfziger- und Sechzigerjahre angepasst habe. Um kein »spätes Mädchen« zu sein, hat sie einen Mann geheiratet, den sie in der Rückschau entwertet und mit keiner emotionalen Bedeutung versieht, sodass sich die Frage stellt, ob sie auf diese Weise wie beim Vater ihre Enttäuschung abwehrt.

Die politischen Ereignisse um 1968 scheinen geradezu in ihr Leben zu platzen. Sie bieten sich als Ausweg aus der Enge ihres bisherigen Lebens an und als Orientierung für ihre adoleszenten Such- und Abgrenzungsstrebungen zur familiären Lebenskultur der Sechzigerjahre.

In ihrer Erzählung über diese Zeit setzt sich der Leitfaden fort, der das Interview latent durchzieht: Ingeborg beschreibt sich selbstironisch und selbstkritisch als Person, die sich anpasst und denen folgt, die vermeintlich wissen, wohin der Weg führt, ohne selbst zu verstehen, wohin es eigentlich geht. Wenn sie über die politischen Aktionen erzählt, an denen sie teilgenommen hat, erscheint sie wie eine Adoleszente auf der Suche nach einem Leben, mit dem sie sich richtig finden kann, sich ausprobieren, selbst erfahren und dabei moralisch unschuldig bleiben.

Rudi Dutschke und die Freundin Heidi Burmeister mit ihrem Charisma bieten sich als Identitätsfiguren für ihre Suche nach einem Lebensentwurf an, einen, der anders ist als der, den die Familie, geprägt von den gesellschaftlichen Normen der Fünfziger- und Sechzigerjahre, vorgelebt hat. Rudi Dutschke repräsentiert das Andere, Widerspruch und Rebellion. Über ihn erhofft sie sich eine Antwort auf ihre Frage, »wie das mit der Politik und so eigentlich alles zusammenhängt«. Über eine Freundin bekommt sie den Ansporn zu studieren, was sie sich mit ihrem familiären Hintergrund nicht zugetraut hat und womit sie sich zugleich auch wie eine Verräterin an der Familienkultur erlebt.

Ihren Wunsch, jemand möge ihr zeigen, wo und wie alles zusammenhängt, nennt I. in der Rückschau auf diese Zeit bewusst als eine Erklärung für ihren politischen Aufbruch. Auf dem Weg dorthin beschreibt sie sich selbstentwertend als jemanden, der sich den vermeintlichen Forderungen der Gruppen angepasst und untergeordnet hat, weil Anpassung die Voraussetzung dafür gewesen sei, dass man ein Teil der Gruppe sein konnte und nicht ausgeschlossen wurde, wie Ingeborg es schon einmal zutiefst beschämend mit den Freundinnen aus ihrer Kindheit erlebt hat.

> »Es machte Spaß und so richtig darüber nachgedacht (haben wir nicht), …. einfach nur Spaß …«

> »Sie (Heidi Burmeister) hatte ein ziemliches Charisma (…) Jedenfalls bin ich ziemlich schnell bei ihr in die Wohngemeinschaft eingezogen«.

> »Die ganzen Jahre, die ich im RBJ und auch im KB verbracht habe, haben mir wirklich überhaupt keinen Spaß gemacht. Meistens war ich nur am Zittern (…) dass ich irgendwie entlarvt werde, dass ich nicht alles gelesen hatte oder dass ich den falschen politischen Standpunkt womöglich in irgendeiner Frage vertrete.«

> »Heute kann ich gar nicht sagen, warum ich da (im KB) eigentlich mitgemacht habe. Ich habe immer gedacht, dass ich da wegen Heidi B. reingeschliddert bin und dann nicht mehr rausgekommen bin.«

Dass Ingeborg sich den Mechanismen von Anpassung und Unterordnung, die sie als eine latente Erfahrung aus ihrer Arbeit in der politischen Organisation benennt, immer wieder ausgesetzt hat, lässt im Sinne des Wiederholungszwangs an den Versuch denken, sich darüber vom Gefühl der Ausweglosigkeit zu befreien, das sie selbst oder transgenerativ vermittelt erfahren hat.

Beim abschließenden Rückblick auf diese Lebensphase und ihre Bedeutung gibt es im Interview eine Zäsur: Ich werde zum Ende hin aktiver. Als Ingeborg ironisierend sagt, dass sie sich immer für die anderen eingesetzt habe und beileibe nicht für sich, mache ich eine deutende Bemerkung, die Ingeborg interessiert anerkennend aufnimmt und dazu bemerkt, dass sie so darüber noch nicht nachgedacht habe. Ich erlebe sie nachdenklich. Im Nachhinein verstehe ich, dass ich meine abstinente Interviewhaltung verändert habe, weil ich es zunehmend schwer aushalten konnte, kommentarlos zuzuhören. Ich wurde ungeduldig und auch ein wenig ärgerlich, wie distanziert, wie naiv und unschuldig sich Ingeborg immer wieder in ihrer Lebensgeschichte darstellte und wie selbstanklagend und schuldig sie sich dahinter wohl erlebt haben mag, so als hätte sie eigentlich alles besser, »richtig« machen müssen oder können. Stattdessen kam es mir beim Zuhören so vor, als ließe ich sie im Stich, wenn ich mich weiterhin schweigend zurückhielte und ihr nicht meine Gedanken mitteilte. Zum einen hatte ich das Gefühl, ihr etwas schuldig zu sein dafür, dass sie mir ihre Lebensgeschichte erzählte. Dahinter spürte ich wohl auch ihren Wunsch an mich nach meinen Antworten auf ihre Frage, wie alles zusammenhängen könnte. Meine veränderte Haltung entspannte unsere Interviewsituation. Wir waren weniger distanziert und mehr im Austausch miteinander über die Lebensgeschichte, die ja auch eine gemeinsame Geschichte ist, fast wie Freundinnen.

Ingeborgs Entscheidung, sich aus der Politik zurückzuziehen, aus allen Organisationsverbindlichkeiten rauszugehen – aus dem Parlament, dort ist sie nicht rausgeflogen, wie sie im Interview sagt, sondern sie hat von sich aus entschieden, sich nicht zur Wiederwahl zu stellen –, ihre Beamtensicherheit aufzugeben und als Schriftstellerin ihr Leben zu gestalten, sich damit öffentlich zu zeigen und dazu zu bekennen, womit sie recht erfolgreich wurde, mutet an, als hätte sie damit auch einen Ausweg aus der Enge ihrer eigenen inneren Welt gefunden, in der sie sich an die Familie und mit ihr gebunden fühlte, und zugleich so, als hätte sie darüber eine Antwort auf die Frage nach ihrer eigenen Identität gefunden: *Wer bin ich und wie möchte ich sein?*

2. Helga Wullweber

Biografie

Helga Wullweber wurde 1945 im Ostteil von Berlin geboren. Mit vier Jahren ging sie mit der Mutter und der drei Jahre jüngeren Schwester über die »Grüne Grenze« von Berlin nach Bayern, weil da der Vater war. Wegen »irgendwelcher« Probleme wurden Helga und die Schwester in einem Waisenhaus abgegeben, bis sie nach vier Monaten zu den Eltern zurückkamen. Kurz darauf wurde bei Helga eine zerebrale Kinderlähmung diagnostiziert, was sich einige Jahre später als Fehldiagnose herausstellte.

Die Familie lebte in Bayern. Der Vater war Einkaufschef bei Mannesmann (MAN), die Mutter Hausfrau. Sie seien eine ganz normale Familie gewesen. Über das, was während der Nazizeit passiert sei, hätten die Eltern »nichts gewusst«.

Zur Biografie des Vaters: Nach einer kaufmännischen Lehre in Berlin Ende der Dreißigerjahre machte der Vater recht schnell beruflich Karriere und wurde vom Wehrdienst als unabkömmlich freigestellt. Weil er eingezogen werden wollte, meldete er sich zur Waffen-SS und kämpfte bei Stalingrad. Am Ende des Krieges wurde der Vater in russischer Gefangenschaft wegen seiner Zugehörigkeit zur Waffen-SS zum Tode durch Erschießen verurteilt. Er konnte schwer verletzt nach Bayern fliehen. Nach dem Krieg protestierte er gegen die Kriegsverbrecherprozesse in Nürnberg. Er hatte regelmäßig Kontakt zu anderen Waffen-SSlern, die sich auch beruflich gegenseitig unterstützten.

Zur Biografie der Mutter: Deren Familie war überwiegend sozialdemokratisch eingestellt. Der Großvater hatte im Ruhrgebiet als Heizer gearbeitet und sich zum Schreiber in der Verwaltung hochgearbeitet. Er und auch andere aus der Familie gaben bereits Anfang 1933 ihr SPD-Parteibuch zurück.

Eine wichtige Person im Leben von Helga war die Großmutter mütterlicherseits. Sie lebte in Ostberlin. Bei ihr verbrachte Helga fast alle Ferien. Sie erinnert sich an aufregende Schmuggelgeschichten mit der Großmutter von Ost- nach Westberlin in ihrer Kindheit. Als Helga 16 Jahre alt war, erlebte sie dort den Bau der Mauer. Zwei Jahre später nahm sie Kontakt zu einer Gruppe von Fluchthelfern auf. Sie wurde wegen einer Freundin, die in der DDR inhaftiert war, selbst aktive Fluchthelferin.

Nach dem Abitur begann Helga in Göttingen Jura zu studieren und war dort im Studentenparlament aktiv. Mitte der Sechzigerjahre ging sie nach Berlin. Sie engagierte sich im SDS (7) und beteiligte sich zusammen mit prominenten Aktivistinnen auch aus dem Umkreis der RAF an deren politischen Aktionen, zu denen sie eine kritisch-distanzierte Einstellung entwickelte. Zu den Schwerpunkten ihrer politischen Arbeit gehörte die Bildungsarbeit für sozial benachteiligte Gruppen, insbesondere für Frauen. Helga war maßgeblich an der Gründung verschiedener politischer Organisationen beteiligt, eine Arbeit, die sie später auch als Anwältin fortsetzte. Von 1986 bis 1991 war sie als Mitglied der GAL-Frauenfraktion Abgeordnete in der Hamburger Bürgerschaft.

Zum Zeitpunkt des Interviews 1993, nach dem Ende ihrer Tätigkeit als Bürgerschaftsabgeordnete, lebte Helga mit ihren beiden Söhnen in Hamburg und arbeitete als niedergelassene Anwältin in eigener Kanzlei. Nach der Wende zog sie 1994 nach Berlin, ließ sich dort als Anwältin nieder und war im Bereich Recht und Psychiatrie auch politisch engagiert.

2017 ist Helga Wullweber im Alter von 72 Jahren gestorben.

Das Interview

Meine wichtigen Erlebnisse als Kind sind, als ich mit meiner Mutter und meiner Schwester von Berlin und Thüringen, wo wir gelebt haben, über die Grüne Grenze nach Bayern gegangen sind, weil da mein Vater schon war. Ich erinnere diesen Weg über die Grüne Grenze (...) aber es kann gut sein, dass ich es einfach oft erzählt bekommen habe und sich bei mir da so Bilder gefestigt haben.

Also, mein Vater war bei der Waffen-SS, also, für mich schon wichtig (...) zu erzählen, dass er sofort bei der Waffen-SS gelandet ist, weil er in Berlin-Mitte groß geworden war und dann eine kaufmännische Lehre gemacht hat, relativ schnell aufgestiegen ist, als Jugendlicher Direktionsassistent war, dann in seiner Firma immer als unabkömmlich zurückgestellt wurde. (...) Die Jugendlichen in seinem Alter waren alle schon eingezogen. (...) Dann hat er sich eben zur Waffen-SS gemeldet und ist auch genommen worden. Das war (...) nicht unbedingt in Übereinstimmung mit den Nationalsozialisten, aber da gab es eigentlich auch keine in meiner Verwandtschaft in Berlin, eigentlich waren es Sozialdemokraten, aber etliche, wie mein Großvater, haben schon Anfang 33 ihr Parteibuch zurückgegeben, weil sie sich dachten, dass die Nationalsozialisten gewinnen werden. (...)

T: Ist das der Vater deines Vaters?

Meiner Mutter. Und die Stellung wollte er nicht verlieren, so haben sie schon ein Vierteljahr vorher ihr Parteibuch zurückgegeben. (...)

Als wir dann in Bayern waren, musste meine Mutter meine Schwester und mich verstecken, weil da gab es offenbar ... Probleme zwischen meinen Eltern (...) die kannten sich schon, seit sie beide zwölf Jahre alt waren.

Und da waren meine Schwester und ich ins Waisenhaus gekommen.

T: Wir alt warst du da?

Vier, ungefähr. Also, ich erinnere diesen Saal und meine Schwester lag irgendwie ein paar Reihen weiter, die jeden Morgen verdroschen wurde, weil sie noch ins Bett gepinkelt hat ...

T: War deine Schwester jünger als du?

Ja, die war jünger. Das war empörend. Das war die erste Empörung, die ich erlebt habe. (...) Und irgendwann nach ein paar Monaten flog es auf, dass wir auch in Bayern waren. (...) Das Waisenhaus ging spazieren und irgendwelche Leute haben uns erkannt und dann kriegten wir keine Wohnung, sondern mussten zur Untermiete, zwei Zimmer, die vorher von deutschen Juden bewohnt waren, die uns dann auch ihre Einrichtung mit verkauften.

Und dann fing da so die häusliche Dressur an. Ich ... ich musste dann zu Hause mit den Büchern unter den Ellenbogen sitzen, so die Arme gerade.

Dann ... ein paar Monate später war in Bayern Kinderlähmungsepidemie und da war ich auch krank und gelähmt und lag da mit den spinalgelähmten Kindern zusammen, aber ich hatte die zerebrale Kinderlähmung. (...) Und ich habe dann Jahre später gehört, dass es die zerebrale Kinderlähmung gar nicht gibt, das war irgendwie eine Nervengeschichte, wo ich auf die Verhältnisse reagiert habe.

Ja, ich denke, was so eine Rolle gespielt hat ... war, dass meine Eltern sich immer gut verstanden haben. Meine Mutter musste ich trösten, das war ein wichtiger Punkt. ...

(...) Also, ich kann mich nicht erinnern, dass wir über Politik diskutiert haben.

Ich weiß zwar, dass mein Vater in Nürnberg gegen die Kriegsverbrecherprozesse Flugblätter verteilt hatte. So nach dem Krieg haben sich in Bayern die ganze Waffen-SS zusammengefunden und sich gegenseitig unterstützt beim Einstieg in die Wirtschaft. Ein Konflikt war dann, ich war ja nicht getauft, wollte dann aber ... auch konfirmiert werden ... eigentlich wollte ich wegen der Geschenke konfirmiert werden. (...)

Ich war dann auch in der Kirchengemeinde, das war so die erste Gruppe außerhalb des Hauses. Das fand ich schön und auch anheimelnd, die Gemeinsamkeit und was wir zusammen gemacht haben. Das wurde ziemlich angefeindet von zu Hause ...

T: Wie hast du dein Zuhause erlebt? Du hast gesagt, dass es deiner Mutter oft schlecht ging. Und deinen Vater, wie hast du den erlebt?

Irgendwie so als Mauer eigentlich, der nicht über sich reden konnte. Also, ich weiß, ich habe mir damals schon so Bilder von ihm angeguckt, das war schon sehr beeindruckend. Er hatte so mit 16, 17 ein weiches, schönes Gesicht und wie das dann so verhärtet ist durch diese Kriegsgeschichten. Er hat bei Stalingrad gekämpft, ist dann auf der Flucht, nachdem der Krieg zu Ende war, und er dann wieder zu meiner Mutter wollte, ist er von Russen gefangen genommen worden und die Waffen-SSler waren ja alle erkennbar, weil sie ihre Gruppe unter dem Arm eingraviert hatten. Und dann waren da noch zwei andere, die sollten erschossen werden und die mussten schon ihre Gräber ausschaufeln und dann stand da so ein Halbkreis von Posten mit Maschinengewehren und dahinter Zuschauer, und als dann der Erste erschossen wurde, ist er vorgesprungen und hat dem einen Posten das Maschinengewehr aus der Hand gerissen und eine Bresche in die Menge geschossen und ist gerannt. Und er hatte einen Vorsprung, ist durch einen Bach gekommen und dann, als sie seine Fährte nicht mehr aufnehmen konnten, ist er in ein Erdloch gefallen. Sie sind dann alle so über ihn hinweggerannt, und so ist er entkommen. ... Er ist dann so von Bergbauern in Österreich, er war am Fuß verletzt ... und ist dann hochgepäppelt worden und hat dann irgendwann die Flucht weiter geschafft.

T: Hat dein Vater das erzählt?

Nee, das hat er nicht erzählt. (...) Das sind Geschichten, die ich schon aus den Fünfzigerjahren kenne. Und dann klar, was dann so ... Ja, im Übrigen wurde nicht viel erzählt. Also, sie (Eltern) wussten eigentlich von gar nichts, was so passiert war im Dritten Reich. Mein Vater hat dann erzählt, er hätte mal ein KZ besichtigt und das sei ein ganz normales Arbeitslager gewesen und mehr hätte er da auch nicht mitbekommen und gewusst. So ein Eklat war dann, als mein Vater, Mitte der Fünfziger, anfing, seine Orden vorzuklauben. Er war da Einkaufschef bei MAN und da kriegten sie Weihnachten ja immer alle möglichen Geschenke und viel dieser Dinge sind dann in den Kästen verpackt mit Samtauflage ... so ein Ding nahm er dann und kramte aus dem Schrank hinten seine Orden hervor und befestigte sie da. ... Und da hat es dann heftige Auseinandersetzungen gegeben ... weil ich gesagt habe, ich find es nur als ein Zeichen eines gesteuerten Werterhaltungstriebs, wenn man so viele Orden hat, weil man ja immer in Situationen, die brenzlig waren, sich durchgesetzt hat. ...

Ja, und dann denke ich, was parallel wichtig war, da wir ja immer die großen Ferien in Berlin verbrachten ... kriegte man dann als westdeutscher Besucher jedes Jahr die sogenannte Rotlichtbestrahlung.[3] *Die Reden erinnere ich nicht mehr ... aber ich habe da die ersten Bilder über die KZ gesehen, diese Leichen, Skelettberge ...*

T: Wann war das?

Das war Mitte der Fünfziger, da muss ich zehn Jahre alt gewesen sein. Ich denke, das ist sehr haften geblieben. Ich erinnere (...) diese kleinen Schmuggelgeschichten mit meiner Großmutter, die dann auch drei Röcke übereinander anzog. Die hatte also ... das gehörte noch zu Pankow (...) das Häuschen mit Garten, da hatte sie Kaninchen und Hühner, dann hatte sie Kaninchenfelle und dann Muffs genäht und die Eier im Westen verkauft. Das war ja trotzdem schon verboten. Und dann sind wir immer mit der Ringbahn (...) die letzte Station zwischen Ost und West, da kamen dann so die Kontrolleure. Das war dann immer ein ganz aufregender Augenblick, ob man das so schafft, die ganze Schmuggelware (lacht) die wir am Körper trugen, in den Westen zu bugsieren....

Gut, und dann (...) Na ja, dann waren wir in Berlin, als die Mauer gebaut wurde.

T: Dann seid ihr nach Berlin gezogen?

Nein, in den Ferien, es war ja im Sommer. Das war schon komisch. Wir hatten einen Schulfreund von meinem Vater besucht, der wohnte im Westen und fuhr mal nachts in den Osten zurück und plötzlich waren da an Stellen, die sonst glatt waren, riesige Holpersteine. Ganz komische Situation. Und dann hat ... ein Cousin von mir, der war Maurer, der musste dann die Mauer mit bauen, und der ist dann abends halt in den Westen abgesprungen. Und dem war natürlich klar, dass ich dem die Sachen aus dem Osten in den Westen geschmuggelt habe. (...) ... Die Berliner, also ich denke, das hat alle politisiert ...

Und dann hatte ich eine Freundin in Berlin, die aus einer echten Kommunistenfamilie kam. Die Mutter war Richterin und das waren so Altkommunisten, für die die DDR eine neue Heimat war (...) ... und die sollte dann, als sie anfing zu studieren, weil sie eben so eine gute Genossin war, ihre Studienkameraden bespitzeln. Und das war für die ein unheimlicher Schock. Das war so ein Bruch für sie zu den Werten ... wo sie dachte, die würden in der DDR verwirklicht. Und da habe ich dann angefangen, das war ja schon zwei Jahre nach dem Mauerbau (...) Fluchtpläne auszubaldowern, also, die Friedhöfe abgelaufen, weil die Grenze an Friedhofsmauern, die waren in den ersten Jahren unterschiedlich gut befestigt, ob man da irgendwie rüberkommt.

(...) Im Westen hatte ich auch Kontakt zu Studenten, die bei diesen Tunnelgrabungen dabei waren. Meistens waren das so Korporierte, aber es waren auch Nichtschlagende.

3 Ausdruck für die Veranstaltung im Rathaus Pankow für westdeutsche Besucher.

Ich finde, die haben mit einem unheimlichen Elan und Aufopferung wirklich da diese Tunnel gegraben. Zum Teil standen die wirklich bis zum Oberkörper im Wasser und in Sauerstoffmasken und über die kriegte ich so ein Anrecht auf einen Tunneleingang im Osten, weil ich dann auch Kurierdienste gemacht habe von Ost nach West.

T: Für wen hast du das gemacht?

Ja, das war jetzt meine Freundin, die wollte da raus. Es war im Grunde ein privater Freundschaftsdienst.

T: Deine Verwandten waren alle im Osten?

Ja, die waren im Osten. Die wollten da ja nicht weg, das war ihre Heimat, da war gar nicht die Frage, in den Westen zu gehen, aber sie wollte weg.

Ja, das war schon eine aufregende Zeit, wenn ich dann mit irgendwelchen Plänen an der Grenze stand und überlegte, wohin ich das packte und von einem Schuh in den anderen Schuh gewechselt habe. Und irgendwann (...) haben sie eine Tante von mir im Osten verhaftet, die hat die ganze Nacht das Untersuchungsgefängnis rebellisch gemacht, weil die hatte eine kleine Landwirtschaft und die musste ihre Tiere versorgen (beide lachen). Auch eine ganz unpolitische Tante, aber die (...) haben sie gegriffen. ... Mich haben sie nicht gekriegt. Aber meine Freundin, die hat dann auch erst gesessen und ist dann ... freigekauft worden, das hat dann zwei Jahre gedauert. Sie war dann hier im Westen auch ganz unglücklich.

Das war ja schon 63/64, und parallel dazu ... war ja (...) die Diskussion um diesen S-Bahn-Boykott, das fand ich völlig idiotisch, weil ... mit der S-Bahn bin ich groß geworden in Berlin. (...) Als es das Lied gab »Pack die Badehose ein«, bin ich vom Osten über die Ringbahn mit der S-Bahn nach Wannsee gefahren zum Baden (lacht) mit der kleinen Schwester an der Hand. (...)

Und diese S-Bahn boykottieren fand ich irgendwie blöd. Das war so der erste Streit, den ich mit den Korporierten hatte (...). Das waren Freunde von mir, auch Juristen und bisher, wenn es so um Einsetzen für Menschlichkeit ging, hatte ich mit ihnen auch keinen Konflikt. ...

T: Hast du in der Zeit fest in Berlin gelebt?

Ja, ich habe dann schon studiert. Also, ich habe angefangen, in Göttingen zu studieren, weil ich eben nicht nach Berlin sollte. Ich sollte ja auch nicht Jura studieren, weil das viel zu politisch ist, fand mein Vater. Ich bin dann die ersten Touren, wenn ich dann einen

Auftrag kriegte (...) nach Berlin getrampt, und dann bin ich eben doch nach Berlin zum Studium gegangen.

(...) ... Das stimmt eigentlich nicht, in Göttingen war ich ja schon im Studentenparlament. ... (...) Ich war die einzige Frau, die einzige Nichtkorporierte, bin sofort okkupiert worden, ich hab das damals überhaupt nicht verstanden. Ich kann mich nur an eine wahnsinnig idiotische, also absurde Geschichte erinnern, es ging um irgendein Solidaritätstelegramm in Richtung Osten, glaube ich, und die haben so lange diskutiert und sich gestritten, dass das Datum im Telegramm schon überfällig war. (...) Gut, da hatte ich schon mal Kontakt zu den Linken und fand diese Taktiererei albern. (...)

Ja, und dann war der Vietnam-Krieg. Dann waren halt die ersten Fotos im Spiegel auch dieses eine, wo ein Offizier erschossen wird ...

Das war 65, ja für mich fing das schon 65 an. 68 ist eigentlich gar kein Datum, sondern irgend so etwas in der Mitte, weil da waren so die ersten Demonstrationen, wo wohl alle Linken mitmachten, ob das jetzt die alten SEDler (8) waren oder sonst wie, die ganzen Aktionen an den Unis zu diskutieren, das fing alles 65 an. 65 fing halt auch an so die Befassung mit Marx, Freud, Reich, das war so die Zeit bis 68 (...) intensive Studien und ganz viele Aktionen. Ich war dann in der Zeit befreundet mit der Gudrun Ensslin und dem Bernward Vesper. Wir machten Flugschriften. So kleine Heftchen im Eigenverlag letztlich, das war so ein Versuch aufzuklären zu verschiedenen Punkten, zu Parteien. (...) ... Das fing so 66/67 an, so die Arbeit mit Lehrlingen, mit Schülern, auch mit Frauen und Arbeiterinnen, Studentenkollektiv, aber damit hatte ich weniger zu tun. Aber 68 war es im Grunde ja schon so, dass einige zu der Überzeugung gekommen waren, man müsse parallel legal/illegal kämpfen. Bader und Ensslin hatten im Frühjahr 68 schon den Entschluss gefasst, aus Berlin wegzugehen und irgendwie so eine illegale Aktion zu machen. Als Dutschke erschossen wurde, saß ich mit dem Kind von Gudrun also (lacht) sozusagen auf der Straße, weil die sind schon weggegangen und Gudrun Ensslin hatte mir ihren Sohn gegeben und ... ich hatte ja damals noch keine eigenen Kinder, ich war also ziemlich hilflos mit diesem Baby ... der kriegte noch die Flasche, der war ein Dreivierteljahr alt. Und ich weiß noch, wie ärgerlich ich war 68, als das mit den Schüssen bekannt wurde und ich gar nicht wusste, was ich machen sollte, weil ich ja das Kind hatte und mit dem Kinderwagen konnte ich mich nicht in irgendwelche Mengen hineintrauen, ich kam mir da fast gelähmt vor. Ich war ziemlich wütend eigentlich auf die beiden, wobei ich ja zu dem Zeitpunkt noch nicht wusste, dass sie vorhatten, absolut unterzutauchen, sondern ich sollte für drei Wochen um den Felix mich kümmern.

... Das war 68 (...) eigentlich war da ja auch schon die Hochphase des SDS vorbei, und ... in Berlin gab es dann das sozialistische Arbeits- und Lehrlingszentrum, dann Proletarierzentrum – PROZ – und genau, ich bin dann ja ... in die Fabrik gegangen, auch als Illegale mit ner Legende, ich sei Fotografin und habe zuletzt in England gearbeitet, weil

ich keine Arbeitspapiere vorweisen konnte und wir wollten zusammen mit ... ich komme jetzt nicht auf die Freundin von Peter Schneider ... also mit ihr zusammen und wir waren so eine Gruppe von sechs, sieben Frauen, und wir wollten, es war bei Osram (...) einen Einzelarbeitsplatz haben und deswegen also diese Legende mit Fotografin, dass man da eben besonders geeignet ist, mit kleinen Silberdrähtchen umzugehen. (...)

T: Das war auch der Grund für die politische Agitation?

Ja, ja, das war so ein Viertel- oder ein halbes Jahr ungefähr und Marianne Herzog, ja, genau, verschwand ja auch nach einem Dreivierteljahr, so, da war ja noch der Kaufhausbrand in Frankfurt und der Prozess und das scheint mir auch, ja ein Vierteljahr später Marianne Herzog und der Jan Raspe, die noch so eine Rundtour machten bei Freunden, wo irgendwie so klar war, dass sie die Meinung haben wollten, ob sie nun abtauchen sollten oder nicht.

T: Wie war das für dich, dass deine Freunde, ich weiß nicht, ob das immer deine Freunde waren ... dass die im Untergrund verschwunden sind, und was hat dich davon abgehalten, das zu tun?

Na ja, ich glaube, für mich war das eigentlich kein großes Problem ... (...)

Wir waren ja so ne Truppe, die eine ganze Reihe von Aktionen gemacht haben. Einmal, das war nach 67, genau, dieses Buchstabenballett, dieses erste auf dem Kurfürstendamm, wo wir T-Shirts anhatten mit Buchstaben hinten und vorne, wo man sich drehen musste ... zum Teil waren es Happening-Geschichten auf dem Kurfürstendamm. Dann waren es aber auch so Sachen, dass wir die erste Rauchbombe im Amerika-Haus gelegt haben. Und das waren schon Sachen, die mich sehr nachdenklich gemacht haben, denn dieses Ding wurde in der Wohnung gebastelt (...) P. hat sich um den Zeitzünder gekümmert und dann ich und die A. P., die war als Schwester dann auch in Berlin, die habe ich aber gar nicht gekannt. Ich wusste nur, dass sie da mitmachen sollte, diese Rauchbombe in der Amerika-Bibliothek ablegen. Es war so, dass wir diese Rauchbombe in einer Tasche in der Garderobe abstellen sollten, und (...) ich kannte da die Garderobenfrauen und habe gefragt, was denn ist, wenn da Mäntel Feuer fangen. Das war für die kein Problem. Und ich ... habe dann praktisch diesen Test gemacht, ich bin mit so einer Korbtasche rein – es war im Sommer, da hingen keine Mäntel – ich habe dann die Tasche da abgestellt und ich sollte eben testen (...) ob die Garderobefrauen mir nachrufen: »Hier, Ihre Tasche!«. Das war dann nicht und dann ging eben P. rein mit der richtigen Rauchbombe. Das waren so kleine Details. Bader war eigentlich ein völlig unpolitischer Typ, das war ein Aktionist (...), als ich ihn und Gudrun kennenlernte, war er mit ner Malerin befreundet, von der er eigentlich gelebt hat. Eigentlich war es damals schon eine gescheiterte Existenz. (...) Die E., seine Freundin, die hat immer wunderschöne Sachen aus Samt genäht, ich habe mir damals auch mein erstes Samtkleid genäht (lacht). Irgendwie habe ich hundert D-Mark für ein Interview im Radio gekriegt, dann habe ich mir Samt gekauft und habe nach dem Schnitt von E. ein Samtkleid genäht. Dieses in Samt Rumlaufen, morgens in diesen teuren Lokalen am Kurfürstendamm essen, also, wo ich nie das Geld gehabt hätte, ich war Studentin, aber Bader und Taxi und so ... Und dann hat er Gudrun kennengelernt und Gudrun ist ja eine sehr sensible, auch herbe Intellektuelle gewesen und zusammen mit Bader, die waren halt so wie Feuer und Wasser, die beiden. Und das war auch irgendwie eine aufregende Zeit, weil es halt auch das Ausprobieren von Drogen war und das nachts Herumtörnen. (...) Und was sie mir gesagt hatten, als sie weggingen und das stimmte auch, dass Bader aus Berlin verschwinden müsse, weil er eine Strafe hätte absitzen müssen, wegen Fahrens ohne Führerschein. (...) Es gab einen ganz unpolitischen Anlass auch aus Berlin abzuhauen ... wobei Gudrun wirklich eine eminent politische Person war, aber Bader nicht. Also, nur dieses In-den-Untergrund-Gehen hatte für mich immer eine ganz zwiespältige Bedeutung.

Und ich habe es nie als wirklich politischen Akt begreifen können, auch nicht den Kaufhausbrand ... ich wusste immer, dass so die Konsequenzen nur begrenzt bedacht worden sind. (...) Es war ein Ausleben (...) einer eigenen Position, aber nicht unbedingt ein Versuch, für etwas zu werben. So deswegen war das eigentlich klar, dass das keine Alternative ist. Und dann ... waren sie ja wieder auf freiem Fuß, nachdem – inzwischen waren ja zwei, drei Jahre vergangen, wir haben in Berlin unsere politische Organisation aufgebaut (...) ... diese Internationalismus-Arbeit und den Kommunistischen Bund Westberlin (KBW) ... der 72 wieder aufgelöst worden (ist), weil sie gemeint haben, das ist irgendwie konterrevolutionär. ... Dann gab es natürliche eine Zeitung, die also jede Woche zu allen Weltproblemen den richtigen Standpunkt vertreten sollte, das ... war eigentlich aufgesetzt. Und die ganzen Arbeiter, die mit uns zusammengearbeitet haben, haben dann auf dem zweiten Bildungsweg dann auch so aus der Fabrik rausgefunden.

Und als dann so 70/71 Bader auch noch meinen Pass haben wollte, also ich meine, aus Freundschaft hätte ich ihm meinen Pass gegeben. Außerdem hatte ich ja noch meine Organisation im Hintergrund, ich trug ja auch Verantwortung für andere, also dass ich dadurch einfach einen Rückhalt hatte, um nein sagen zu können.

T: Was war das für eine Organisation?

(...) Wir waren so die Zeitungsmacher, die Erarbeiter von Positionen. Das war ja keine große Gruppe, ich meine, so klein war sie ja auch wieder nicht (lacht).

Ja, so. Und die Frauen ... (...) Also, ich kannte natürlich, Marianne Herzog war ja auch dabei, beim Weiberrat, Helke, wir kannten uns ja alle schon lange. Ich habe bei dem Weiberrat auch gar nicht mitgemacht. Ich denke, es war wichtig für Frauen, die schon Kinder hatten, also so beispielsweise Helke (...) ... Also es gibt ja so ein schönes Bild, das ist einer von Helkes Filmen, ich glaube, »Der subjektive Faktor« ... (...) wo im Audimax der TU (Technische Universität) die Aula voll ist, die Männer reden und die Frauen, die Kinder dabei haben, und dann ist so unter einer Treppe ein Lager für die Kinder gebaut worden, so mit den Betreuenden und damit die abwechselnd zuhören und sich dann berichten. (...) Das ist so eine Situation, die deutlich macht ... weshalb die Frauen sich da organisiert haben, zugleich war es auch eine der ersten Selbsterfahrungsgruppen. Marianne Herzog hatte da was, da war es mit dem Peter Schneider zu Ende ... ich hatte diese Probleme alle nicht ...

T: Du hattest zu dieser Zeit keine Beziehung?

Doch, ich hatte einen Freund ... aber ich hatte eben keine Kinder, und was ich gemacht habe, war eben die Arbeit mit den Frauen aus den Betrieben. (...) Und ich kam dann in die Frauengruppe »Brot und Rosen« in Berlin (11), das ist auch ein Freundinnenkreis gewesen, Ärztinnen, Malerinnen, Helke, ich, also so acht oder zehn Frauen. ...

T: Warum hast du dich damals politisch so engagiert?

Na ja, ich meine, das mit der Fluchthilfe ergab sich auch aus ... meinen Lebenszusammenhängen, dass ich dann politische Veranstaltungen besucht habe, dann auch diskutiert habe, mich in Konsens oder Dissens befand, ja mit denen, mit denen ich zusammen war, und dann, also für mich hat dieses eine Spiegelbild eine wahnsinnige Rolle gespielt. Ich weiß noch, wie ich auf dem U-Bahnhof stehe, wie der (...) ... diesem Vietkong die Pistole an die Schläfe hält. Das war 65 oder 66 ... Und als ich dieses Bild sah und wirklich aufs Innerste erschüttert war und da haben wir halt gesagt, da muss man was machen, aufräumen, agitieren, Demonstration, mitorganisieren. Gut, ein Treffpunkt war dann eben der SDS. Und über die Gründe ... über die Kriegsgründe gabs ja verschiedene Ansichten. (...) ... Das waren zwei parallele Stränge, die zusammengehörten, also die Veränderung der Gesellschaft und die individuelle Befreiung. ... Und daraus der Versuch, die Menschen zu überzeugen, in die Bezirke zu gehen, die Gründung von ... Irgendwie waren das so Stadtteilgruppen. (...) Also ich denke, so eine Sensibilität (muss) sicherlich da gewesen sein. (...) Ich weiß, dass ich mit zehn Jahren schon ein nichteheliches Kind bekommen wollte und nur deshalb, wenn wir alle nichteheliche Kinder bekommen, sind wir keine Ausnahme mehr. ... Ich weiß nicht, woher ich das hatte.

T: Ging es Dir dabei um Gerechtigkeit?

Ja, ja......Mir ging es eigentlich nicht so sehr um Gerechtigkeit, sondern eher um Mitgefühl.... Ja, ich glaube, eigentlich nicht Gerechtigkeit. ... Ich habe überlegt, dass sicherlich ein schwieriges Elternhaus sensibilisiert, also mitleidig macht ...

Ja, da gab es eben bestimmte Ereignisse, in die ich involviert war, also, du kannst nicht Fluchthilfe machen ohne ... das ist ja mit Gefahren verbunden ... du musst schon überlegen, ob du die Gefahren willst und damit musst du dich auch mit den Wertigkeiten ...

T: Etwas Heroisches, sich in die Gefahr zu begeben?

Ja, ja, wobei ich denke ... es war viel Angst dabei, wenn ich denke, wo ich meinen Fluchtplan unterbringe und so.

T: Du hast von diesem Mitgefühl für andere gesprochen ... Ich frage mich, ob du zu Hause Mitgefühl erlebt hast, zum Beispiel, als du Kinderlähmung hattest.

Ehm, glaube ich nicht so viel, meine Mutter und mein Vater konnte so was gar nicht zeigen, der war immer auf Dressur aus, meine Mutter war eh immer in der Position, dass ich sie eigentlich trösten muss, schon als kleines Kind.

T: Was war mit ihr?

... Kann ich eigentlich nicht sagen. Aber irgendwie ... immer so in der Rolle des Opfers ... und die ersten Sprüche, die ich von ihr erinnere, da war ich also zwei oder drei Jahre alt, also, andere Kinder trampeln ihren Müttern auf ihren Schürzen herum, ich auf ihrem Herzen. Das waren so Antworten, dass wenn sie anstand, ich entweder mich in der einzigen Pfütze auf dem Platz aufhielt oder mich auf den Weg gemacht hatte. (...) Also, ich meine so Dinge, die wahrscheinlich völlig normal sind für lebhafte Kinder, dass sie sich nicht nur neben die Mutter stellen (...) sondern ich dann eben so rumgestromert bin.

(...) Und sie hat sich immer geopfert und trotzdem musste ich sie immer bemitleiden gegen meinen Vater. Ich glaube, da war nicht viel Unterstützung. Ich denke, das habe ich überhaupt auch erst mit 20 erfahren, ich war für die Studienstiftung des Deutschen Volkes vorgeschlagen, hab dann diese (Bewerbungs-)Gespräche geführt. (...) Und da wirst du auch nach Krankheiten gefragt und da habe ich gesagt, ich habe mit fünf Jahren die zerebrale Kinderlähmung gehabt, und dann sagte die eine Geschäftsfrau, die war Ärztin,

die gibt es ja gar nicht. Da ist es mir zum ersten Mal klar gewesen, dass es wahrscheinlich eine Nervenkrise war, die ich in dem Alter hatte. Also so eine Reaktion Protest.

T: Hängt das in etwa zusammen mit eurem Weggang aus Thüringen?

Ne, das war nach dem Waisenhaus. (...)

T: Du bist ja bis heute politisch sehr aktiv.

Immer ein bisschen. Also, nachdem wir in Berlin den KBML (11) aufgelöst hatten ... also, die Frauengruppe »Brot und Rosen« lief weiter, was weiterlief, waren auch Arbeitsgruppen mit Frauen aus unserer Organisation ... Also das ging dann eben auch über in Gewerkschaftsarbeit, das dann auch gekoppelt war mit dem, was ich als Anwältin machte. (...) Also im Grunde (sind) die Frauen aus der Zeit 1969, mit denen wir zusammenarbeiten, Betriebsrätinnen geworden und (haben) mit mir dann als Anwältin zusammengearbeitet. ...

Also, das war einfach ein Bereich, in dem es wichtig war, was zu tun. Die Frauen waren an allen Ecken und Enden benachteiligt, hatten es schwer. Ich habe dann 1973, da ist ja auch J. (ihr Sohn) geboren, und dann habe ich in Berlin den ersten Babyladen gegründet, weil ich natürlich weitergearbeitet habe ...

Hamburg, im Juni 1993

Interpretation

Vorbemerkung

Es war zunächst schwierig, mit Helga einen Termin für das Interview zu finden. Sie sagte immer wieder den vereinbarten Termin ab und verschob ihn, weil ihr etwas dazwischengekommen sei. Dabei machte sie den Eindruck, ständig in Eile und sehr beschäftigt zu sein. Ich bekam das Gefühl, hinter ihr herzulaufen und sie mit meinem Anliegen zu bedrängen. Mir war das ein wenig peinlich, und ich begann an ihrer Bereitschaft zu zweifeln, an dem Projekt teilzunehmen. Schließlich fragte ich sie das und befürchtete zugleich, sie könnte mir zustimmen und absagen. Um so erstaunter war ich, dass sie meine Frage zu überraschen schien. Sie erwiderte rasch, dass sie viel zu tun habe, aber unbedingt das Interview machen wolle, weil sie das Projekt politisch wichtig finde. Schließlich fanden wir einen Termin.

Helga begrüßte mich freundschaftlich, sodass ich mich willkommen fühlte. Zugleich wirkte sie auf mich unruhig und ein wenig durcheinander. Ich dachte spontan an einen Schmetterling. Helga war eine attraktive Frau, groß, sehr schlank und mit einer auffallenden roten Haarfülle.

Als wir uns gegenübersaßen, bemerkte sie rasch, dass sie ungefähr zwei Stunden Zeit hätte, was hoffentlich ausreichend sei.

Wieder spürte ich Hektik, und wieder bekam ich das Gefühl, eigentlich unpassend zu sein. Zugleich war ich erwartungsvoll und neugierig. Wie bei den anderen Interviews auch erlebte ich mich vorsichtig, so als könnte ich mit meinen Fragen etwas auslösen, was ich selbst nicht genau benennen konnte.

Anspannung, Widersprüchlichkeit, Verwirrung und Vorsicht, die Befürchtung, Helga zu nahe zu kommen, ihr mit meinem Anliegen lästig zu werden, vor allem aber auch Neugier zogen sich durch mein Erleben während des ganzen Interviews.

Zum Interviewtext

Das anfängliche unangenehme Schweigen unterbreche ich durch meine Frage nach ihrem Geburtsjahr. Helga beginnt zu erzählen, »chronologisch«, wie sie sagt, über die »wichtigsten Erlebnisse« ihrer Kindheit, über die Flucht mit Mutter und Schwester über die grüne Grenze nach Bayern zum Vater. Unvermittelt wechselt sie nach einem Satz zu den Biografien der Männer in der Familie, zum Vater und Großvater und zu deren politischer Haltung zum Nationalsozialismus. Beim Zuhören bin ich immer wieder irritiert und auch verwirrt. Es fällt mir schwer, Verbindungen herzustellen und Zusammenhänge zu verstehen. Zugleich höre ich angespannt neugierig zu. Vor allem zu Beginn des Interviews frage ich häufiger nach, bis mir der Gedanke kommt, dass ich auf diese Weise nach Orientierung suche und dass die Verwirrung ein Ausdruck für Helgas inneres Bild ihrer Biografie sein könnte.

Diese Dynamik, der plötzliche Themenwechsel, Irritation und Verwirrung ebenso wie mein angestrengtes Zuhören und mein Bemühen, Zusammenhänge und Verbindungen zu finden, zieht sich wie ein roter Faden durch das Interview. Ich denke an die vielen Orte, in die Helga als Kind durch die Umstände des Krieges und der Nachkriegszeit geflüchtet und gezogen worden ist oder an denen sie später studiert hat. Auf die politische Vergangenheit des Vaters und auf deren Bedeutung geht Helga nur vage ein. Ich frage nicht nach, auch weil ich befürchte, ich könnte damit ein Tabu berühren. Dabei stellt sich mir die Frage, ob meine Vorsicht und Verwirrung auch Ausdruck dafür sein könnte, wie sich das Zusammenleben mit den Eltern noch 50 Jahre danach in Helga abbildet. Menschlich erfahrbar hingegen wird die Beziehungserfahrung mit der Großmutter mütterlicherseits im Interview. Es entsteht das Bild einer lebendigen, humorvollen Frau. Die Zeit, die Helga bei ihr verbringt, erscheint wie ein Ausbruch aus der Enge der familiären Dressur, wie sie das Leben bei den Eltern beschreibt.

Auffallend ist, wie distanziert Helga über sich, über ihr Leben und über ihre Lebensereignisse spricht. Selten sagt sie »ich«, oder sie wechselt unvermittelt zum »wir«. Mir wird oft nicht deutlich, wen sie meint, von wem oder worüber sie spricht. Die Distanz mutet an wie ein Schutz, damit ihr etwas – unangenehme Gefühle – nicht zu nahe kommt oder sie in eine Konfusion gerät, wie ich es beim Zuhören erlebe. Ich denke dabei auch an die anfänglichen Schwierigkeiten, einen Termin zu finden, und an das Missverständnis darüber zwischen uns.

Helga war vier Jahre alt, als sie von der Mutter zusammen mit der jüngeren Schwester in einem Waisenhaus abgegeben wurde. Die Gründe dafür bleiben im Interview undeutlich. Helga berichtet darüber so, als hätte das für sie keine Bedeutung, während ich beim Zuhören erschrocken und entsetzt bin. Ich frage mich, ob darin zum Ausdruck kommt, wie wenig Mitgefühl und Empathie Helga in dieser Zeit erfahren hat, und auch, ob die Vergangenheit des Vaters während des Krieges nach wie vor keine Bedeutung bekommen darf. Dieser Eindruck verstärkt sich, wenn Helga davon berichtet, dass der Vater Mitglied der Waffen-SS gewesen ist und der Großvater schon 1933 sein SPD-Parteibuch – aus opportunistischen Motiven – zurückgegeben hat, weil er den Sieg der Nationalsozialisten vorhersah. Ihren sarkastischen Unterton verstehe ich allerdings als ihren Ausdruck und vielleicht auch als ihre Möglichkeit, sich von der Einstellung des Vaters und von seinem Verhalten zu distanzieren.

In diesem Zusammenhang frage ich mich, wie ein Kind verstehen und für sich in eine Ordnung bringen kann, was mit ihm passiert, wenn niemand da ist, der die Verwirrungen enträtseln hilft, wie ich es im Interview erlebe, wenn ich immer wieder irritiert bin und Zusammenhänge nicht verstehe. Dieses Übertragungsgeschehen scheint mir ein Ausdruck dafür zu sein, dass die Erfahrung, im Waisenhaus abgegeben zu werden, ohne die eigentlichen Gründe dafür zu kennen, vielleicht, weil es zu gefährlich für den Vater gewesen wäre, ebenso wie die Diagnose »Kinderlähmung«, eine traumatische Wirkung auf Helga hatte. Wenn sie über ihre Eltern spricht, bekomme ich den Eindruck, dass es beiden auf dem Hintergrund ihrer eigenen Belastungen wohl nicht möglich gewesen ist, die Not ihrer Kinder zu sehen, sie darin zu verstehen und ihnen hinreichend Halt und Sicherheit zu geben.

Das Bild, das Helga vom Vater vermittelt, erscheint widersprüchlich. Zum einen ein Vater, der innerlich verhärtet, unbeweglich, gnadenlos und auch angstmachend erscheint. Auf der anderen Seite ein Vater, der, wie ein Held, insgeheim auch zu bewundern war, so erlebe ich es, wenn Helga von seiner Flucht vor dem Erschießen erzählt. Ein Vater, der den Zugang zu sich und zu seiner inneren Welt versperrt hielt, zu seinen Gefühlen und Gründen für sein Handeln und dazu, was er selbst erfahren und erlitten hat. Es mutet an, als sei das Schweigen und Verschweigen, aber wohl auch der Bedeutungsentzug seiner Mittäterschaft eine Möglichkeit für den Vater gewesen, sich vor der Angst vor dem Zusammenbruch seiner Ideale und damit vor der Anerkenntnis seiner Schuld, das heißt auch vor dem Aufbrechen seines Traumas, zu schützen. Ein Preis dafür ist, dass er für seine Tochter nicht zu erreichen und zu verstehen war (vgl. Mitscherlich & Mitscherlich, 1967).

Die Mutter bleibt zunächst weitgehend unbeschrieben. Helga erwähnt sie zu Beginn des Interviews nur kurz. Ausführlicher spricht sie über die Mutter, als es um die Motive für ihr eigenes politisches Handeln geht. In dieser Passage werden Helgas Gefühle zur Mutter in ihrer Klage und Empörung über sie deutlicher und spürbar, so, als sie sagt, dass sie sich gewünscht hätte, von der Mutter gesehen und verstanden zu werden. Es mag sein, dass es um diesen Wunsch geht, wenn Helga am Ende des Interviews »Mitgefühl erleben und zeigen« als Maxime für ihr eigenes politisches Handeln benennt.

Vor diesem Hintergrund gehe ich davon aus, dass die Eltern ihre eigenen traumatischen Erfahrungen und die damit verbundenen Gefühle zu ihrer eigenen Entlastung auf transgenerativem Weg an Helga weitergegeben haben (vgl. Mitscherlich & Mitscherlich, 1967). Einen Beleg dafür sehe ich in der Verwirrung, die sich beim Lesen durch den Text zieht. Sie erscheint mir zudem ein Ausdruck dafür zu sein, wie diffus Helga sich in Bezug zu sich selbst und zu ihrer Lebensgeschichte erlebt, aber auch, dass gerade durch die Diffusität das Tabu geschützt bleibt und die Faszination immer wieder genährt wird.

Diese Verwirrung durchzieht auch den Teil des Interviews, in dem es um Helgas politisches Engagement geht. Vieles geht für mich durcheinander und bleibt unklar. Das bezieht sich sowohl auf ihre biografische Entwicklung in dieser Zeit als auch auf die Inhalte ihres politischen Engagements. Es hat den Anschein, als sei Helga von Anbeginn wie selbstverständlich in das politische und gesellschaftliche Leben dieser Zeit hineingewachsen und mit ihm verwoben. Durch die Verwandtschaft mütterlicherseits und ihre Ferienaufenthalte bei der Großmutter im Ostteil von Berlin erfuhr sie sehr direkt die politische Realität der Teilung Deutschlands mit Mauerbau und Flucht. Sie bekommt eine humorvolle, ironische Seite, wenn Helga von der Großmutter und deren Tricks und Schmuggeleien erzählt. Deutlich werden der Spaß und der Triumph, den Helga mit der Großmutter dabei gehabt hat, die Bürokratie und die Mächtigen auszutricksen. Spürbar wird auch ihre Bewunderung für heldenhaft erscheinende Aktionen. Die Leichtigkeit, die ich beim Zuhören und auch beim Lesen dieser Passage des Textes erlebe, lässt die Vermutung zu, dass Helga durch die politischen Aktionen mit der Großmutter und vielleicht auch infolge ihrer eigenen politischen Aktivitäten erfahren konnte, dass sie die Verhältnisse nicht ohnmächtig hinnehmen musste, sondern selbst wirksam handeln und Einfluss auf die Gegebenheiten nehmen konnte.

Ein wesentlicher Antrieb für die psychische Dynamik ihres Handelns scheint mir darin zu liegen, einen Ausweg zu finden aus der Ohnmacht, aus einem Gefühl von Eingeschlossensein und Lähmung, das an ihre Erfahrung im Waisenhaus und an die Diagnose Kinderlähmung ebenso wie an ihr Erleben im Elternhaus denken lässt. Die Richtung ihres Weges, gesellschaftlich und politisch aktiv zu werden, erscheint mir maßgeblich durch diese Erfahrungen geprägt.

Helga berichtet über die Zeit ihrer Politisierung in einer Weise, die mich an adoleszentes »Probehandeln« denken lässt. Dabei geht es um die Suche nach einem eigenen Weg, darum, herauszufinden, was für sie richtig und falsch sein könnte. Deutlich wird, welche Bedeutung das Besondere, das heldenhaft anmutende Wagnis, aber auch das Gefährliche wie die Fluchthilfe oder die Aktion im Amerikahaus, auf ihrer Suche nach einer Antwort auf diese Frage einnehmen könnte. Helga berichtet von vielen Aktionen, an denen sie sich beteiligt hat. Beim Zuhören bin ich beeindruckt, aber auch verwirrt. Viele davon waren provokante Aktionen, die »einfach Spass gemacht haben«, wobei ich an ihre Erfahrungen mit der Großmutter denke. Ebenso beeindruckend sind die vielen prominenten Namen, die sie wie selbstverständlich aufzählt, mit denen sie »Politik gemacht hat«. Beim Zuhören ebenso wie beim Lesen des Textes bin ich einerseits fasziniert, was Helga mit wem alles gemacht, initiiert und erlebt hat, zugleich gerate ich immer wieder durcheinander in meinem Bemühen, darin eine Kohärenz zu finden. Mein Übertragungserleben verstehe ich dabei auch als Ausdruck eines Schutzes davor, dass etwas nicht deutlich werden soll, wie zum Beispiel Gefühle von Schuld und Beschämung. Dabei denke ich an die Eltern, vor allem an den Vater und dessen wohl transgenerative Weitergabe dieser Gefühle an die nächste Generation. So gesehen bekommen die

Verwirrung und die Suche nach Zusammenhängen und Kohärenz einen weiteren Sinn. Mit Hilfe der transgenerativen Vermittlung von unerträglichen eigenen Anteilen an die Kinder entlasten sich die Eltern davon. Bei den Kindern wirken sie im Innern wie Fremdkörper, die nicht verstanden und zugeordnet, aber auch nicht abgestoßen werden können

Insbesondere in der Phase der Spätadoleszenz stellt sich die Suche nach Identifizierung und Identität als eine Aufgabe für alle Menschen in modernen Gesellschaften. Auf dem Hintergrund ihrer Lebensgeschichte erscheint mir diese Aufgabe für Helga in besonderer Weise belastet und erschwert, weil sie unbewusst mit einer diffusen Angst vor Verrat an den Eltern und zugleich mit der damit einhergehenden Faszination verbunden ist, damit etwas Verbotenes zu tun und zugleich moralisch richtig zu handeln. Es hat den Anschein, als habe Helga 1994, nach der Wende, in Berlin, im Haus der Großmutter, ihren Ort für sich gefunden.

3. Katja Leyrer

Biografie

Katja ist 1949 in Bautzen, Sachsen, geboren. Sie ist die erste von acht Töchtern, von denen sechs überlebt haben. Die Mutter war bei ihrer Geburt 18 Jahre alt. In der Familiengeschichte beider Eltern bleibt vieles unklar. Vor Kurzem hat Katja erfahren, dass die Großeltern mütterlicherseits 1943 im heutigen Polen einen Laden übernommen haben, dessen jüdische Vorbesitzer enteignet worden waren. Katjas Mutter war damals 16 Jahre alt. Sie habe von all dem nichts mitbekommen. Die Mutter des Vaters war Halbjüdin. Dem Gerücht nach sei sie sehr jung von einem SS-Mann schwanger geworden und habe den Vater unehelich geboren. Später habe die Großmutter noch vier weitere Kinder bekommen. Über die Haltung und Einstellung des Vaters zum und während des NS-Regimes wurde Katja berichtet, dass er im Krieg gewesen sei, dass er sich freiwillig zur SS gemeldet habe und dass er nach Hause geschickt wurde, weil er zu jung gewesen sei. 1943/1944 soll er im Führerhauptquartier Dienst getan haben.

In der DDR sei der Vater sehr systemkonform gewesen. Er wurde im Schnellkurs entnazifiziert und danach Lehrer. Mitte der Fünfzigerjahre absolvierte er ein Elitestudium des Marxismus-Leninismus in Leipzig.

1956, nach der Niederschlagung des Aufstands in Ungarn, distanzierten sich die Eltern vom System der DDR. 1959 floh die Familie über Ost- nach Westberlin. Nach einem längeren Aufenthalt in einem Lager in Berlin reiste die Familie schließlich in die Bundesrepublik, nach Kassel, aus. Im Westen machte der Vater nach einer »Schnell-Lehrerausbildung« eine akademische Karriere. Die Mutter bekam vier weitere Kinder.

Katja ist 16 Jahre alt, als sie sich durch den Vietnamkrieg über die ESG politisch zu engagieren beginnt. In der Familie hat sie zunehmend Auseinandersetzungen, vor allem mit dem Vater. Katja hält sich immer häufiger bei Ersatzeltern in einer Wohngemeinschaft auf, wo sie unter anderem Künstler und Filmemacher kennenlernt. Sie probiert alles aus, nimmt Drogen und bekommt eine Gelbsucht, was sie rückblickend als heilsam erlebt. 1969 hat sie erste Kontakte zur KPD/ML (14). Sie engagiert sich dort zunehmend, passt sich den Ansprüche der Partei an, arbeitet über die Maßen und macht Karriere. Auf Parteigeheiß heiratet sie ein Parteimitglied. Anfang der Siebzigerjahre freundet sie sich mit Jürgen Debus[4] an, der zu der Zeit ebenfalls Mitglied der KPD/ML ist. Katja beginnt, sich kritisch mit der Partei auseinanderzusetzen. Sie macht eine Ausbildung zur Krankenschwester, wird von einem Mann schwanger, der nicht ihr Ehemann ist, und wird von der Parteileitung deswegen kritisiert. Sie organisiert weiterhin politisch linke Aktionen und bekommt, alleinerziehend und berufstätig, ein zweites Kind. 1979 tritt sie aus der KPD/ML aus. Sie beginnt zu schreiben und fängt ein Studium an der HWP an. Sie wird erneut schwanger und bekommt ihr drittes Kind. Nach dem Studium arbeitet sie als Journalistin und Buchautorin. Während der Legislaturperiode der GAL-Frauenfraktion ist sie Frauenreferentin. Zum Zeitpunkt des Interviews arbeitet Katja mit politischen Gefangenen, engagiert sich in der § 218-Bewegung und setzt sich mit den damit verbundenen eugenischen Fragen auseinander, außerdem ist sie im Auschwitzkomitee.

Katja lebt aktuell in Dresden.

Das Interview

Ich bin 49 geboren, in der DDR, in Bautzen, in der Nähe von kleinen Dörfern ... (...) Ich bin das erste Kind von sechs überlebenden Töchtern. Meine Eltern hatten acht, zwei sind

---

4 Jürgen Debus wird 1975 als mutmaßliches Mitglied der RAF zu zwölf Jahren Haft verurteilt. Er geht in den Hungerstreik, fällt während der Zwangsernährung ins Koma und stirbt.

aber schon im Babyalter oder Kleinkindalter gestorben. Ich war das erste. (...) Mein Vater war ... Lehrer auf Dörfern, und zwar einer von diesen Lehrern, die durch die Entnazifizierung im Schnellkurs in der DDR Lehrer geworden sind, weil sie aus proletarischem Elternhaus kamen. Sie haben in zwei Jahren ... studiert. Meine Mutter ist, seit ich geboren war, mit einer Unterbrechung von drei Monaten, wo sie es mal versucht hat, Hausfrau gewesen, Hausfrau und Mutter, hat aber auch eine kaufmännische Ausbildung gehabt, war aber noch blutjung, die war 18, als ich geboren wurde ...

Ich bin ... was ich mir nur vom Hörensagen vorstellen kann, in den ersten Jahren wahrscheinlich stramm DDR-kommunistisch beeinflusst gewesen, weil meine Eltern in der Zeit wohl so drauf waren. ... (...) mein Vater (hat) dann irgendwie ... das muss 56/57 um den Dreh gewesen sein, so'n Elitestudium des Marxismus-Leninismus gekriegt ... da war er immer weg, hat in Leipzig studiert, und wir haben alleinstehende Mutter mit zwei, drei Kindern gespielt. (...)

Erinnern tue ich mich ganz dunkel an den 17. Juni, da war ich knapp vier, und zwar einfach, weil das etwas ganz Einschneidendes war ... weil nämlich wirklich geschossen wurde (...), jedenfalls ich war völlig fasziniert davon, dass die ganzen Fenster und Einschusslöcher und das so alles kaputt war ... (...) Ich war nicht ängstlich davon, das ist wohl auch so einfach eine Grunderfahrung, glaube ich ... weil es nicht nur bei uns zu Hause, sondern auch bei meinen Freunden und Freundinnen üblich war, es gab diese Betriebskampfgruppen, und unsere Väter waren bewaffnet und hatten die Waffen auch zu Hause damals noch (...) ... und wenn sie betrunken waren, haben sie Schießübungen in die Küchen gemacht ... Es war verboten, ja, ja, aber sie haben trotzdem alle so was gemacht.

Bewusst ... erinnere ich mich an eine Geschichte ... dass ich am ersten Schultag, ich wollte nicht in die Schule, völlig hingerissen war von der Schule, weil ... ich in der Schule ... Geschichten gehört habe von Kindern, die antifaschistisch gekämpft haben. Die Lehrerin hat uns erzählt von der Tochter von Thälmann ... deshalb liebe ich heute noch immer Thälmann, obwohl ich ihn eigentlich doof finde ... die ihren Vater in der Küchenspüle irgendwie versteckt hat, als die Gestapo kam. (...) Und das fand ich spannend, ungeheuer spannend. (...)

Ich erinnere mich zum Beispiel auch an Ungarn, das war 56, dass die (meine Eltern) Schwarzsender gehört haben. Und dass es ganz furchtbare Debatten gab und dass zum Beispiel einer von den besten Freunden meines Vaters, ein Kollege, damals geflüchtet ist. Na, jedenfalls waren sie (die Eltern) distanziert zu dem System, und es gab dann in der ... zweiten Klasse die Aufgabe, sich zu entscheiden, entweder du darfst zu den Jungen Pionieren, oder du darfst in den Chor, und ich habe mich, obwohl meine Eltern gesagt haben, ich soll in den Chor, für die Pioniere entschieden, und darüber waren sie entsetzlich sauer. (...) ... und dann, na ja ... 59 sind wir dann geflüchtet. Kurz vorher gab es ... noch eine ganz große Auseinandersetzung, weil meine allerbeste Freundin die Tochter vom Parteisekretär war ... meine Eltern haben mir verboten, dorthin zu gehen. Ich nehme an ... damit ich ... nicht so viel erzähle. (...)

Also ein Bruch, der (...) eigentlich bis heute da ist in meinem Bauch, nicht in meinem Kopf, ist die ganze Fluchtgeschichte. Das habe ich richtig als Vertrauensbruch (...) wie meine Eltern damit umgegangen sind, empfunden. Das fing ganz banal an. ... Uns hatten sie gesagt, das war 59, da konntest du ja noch so halb legal mit der S-Bahn fahren, mit Sack und Pack, ... in Berlin über die Grenze ... wir besuchen irgendeine Großtante in Potsdam. Aber auch da war die allgemeine Stimmung so ... dass man das irgendwie nicht so richtig erzählt, wenn man verreist (...) und ich habe in glühenden Farben beschrieben, dass wir nach Potsdam fahren und alle haben es gehört, und daraufhin (...) kriegte (ich) so was von Ohrfeigen, was ich überhaupt nicht verstanden habe. (...) Und ein paar Tage später sind wir dann geflüchtet. Ich habe wirklich nichts davon geahnt (...) Und als wir ausgestiegen waren, was ich eigentlich nicht gut finde, wie sie das gemacht haben ... dass uns mein Vater beiseite nahm und sagte, dass wir nie wieder zurückkommen. Das habe ich das erste Mal nicht ganz wahrgenommen ... und dann (habe ich sie) jahrelang gehasst. Also richtig gehasst ... weil nichts von meinen Sachen durfte ich mitnehmen. ... Sie hätten wenigsten dafür sorgen können, dass wir unsere Lieblingspuppe mitnehmen ... Hab das dann auch richtig als Affront gesehen mit meiner nächsten Schwester ... Immer wenn wir irgendwie Knatsch mit den Eltern hatten, haben wir uns heimlich Nahrungsmittel unter irgendwelche Büsche gelegt und ... geplant, wie wir wieder zurückflüchten. (...)

Die DDR selber, ich kann mich an die Schule kaum erinnern, bis auf eine Sache, die ich als ganz schön empfunden habe. ... Wir hatten einen Schulgarten, und wir mussten in dem Schulgarten arbeiten ... und dass es ein- oder zweimal in der Schule Essen gab und teilweise von den Sachen, die wir da selber gepflanzt hatten. Das fand ich mit das Schönste an der Schule. ...

Sonst ... kann ich mich nicht wirklich erinnern. ... Ich hatte einen kleinen Freund ... mit dem war ich damals schon ganz entsetzlich verkracht wegen einer ganz witzigen Geschichte ... weil ich, der war ein halbes Jahr älter als ich ... entsetzlich beleidigt war, weil ich ... gesagt hatte, ich bin irgendwann genauso alt wie du. Nur hatte er vorher Geburtstag und war schon wieder ein Jahr älter.

Ich fand das total ungerecht, weil ich hatte mir das so schön ausgedacht und war einfach wütend und sauer ...

T: Wie war dein Anfang hier im Westen?

Ja, das war sehr schwierig. (...) Also, erst war dieser Aufenthalt im Flüchtlingslager, das war ja die Zeit, in der täglich Tausende rüberkamen, ungeheuer anstrengend. Erstens haben wir total beengt gewohnt mit 16, 20 Leuten auf einem Zimmer. Es war alles völlig reglementiert. Du konntest ... nicht mal Kaffee kochen, geschweige denn, dass man Geld dafür hatte ... es war eben wirklich ein Lager. Und es gab Zwangsuntersuchungen, Zwangsimpfungen, Zwangsläusebehandlung und all solche Geschichten, das war einfach schrecklich! Also ein anderes Erlebnis, das war alles in Berlin ... Da habe ich dann den Grundstein gelegt gekriegt für den Hass auf die US-Amerikaner ... weil die haben uns immer eingekleidet. (...) Ich habe mich total darauf gefreut, und es gab auch immer ganz schöne Sachen, nur erstens passten die mir immer nicht, und dann fand ich es ganz schrecklich, weil meine Schwester kriegte ein Petticoatkleid ... und ich nicht ... und darüber war ich sehr, sehr sauer sowohl auf meine Schwester als auch auf diese komischen amerikanischen Tanten.

(...) Meine Eltern hatten ganz große Probleme, in die Bundesrepublik zu kommen, weil du durftest nur rüber, wenn jemand für dich bürgte oder wenn du so und so viel Geld hattest. Das war nicht viel, aber sie kriegten das wohl irgendwie nicht zusammen, bis dann ein ehemaliger Kriegskamerad ... von meinem Vater aus Kassel da irgendwie eingesprungen ist, und es ging ja nur mit Fliegen. (...) Dann ... durfte meine Mutter nicht mit ... damals durften Frauen nicht fliegen, die schwanger waren. Und das haben sie dann irgendwie gedealt mit einem Arzt, der eine Bescheinigung ausgestellt hat, dass sie noch gar nicht so schwanger war, wie sie aussah oder was weiß ich. (...)

Dann waren wir in Kassel, haben erst mal zur Untermiete gewohnt, das kam mir entsetzlich lange vor ... und mein Vater ist sozusagen auf Wohnungssuche gegangen, was sehr, sehr schwer war, weil erstens es gab damals ne Stimmung (...) die überhaupt nicht freundlich gegen Republikflüchtlinge war ... es gab einfach zu viele. Und zweitens war es immerhin schon eine Familie mit drei Kindern, das vierte war unterwegs. Das ist sehr, sehr schwer gewesen.

(...) Zum Entsetzen meines Vaters kriegten wir dann eine Wohnung, und zwar beim örtlichen KPD-Vorsitzenden, die ja illegal war. Und das fand ich dann wieder sehr lustig. Da war ich elf. (...) Was die Stimmung mit den Flüchtlingen betrifft, habe ich in Kassel sehr stark gespürt im ersten Jahr (...) daran, dass manche Kinder nicht mit mir oder uns spielen durften, als auch, wir waren total arm in der Anfangszeit, dass ich mich unheimlich geschämt habe, einmal wegen dieser Armut, dass mir das total peinlich war, wenn ich irgendwie einkaufen musste und für 30 Pfennig Knochen kaufen oder so ... und weil meine Mutter das vierte Kind kriegte, weil die Leute darüber ja irgendwie herzogen. ... Ja, und dass ich in der Schule Probleme hatte ... Ich habe etwas anders gesprochen ... es gab einige Wörter, die ich einfach nicht kannte und (ich) war, glaube ich, relativ bockig. Ich habe immer darauf bestanden, dass ich Recht habe, und diese Lehrer haben mich immer

bestraft. (...) Mir ist das vor ein paar Jahren eingefallen, dass ich zum Beispiel in einer solcher Situation so wütend war, dass ich mir vor der gesamten Klasse in die Hosen gemacht habe, und das tust du mit elf eigentlich nicht mehr, also das muss schon ziemlich schlimm gewesen sein ... (...) Also ich war damals aus irgendwelchen Gründen trotz allem sehr selbstbewusst, auch was die DDR-Kisten betrifft. Es gab zum Beispiel mit der Religionslehrerin ... Disput, weil sie erzählt hat, die Kommunisten meinen, die Menschen stammen von den Affen ab. (...) Da habe ich gesagt: »Das stimmt nicht, das stimmt einfach nicht, Sie lügen!« Und so was war damals auch noch nicht so üblich, dass man in den Schulen so mit Lehrerinnen umgeht. ... Ich habe dann versucht, mich anzupassen, und das ist mir dann auch ganz gut gelungen. Wobei, viel Arbeit habe ich da immer reingesteckt, die Armut zu verstecken ...
(Längere Pause)

T: Ist dein Vater im Krieg gewesen?

Ja. (...) ... Belegt ist, dass er im Krieg war, dass er eine Verwundung hatte an der Schulter und am Auge und dass er blutjung war. Alles andere sind Familiengeschichten und ... Das Problem ist eben nur, er hat seine Meinung alle 10, 15 Jahre sehr geändert und erzählt dann auch immer was anderes. Also es gibt eine Variante, dass er sich freiwillig zur SS gemeldet hat, dass da ein Verwandter oder Bekannter gewesen ist, der ihn sofort nach Hause geschickt hat und ihm verboten hat, jemals wiederzukommen, weil er dazu auch noch zu jung war. (...) Und die Variante, dass er im Führerhauptquartier, in der Nähe von Königsberg ... Dienstleistung gemacht hat ... so 43/44, weiß ich nicht. Es ist ja immer schwierig ... Wir reden nicht mehr politisch, das geht überhaupt nicht, und zu mir schon gar nicht. (...)

Fakt ist also, irgendwie ist er irgendwann zurückgekommen und hat in der DDR auch eine Karriere machen können. Er kommt aus einer Arbeiterfamilie, was aber auch wieder eine Kompliziertheit in sich birgt. Die Oma, also seine Mutter, ist Näherin, hat diesen, also meinen Vater, als ganz junges Mädchen unehelich gekriegt, was ich auch erst vor einigen Jahren erfahren habe. Ja, und so, ich weiß nicht ... dieses ist etwas schwierig. Sie ist Halbjüdin. Ihr ist nie etwas passiert, und es gibt Leute in der Familie, die sagen, mein Vater wäre auch das Kind eines SS-Mannes, eines hohen. In den Akten steht, Vater unbekannt, bis heute. Und das hat mir bei der deutschen Bürokratie auch einige Schwierigkeiten gemacht bis heute. Es gibt so Sachen, da musst du Abstammungsnachweise führen, nach wie vor. Ja, und der hat dann noch vier Geschwister gekriegt, die alle auch im Prinzip proletarisch waren ... bzw. zwei seiner Brüder sind dann einer zur Volkspolizei und einer zur NVA (Nationalen Volksarmee) gegangen. ... Es ging ihnen dann relativ schlecht.

T: Im Westen?

... auch denen in der DDR. Eigentlich ist aus niemandem mal irgendwas geworden, sodass man sich auch innerhalb der Familie hätte helfen können. Sie sind alle bei den kleinen Jobs geblieben.

Und die Eltern meiner Mutter, das habe ich auch erst vor ein paar Jahren erfahren, haben wohl in Waldenburg, also heute Polen, einen Laden übernommen, nachdem sie die Juden rausgeschmissen haben. Ich habe meine Mutter eben kennengelernt als Kaufmannstochter und durch so eine Aktengeschichte ist herausgekommen, dass er eigentlich Bergmann war und sie (ihre Mutter) Dienstmädchen, und dass sie seit 1943 einen Laden hatten, von einem Tag auf den anderen. Das kann nur so etwas sein.

T: Das hast du jetzt erst rausbekommen?

Ja, Ende der Siebziger-, Anfang der Achtzigerjahre. Wobei, meine Mutter erzählt ... aber die war 16 Jahre und sagt, sie hätte nichts mitgekriegt. Doch, ich denke, mit 16 kriegt man einiges mit, aber sie muss das vielleicht auch verdrängen, weiß ich nicht. Meine Mutter ist das einzige Kind ...

Mit NS habe ich eigentlich ein Tabu mitgekriegt, obwohl es in der DDR war, es gab dieses Offizielle, aber es gab zum Beispiel in meiner Familie sowohl Widerstandskämpfer als auch Faschisten und über beides wurde nicht geredet. Also es hatte beides die gleiche Ebene von Tabuisierung, es waren weder Feinde noch Vorbilder oder so was, sondern das war ... vorbei, darüber redet man nicht. So bin ich im Prinzip auch aufgewachsen ... und hab das teilweise erst mühsam durch irgendwelche Gespräche herausgekriegt. Also, meine Oma zum Beispiel hatte einen Bruder, der ist von den Nazis umgebracht worden und genauso was gab's auch in die andere Richtung. Was allerdings nie war, ist, dass mir irgendwann irgendjemand was erzählt hat, auch in der weitesten Familie nicht, dass NS was Gutes war, aber es war eben tabu ...

T: Wann hast du angefangen, dich dafür zu interessieren?

Also, das ist schwierig ... dass ich gemerkt habe, dass da etwas tabuisiert wird, natürlich immer. Genauso wie Geschlechtsverkehr tabuisiert wurde oder so'ne Geschichten. Dass ich mich richtig darum gekümmert habe oder ... mir über die eigene Familie Gedanken mache, das war erst später, also so Ende der Siebzigerjahre. Und die Politisierung ... habe ich eigentlich bewusst überhaupt nicht damit zusammengebracht ... sondern die war bedingt von ganz anderen Geschichten.

T: Von welchen?

Das war bei mir eigentlich der Vietnam-Krieg. Also ich habe in der Schule nicht viel gemacht ... wobei das sicher auch damit was zu tun hatte ... dass meine Eltern in der DDR schon immer von einem Ort zum anderen gezogen sind und nach der Flucht noch viel mehr, weil mein Vater hat dann hier ja Karriere gemacht und ich (habe) zwischen 10 und 16 Jahren an sechs verschiedenen Orten gewohnt, und da kannst du natürlich auch in der Schule irgendwie politisch nicht großartig tätig sein oder Freundinnen finden ... (...)

Mein Vater hat dann hier angefangen als Lehrer, dann (...) hat er ein Zusatzstudium angefangen in Gießen in Psychologie (...) und dann ist er im Rahmen der Angleichung dieser Hochschulen so'n Professor geworden. (...)

Ja gut, und diese Politisierungszeit habe ich in Kassel erlebt, die war aber (...) wirklich hochgradig sich Abnabeln von zu Hause (...) die war (...) einfach ein Teil von »Mir gehört die Welt«. ... Diese Stimmung hat auch etwas sehr mit ... Ende der Sechzigerjahre zu tun ... (...) Es gab das erste Marihuana, es gab die Musik und Discos, und das waren ja alles neue Sachen, und in Kassel gab es in 68 die Dokumenta, und damit kamen auch diese ganzen fremden Leute. (...) Und dann gab es die ersten Wohngemeinschaften, so ein Gefühl von Freiheit, aber gleichzeitig von der Familie weg.

T: Wie alt warst du da?

16, 17. Ja, und dann habe ich angefangen, Seminare zu besuchen ... da waren ... ein paar von den Politfreaks ... gleichzeitig Filmemacher und so, und in diesem Rahmen gab es mehr Informationen. Es gab bei uns ja noch kein Fernsehen, über, na ich sag mal so, über politische Einschätzung, eben auch den Vietnam-Krieg ... so ein Fördern, dass man protestieren kann. Wobei das in keiner Weise damals so platt oder dogmatisch irgendwie war, wie ... dann später in diesen Organisationen. Wir haben ganz interessante Sachen gemacht, da bin ich heute auch ganz dankbar für, dass es nicht irgendwie darum ging, was zu lesen oder zu glauben, sondern wir haben zum Beispiel so Seminare gemacht (...) ... vor laufender Kamera. Also, wir kriegten gesagt, wir würden jetzt einen Film drehen ... und dann wurde einer rausgegriffen aus der Gruppe, und der wurde verprügelt vor uns. Und hinterher wurde mit uns besprochen, wer und warum man nicht eingegriffen hat in der Situation. Das finde ich ziemlich spannende Sachen ...

Ja gut, und dann hatte ich in Kassel ... mir selber Ersatzeltern gesucht, die waren ungefähr zehn Jahre älter als ich, hatten eine WG, und ... das war mindestens ein Jahr lang mein absoluter Bezugspunkt. (...) ... (Ich) hatte ganz großen Streit zu Hause (...) ... Und das hat mir, glaube ich, ganz viel geholfen ... irgendwie ... mich abzunabeln. (...) Das hatte alles diesen Flair ... dann kamen Leute aus Berlin, die beim SDS schon waren, und dann haben wir alle uns in Kassel, weil es keinen SDS gab, in die ESG verkrümelt. Also das waren dann so 30, 40 Leute und ich war immer die Jüngste in dieser ganzen Bande.

Ja, und dann Vietnam ging das dann los, ich habe dann angefangen, auch an der Schule was zu machen. (...)

T: Du bist noch in die Schule gegangen?

Ja. Das war überhaupt keine Frage, dass die ganze westliche Welt natürlich zu den Amerikanern hält. Und wir haben dann so Provo-Geschichten gemacht. (...) Also wir sind dann mit drei, vier Leuten Weihnachten ins Einkaufszentrum in die Innenstadt und haben für Nordvietnam gesammelt. Was völlig neben der Spur war letztendlich ...

T: Wann war das?

Das muss 69 gewesen sein, 68/69 das Weihnachten, ja, ... sind zum Kirchentag nach Hannover gefahren. Und für mich war eine einschneidende Sache, dass ich zum ersten Mal die ganze Nacht von zu Hause weggeblieben bin, als Benno Ohnesorg erschossen wurde. Und das war für mich auch das erste Mal, dass ich das ... Gefühl kriegte, dass es ganz schön ist, wenn ganz viele Leute was machen ... Ich hörte das und bin automatisch in die ESG gegangen, und irgendwie ... waren auf einmal 300 Leute da. Da war ich richtig gerührt und hab keinen Gedanken daran verschwendet, jetzt irgendwie nach Hause zu gehen. Und dann haben wir ... ein Flugblatt gemacht in Kassel und ... eine Demonstration.

Ja gut ... das war mein geheimes Leben gegenüber meinen Eltern, das lief gleichzeitig mit dem ersten Freund und solchen Geschichten.

T: Warum musste das geheim sein?

Weil meine Eltern absolut, nicht nur wegen der Politik, sondern auch was Männer so betraf, mich (...) am allermeisten als behütete Tochter gehalten haben. Ich musste spätestens halb zehn Uhr zu Hause sein, durfte niemand mit nach Hause bringen (...) es war ganz reglementiert. (...) Meine Mutter war völlig überlastet und ich musste ganz, ganz viel helfen zu Hause. Die hatte dann mittlerweile fünf Kinder und kriegte das überhaupt nicht auf die Reihe. ... Ich durfte auch ganz oft nicht zur Schule gehen, weil ich ja helfen musste oder wenn sie mal im Krankenhaus war. Das hat mein Vater nicht gemacht, das musste dann ich machen.

T: Als älteste Tochter?

Ja … und … (…) Also, wir hatten herbe Auseinandersetzungen. Mein Vater hat mir mal eine Schreibmaschine an den Kopf geschmissen, weil der machte meine Post auf. (…) Na ja, und das führte letztendlich dazu, dass (ich) im Januar oder Februar 70 von zu Hause weg (bin), etwas planvoll, aber heimlich. Ich habe gesagt, ich fahr auf ein Seminar und hatte dann fünf Tage Vorsprung und bin nach Hamburg gegangen und wusste auch genau, wohin, weil ich bin vorher auf der Filmtagung gewesen und hatte hier auch Leute, wo ich hinkonnte, und das war aber dramatischer, als es sich heute anhörte, weil man wurde ja erst mit 21 volljährig. Und meine Eltern haben mich polizeilich suchen lassen und (…) … haben mich aber ein Jahr nicht gefunden. So bin ich dann in Hamburg gelandet. … Völlig naiv und schrecklich war es, wenn ich es mir heute vorstelle, aber ich habe mich eigentlich ganz gut durchgebissen, denke ich. Ja … und hab dann erst mal ein halbes Jahr gar nichts mit Politik gemacht, außer dass ich mal zufällig ne Demo mitgekriegt habe … Und dann ging es aber eigentlich ganz schnell.

(…) … Ich war damals mit einem Filmemacher verlobt, offiziell verlobt wegen dem Wohnen, und ein Teil dieser Jungfilmer politisierte sich ja sehr stark in Richtung Organisierung, da war ich eben dabei. Zwischendurch habe (ich) in der Werbeagentur gearbeitet … entsetzlich wenig verdient. (…) … In dieser Zeit (habe ich) auch harte Drogen ausprobiert. (…) Von heute aus gesehen kann ich sagen, Gott sei Dank kriegte ich auch prompt ne Gelbsucht und musste dann zwei Monate im Krankenhaus liegen, was mich dann für immer und ewig geheilt hat von solchen Geschichten. Auf diesem Weg haben mich dann auch meine Eltern entdeckt, weil ich da amtlich gemeldet war. Und dann kam ich raus, und (…) da gab es schon die Kontakte zur KPD/ML. (…) Dann habe ich selber die Entscheidung getroffen und habe … an diese Hamburger Kontaktadresse ein Kärtchen geschickt, dass ich gern Informationen hätte, und dann kriegte ich einen Termin. Das war ja dann alles in geregelten Bahnen.

Ja, und dann … dieser Sprung dann so in eine ganz strenge Organisation auf allen Ebenen. Der hatte ganz viel damit zu tun, also dass ich … beweisen wollte, dass ich das aushalten kann. (…)

T: Was hattest du zu beweisen?

(…) … Ich war sowas von verunsichert als Frau und als Mensch. Was ich kann und was ich nicht kann. Ich fand mich hässlich, dumm. Ich war völlig unzufrieden mit mir, mit allem (…) … aber ich … war sehr auf Männer fixiert, also das war absolut wichtig, anerkannt zu sein … von Männern, von Männern, die mir wichtig waren, und habe in dieser KPD/ML (…) nichts verstanden, nichts, also wirklich nichts und habe wirklich wie eine Fremdsprache mir diese ganze Parteisprache beigebracht mit Karteikarten … oder so, um mitreden zu können. Dann habe ich bei Karstadt gearbeitet … und war eigentlich völ-

lig damit beschäftigt, da überhaupt mithalten zu können. Und dann, als ich das so ein bisschen geschnallt hatte, wobei ... diese Unsicherheiten waren nach wie vor ganz doll da, dann habe ich eben schnell eine Karriere gemacht. Weil ich, zynisch ausgedrückt... gut arbeiten konnte. Also ... nach einem Vierteljahr konnte ich Layout machen und drucken und Flugblätter schreiben und morgens pünktlich aufstehen und um sechs Uhr vor Blohm und Voss stehen. Aber das waren die Frauen, die waren alle so ...

T: Hast du einen Abschluss gemacht in der Schule?

Mittlere Reife.

Ja, und dann habe ich in einer ganz festen Beziehung gewohnt. Ich kann heute nicht mehr begründen, wie es dazu gekommen ist, dass wir die Wohngemeinschaft wirklich aufgegeben haben. (...) Also, diese Zweiergeschichte war einerseits dieses Pärchen, also mein Freund und ich. Er studierte und ich arbeitete. Andererseits war es durch die Organisierung, wir waren dann beide in der Partei, in keiner Weise ein Zurückziehen. ... (...) Wir hatten unsere Termine, Aufgaben, und das ging so weit, dass wir uns ja nicht alles erzählen durften. Wir hatten ja andere Namen. Und was die ML ausgezeichnet hat von vielen der anderen damals gegründeten Organisationen, war zum einen ... zumindest in Hamburg, dass es viele Alte auch aus der illegalen KPD gab (...) so was wie eine Traditionslinie (...) ... und das war dann auch schon faszinierend. Also, einmal gab es eine Portion Anerkennung für bestimmte Arbeiten, die ich gemacht habe. Zum anderen habe ich ... auch ganz, ganz viel gelernt, gerade in den Anfangszeiten. Also ich weiß noch ... dass ich es überhaupt nicht glauben konnte am Anfang. Bei Blohm und Voss (16) das Flugblattverteilen, dieses Bild habe ich heute noch, wie ich das erste Mal da stand und ... bestimmt jeder Zehnte oder so, der ein Flugblatt nahm, dem fehlten Finger. Das war so etwas ... wie Arbeitsunfälle, das waren Sachen, davon hatte ich nie etwas gehört ...

Ja, und dann bin ich ziemlich schnell für Agitprop-Sachen ... eingesetzt worden und für Arbeit, Arbeit, Arbeit. Ich war dann am Anfang der Siebzigerjahre befreundet mit S. Debus. Der ist später im Hungerstreik hier umgebracht worden und dann ist diese Freundschaft aber zerbrochen dadurch, dass sich die Partei gespalten hat, und der eine war bei den einen und der andere bei den anderen. Das habe ich aber dann auch schon gnadenlos mitgemacht ... was ich heute auch ziemlich dusselig finde. Ich kann's nicht begründen. Ja, und ich habe das auch damals nicht begründen können, außer mit den Schlagwörtern aus irgendwelchen Parteibüchern.

T: Hatte das mit Freundschaften oder Beziehungen zu tun, mit denen du zusammenbleiben wolltest?

Ja, nur! Ja, aber das hätte ich damals abgestritten, das sage ich heute ...

Ja, was ist da noch ... Ich habe tierisch viel gelernt (...) ... und ich habe Klassiker gelesen, Schulungen gemacht ... immer, immer, immer. Ich habe wirklich geglaubt, dass wir eine Revolution machen, davon war ich fest überzeugt. ... Und ... einfach die Stimmung, an die ich mich erinnere ... die Stimmung war so, also trotz der Zerstrittenheit der Organisation, dass ich, ich denke jetzt gerade sehr viel darüber nach im Zusammenhang mit den Gefangenen, die jetzt schon irgendwie 10, 15, 20 Jahre in den Knästen rumhängen. Auch das fand ich in keiner Weise verwunderlich, also, ich hab das nicht geteilt ... die Begründung, aber dass irgendwelche Leute einfach mal irgendwelche Leute abknallen oder so oder Überfälle machen, fand ich in keiner Weise moralisch ungerechtfertigt, weil das war ja auch ein Ding der ML ganz stark, von wegen bewaffnete Revolution ist mit Blutvergießen verbunden und ... das geht eben nicht ohne ...

Ja, und dann hab ich angefangen, so im Rahmen dieser Beeinflussung durch die ML mal eine Ausbildung zu machen. Ich hatte dann schon jahrelang ... so halb legal als Nachtwache gearbeitet im Krankenhaus und habe mich dann angemeldet 74 und hab dann angefangen als Krankenschwester die Ausbildung ...

T: Hattest du da schon ein Kind?

Nein, nein. 73 habe ich angefangen, genau, 75 wäre ich fertig gewesen ... Hab dann Gewerkschaftsarbeit gemacht, war im Betriebsrat, war ... Gesamtjugendvertreterin von Hamburg in der Gewerkschaftsfunktion und ... bin dann über den Gewerkschaftsrausschmiss auch als Jugendvertreterin gekündigt worden mit ner KB-Frau zusammen. Und ... das war eigentlich mein erster Bruch mit der ML, nur habe ich den nicht so wahrgenommen. Ich hatte das, wie viele andere, ganz gut drauf, dass die Hauptfeinde in den anderen Organisationen sind ... und war dann in dieser Krankenschwesternklasse zusammen mit dieser K., die im KB war, und wir mochten uns total. (Wir) haben gut zusammengearbeitet, uns glänzend verstanden. Haben im Übrigen damals schon angefangen, Beauvoir zu lesen, heimlich mehr oder weniger, und Anja Meulenbelt. Na ja, und wir kriegten dann beide jedenfalls die Kündigung, obwohl wir Kündigungsschutz hatten. Wir haben uns beide im Prinzip ähnlich verhalten ... Und wir haben uns viel gefallen lassen, weil wir eigentlich weder Lust hatten, so'n Gewerkschaftsfight zu machen, noch unbedingt diese Ausbildung zu Ende zu machen. Sie hat es letztendlich dann noch geschafft. (...) Ich bin dann nach Dortmund und habe dort beim Zentralorgan gearbeitet und wurde dort schwanger. Und das war der zweite Bruch mit der Partei, dann ein sehr ernster und sehr offener ... Weil ich wurde nicht von meinem Ehemann schwanger, sondern von einem sehr viel jüngeren Mann, einem Hausbesetzer hier aus der Eckhoffstraße[5]*, und das widersprach jeglicher Parteimoral. Danach kam die Parteikommission und machte Verhöre, und ... da habe ich mich dann schon verstellt ... und habe dann die Scheidung aber trotzdem durchgezogen und das Verhältnis mit dem anderen Mann richtig als Beziehung erlebt. Leider, weil das war eine Trotzreaktion so ähnlich wie von zu Hause ausziehen.*

Ja, und dann kam mein erstes Kind. Da war ich aber immer noch offiziell richtig dabei. Und dann (...) es gab es die Bunte Liste hier Mitte der Siebzigerjahre ... Und es gab auch auf der Hamburger Ebene ... immer wieder ... die Verbindung ... zu Leuten aus anderen Organisationen, wir waren ja auch alle zusammen tierisch viele ...

(...) ... Ja, eine ganz, ganz schöne Erfahrung (war) die Beerdigung von Holger Meins, auch weil da alle da waren und sich nicht gegenseitig verprügelt wurde. Eine ganz schlimme Erfahrung ... (waren) zwei Sachen, einmal die Beerdigung von Günther Rodier in Duisburg, wo also wirklich Menschenfängerei betrieben wurde vom BGS (17) (...) und ich das erste Mal mitgekriegt habe, wie Leute einfach ohne Grund verprügelt werden oder irgendwie verhaftet werden oder wie so eine Beerdigung abläuft, wenn der Hubschrauber zehn Meter über dir kreist ... Und ... dann eben später, dass er eben tot war. Das war auch ein ganz richtiger Bruch, aber nicht mit der Partei, sondern mit meinem eigenen Leben, sodass ich dann davorstand und dachte, nee, also das geht so nicht. Ich hab dann zwei Jahre später das zweite Kind gekriegt ...

T: Was geht nicht?

Ja, ich hatte mich mit verantwortlich gefühlt, ich hatte gerade das zweite Kind, als das passierte, und wohnte auf dem Land, in der Nähe von Hamburg und ja, der hat ja dann auch alle möglichen Sachen gemacht, die ich nicht gut fand. Ich kannte das aber nur aus der Presse und war dann gerade selber so weit, dass ich gedacht habe, ich könnte ihm ja schreiben, jetzt ... Und gerade, als ich so weit war, stand dann in der Zeitung, jetzt ist er tot. Und da hatte ich so'n Gefühl von Verantwortlichkeit, weil ich mich auch nicht mit drum gekümmert hatte. Und mit der ML ... zog sich das dann lange hin, weil während der zweiten Schwangerschaft ... gab es diesen sogenannten Hamburger Antifaschistenprozess ... 76 ist das gewesen, glaube ich, da gab's so ein europaweites Treffen in Hamburg

5 Eine der ersten Hausbesetzungen, die zu öffentlicher Aufmerksamkeit führte, war 1973 die Besetzung eines leerstehenden, von Abbruch bedrohten Hauses in der Eckhofstraße in Hamburg-Hohenfelde. Das Haus wurde nach fünf Wochen von 500 Beamten des MEK geräumt. In den anschließenden juristischen Verfahren wurden in drei Fällen Freiheitsstrafen verhängt. Einige der Hausbesetzer (u.a. Susanne Albrecht, K.-H. Dellwo) schlossen sich später der RAF oder der Bewegung 2. Juni an.

von Neofaschisten, und dagegen gab es eine große Demonstration, die waren damals sehr militant ... nicht nur bei der ML, sondern auch bei anderen, dass man auf solche Demonstrationen mit Helmen und Knüppel ging. Also, das kann man heute irgendwie kaum noch glauben. Und es gab dann aber Verhaftungen von der Polizei ... und davon war ein großer Prozentsatz von der ML, und ich war von der ML die Verantwortliche für die Koordination unter den Angeklagten, die aus verschiedenen Organisationen stammten, und unter den Anwälten. (...) Die Anwälte haben damals noch auf uns gehört (...) ... Es wäre nichts in der Verteidigung gelaufen, ohne das vorher mit den entsprechenden Organisationen abzusprechen. Und das hat mich dann noch fast ein Jahr in der ML gehalten, ... weil das einfach mit an mir hing und weil mir das auch wahnsinnig Spaß gebracht hat ... Das war eine der eher erfreulichen Erfahrungen, wobei ich denke, wie ich damals gelebt habe, war das schon ganz schön anstrengend. Also, ich habe mal so eben nebenbei ein Kind gekriegt, das zweite ... aber mein Sohn hat sich das dann nicht gefallen lassen ... Ich bin, obwohl ich nicht voll berufstätig war, immer um sechs Uhr aufgestanden, nicht nur wegen der Kinder, sondern auch, damit ich sie spätestens zwischen sieben und halb acht Uhr in die Krippe bringen kann, und habe dann politisch gearbeitet, war dann berufstätig. (...) Und ich denke, das war schon ganz schön stressig, obwohl es mich andererseits ... auch davor bewahrt hat, ... so eine Oberglucke zu werden. ... Ja, und als dieser Prozess beendet war, ging das ganz schnell, dann bin ich ausgetreten. Das war aber eine Zeit, wo es nicht so auffiel, weil ganz viele ausgetreten sind.

T: Wann war das?

79, ja .... und war dann ... völlig heimatlos. Also ... ich kann das immer nur an diesem Bild ... festmachen, als ich von dieser Sitzung kam, wo ich sagte, ich trete jetzt aus, habe ich hinterher im Bus gedacht, als ich nach Hause fuhr, dass mir das alle Leute ansehen, genau wie nach dem Schwangerschaftstest. Das hatte wirklich so was ganz, ganz Tiefes, es waren ja auch zehn Jahre irgendwie, das war 79, nicht 78, ja, der war ja schon über ein Jahr, der Mark ...

Ich hab dann einen Teil dieser Sachen bearbeitet, auch diese Ungerechtigkeiten, weil ich war nach wie vor der Meinung, dass ich recht hatte, ich bin nicht aus der Partei ausgetreten so nach dem Motto, nein, ich will jetzt gar nichts mehr, sondern ich war der Meinung, die machen alles verkehrt, und man muss das anders machen. ... Zum Beispiel ging es durchaus auch um die Frauenfrage, es ging um 218, ... Also speziell die KPD/ML hat sich in den Anfangszeiten damit herausgetan, unglaublich hetzerische und schweinische Flugblätter und zwar gegen die Bunte Liste, was wir zum großen Teil nicht geteilt haben. Es ging um AKWs ... Ach ja, und das war auch noch wichtig für den Sprung ... Es war nicht nur der Prozess, sondern ich bin von der Partei geschickt worden in eine Anti-

AKW-Gruppe als Führungskader ... wobei (...) ich mich dort eben auch wohler fühlte als in meiner Parteizelle. (...) Das (hatte) so ein bisschen von dem ... viele Leute machen jetzt was, und weil es auch quer durch die Organisationen ungeheuer organisiert abgelaufen ist ...

(längere Pause)

Ja, biografisch ist es dann so weitergegangen, dass ich (mich) zwei, drei Jahre gerappelt habe ... ein Teil Erfahrung tagebuchmäßig aufgeschrieben habe, das habe ich später dann auch in einem der Bücher verwendet. ... Eine unheimliche Wut hatte (ich) über den Grad der Ausbeutung und der Entfremdung von mir selber, was ich erst gemerkt habe, je länger ich davon weg war. Dann (habe ich) auch den Schritt gemacht, was ich ganz toll fand ... dass ich gesagt habe, ich will keine Sozialarbeit mehr machen, auch nicht mehr Krankenschwester. (...) Dann habe ich angefangen erst als Kontoristin bei einer Versicherung, was ganz praktisch war mit den Kindern ... Gleichzeitig und habe mich dann nach zweieinhalb Jahren an der HWP angemeldet zum Studium (...) Eigentlich habe ich das der Hamburger Frauenwoche zu verdanken, weil da wurde eine Veranstaltung angeboten für so Frauen wie mich, und ... da habe ich nach einer Stunde gesagt, das mache ich. Und das hat dann auch so ganz toll geklappt. Zwischendurch habe ich noch ein Kind gekriegt, das war nicht so ganz geplant. ... Ich habe dieses Kind eher aus Trotz gekriegt, damals aber schon wieder gegen die Frauen, da war ich dann in Frauengruppen hier und Frauengruppen da, und alle haben sowieso schon geguckt mit zwei Kindern und war ... nicht mehr verheiratet und lebte allein mit den beiden Kindern und hatte einen Freund und war schon wieder schwanger, und alle haben die Hände über dem Kopf zusammengeschlagen und »du hast einen Knall« ... Ja, und der Vater wollte es auch nicht (...) deshalb musste dieses Kind dann doch geboren werden. Und das war zeitlich so schwierig, denn das Kind kam gleich mit dem Studienanfang, das ging aber ganz einfach, die war ganz toll, die hat alles mitgemacht.

(...) Das war ganz schön, das habe ich sehr, sehr genossen, was für den Kopf zu machen. Wir haben da auch ganz gute Frauenzusammenhänge hergestellt. (...) Wir haben uns abgelöst, haben zusammen gelernt. Es war schön einfach. ... Am Ende des Studiums (habe ich) angefangen, die Vorarbeiten für das erste Buch zu machen, für das »Rabenmutterbuch«. Wobei seit 1980 hatte ich angefangen, sporadisch für die Emma zu schreiben ... Ja, und nach dem Studium, was habe ich da eigentlich gemacht? Weiß ich jetzt gar nicht mehr ...

(Längere Pause)

Wovon habe ich eigentlich gelebt? ...

Ach so, als die Kleine da war (...) habe ich dann zwei Jahre Sozialhilfe gemacht und davon gelebt. Und dann habe ich eben so mit Jobs mich über Wasser gehalten, größtenteils. Mit kurzfristigen Verträgen, war dann ein Jahr lang Frauenreferentin bei der

Frauenliste, mit ganz viel Skepsis ... ja, ich sag immer, ich bin parteigeschädigt, ich wollte ... war nie bei den Grünen ... ich wollte diese Mitgliedschaft auch nicht haben. Ich habe mich ja auch immer versucht, aus den Strukturen herauszuhalten ... ich wollte nicht dieses Eingebundensein. Und so ähnlich verhalte ich mich jetzt auch ... im Zusammenhang mit der Frauenanstiftung. Sobald es um die ideologischen Geschichten geht, ich habe da zwar ne Meinung, aber will ich nicht. Na ja ... was ich jetzt wirklich mache und womit ich meine Zeit verbringe, ist eben nicht die Berufstätigkeit, sondern ... seit 89 (arbeite ich) wieder ganz stramm politisch unbezahlt ... mit ganz, ganz vielen Themen einfach. ... Einerseits (fällt es) schwer und ich (möchte) es auch manchmal ... trennen ... das Journalistische von dem, was ich wirklich mache und dass ich also einmal im Zusammenhang mit der Verhaftung von Ingrid Schubert[6]*, das hat dann wieder mit S. Debus*[7] *was zu tun ... gedacht habe, nee, mache ich nicht mit ... also ich denke schon, (dass ich) diese Kampagne mit angeleiert habe in der BRD (...) ... und ganz viel in diesem Bereich jetzt auch mache. Was ich relativ sinnvoll auch finde, nur leider werden die Zeiten immer mehr so, dass man immer weniger damit leben kann und dass es die Organisation nicht mehr gibt. Also, das denke ich, ist schon ein wichtiger Punkt in meinem Leben, die Arbeit.*

T: Welches sind deine Themen heute?

Also ... Gefangene und seit drei Jahren in Zusammenhang mit meiner eigenen Geschichte ... NS. Ich bin jetzt seit drei Jahren im Auschwitz-Komitee hier in der BRD, und im Prinzip mache ich da auch ganz viel politische Arbeit. Also (ich habe) diese ganzen Protestaktionen gegen IG Farben letztes Jahr organisiert, und ich mache ... mit einem Freund zusammen Interviews von den ganzen alten Mitgliedern über ihr Leben. ... Also, das hört sich sehr viel leichter an, als es ist. ...

Und im Bezug auf den § 218, das würde ich schon auch als Drittes nennen ... das hat dann wieder etwas ... mit dem zweiten Thema zu tun, mit den ganzen eugenischen Geschichten.

T: Da knüpfst du ja an etwas aus deiner Geschichte an.

Ja, das sehe ich auch so, das ist ja der Punkt, wo ich mich ganz wohl fühle ... Ich fühle mich dieser Arbeit zwar ausgeliefert und finde es zu viel, ... aber ich fühle mich für mich (...)

---

6 Ingrid Schubert war Grünbdungsmitglied der RAF. Sie starb im November 1977 durch Suizid in der JVA Stadelheim

7 S. Debus, mutmaßliches Mitglied der RAF, fiel in Zusammenhang mit der Zwangsernährung wegen eines Hungerstreiks ins Koma und starb 1981.

selbstsicher und stark (...) ich kann mittlerweile auch delegieren, ich kann mittlerweile auch sagen, so geht es nicht. (...)

Ja, und ich habe auch ein paar Erfolge gehabt. (...) ... Und das ist schon so ein Gefühl, dass es runder wird und wieder zusammengeht.

T: Wie eine Heimat?

Heimat, ja also, das ist für mich im Moment ne Schwierigkeit, weil ich mich ganz fremd fühle zwischen diesen ganz Linken (...) also im Zusammenhang mit der Wiedervereinigung ist mir das erst deutlich geworden. So das Heimatgefühl insgesamt habe ich viel mehr als die anderen. (...) Ich habe mich immer völlig neben der Spur gefühlt in diesen Auseinandersetzungen mit dieser Wiedervereinigung, weil ich fand das schön ... weil das habe ich mir erstens immer nach der Flucht gewünscht, ich bin wahrscheinlich mit aus diesem Grund zur ML, weil die war ganz groß für ein vereintes sozialistisches Deutschland ... (hatte) diese alte KPD-Parole übernommen und ... ja, so grässlich das jetzt auch abgelaufen ist. (...) Ich war völlig gerührt von diesen Bildern, mit Mauer und so, weil das ganz doll meinem Bedürfnis entspricht, und ich habe mich ganz doll geärgert über diese Superlinken, die gesagt haben, all die Leute aus der DDR sind Reaktionäre oder so, die jetzt das gut finden. (...)

Jetzt lese ich gerade mit Begeisterung Tucholsky, da gibt es ganz schöne Sachen. Also ich habe auch eine Liebe zu diesem Land zum Beispiel im Gegensatz zu ganz vielen Leuten, die ich kenne ... das ist ja völlig tabuisiert eigentlich in unseren Kreisen. ...

(...) Ich denke, einmal durch die ML, aber auch schon eher (habe ich) beigebracht gekriegt, ich beziehe mich auch ... in diesen Traditionslinien ... vom Gefühl her auf den Widerstand und nicht auf NS oder so was ... Ja, das finde ich interessant ...

Hamburg, im Juni 1993

Interpretation

Vorbemerkung

Ich kannte Katja aus der Zeit, als die GAL mit der Frauenfraktion in der Hamburger Bürgerschaft vertreten war. Ich mochte sie, sie gefiel mir und sie berührte mich.

Ich war in dieser Zeit Mitglied im Vorstand der GAL, und Katja arbeitete als Frauenreferentin in der Fraktion. Ihre Mitarbeit in der Frauenfraktion war trotz ihrer Kritik an dem Projekt »Frauenliste« beeindruckend professionell. In den Diskussionen vertrat sie ihre Positionen mit großer Klarheit. Sie grenzte sich deutlich ab, wenn sie anderer Meinung war. Ich bewunderte sie insgeheim wegen ihrer Tüchtigkeit, und ihre trotzig anmutende Autonomie beeindruckte mich ebenso wie ihre provozierenden Veröffentlichungen.[8] Ihr Arbeitspensum hingegen machte mich ein wenig atemlos. Ich konnte nicht verstehen, wie sie neben ihren drei Kindern all das schaffte. Daher war ich wohl umso mehr überrascht, wie einfach es war, mit ihr einen Termin für das Interview zu finden und wie interessiert sie an dem Projekt war. Als ich zum vereinbarten Termin komme, wirkt Katja beschäftigt. Sie bittet mich, kurz auf dem Balkon zu warten, weil sie noch etwas erledigen müsse. Ich bekomme ein schlechtes Gewissen, weil ich denke, sie zu stören oder mit meinem Anliegen zu belasten.

Zum Interviewtext

Auffallend ist zunächst, wie flüssig Katja erzählt und wie wenige Pausen sie beim Sprechen macht, als gäbe es nichts, worüber sie nachdenken müsste. Ich erlebe sie beim Interview ausgesprochen professionell, so als sei es alltäglich für sie, interviewt zu werden. Ich höre konzentriert zu und bin fast ein wenig erleichtert, so als gäbe ich die Verantwortung für unser Gespräch ab. Beim Zuhören und später auch beim Lesen des Interviews geht es mir zunächst so, dass ich neugierig und immer wieder auch fasziniert bin. Im Vergleich zu den anderen Interviews frage ich über eine lange Phase nicht nach, und ich spüre auch keinen Impuls dazu. Mir fallen gar keine Fragen ein. Später kommt mir der Gedanke, ob das mit dem Schweige- und Denkverbot, mit der Tabuisierung zusammenhängen könnte, worüber Katja spricht, wenn sie immer wieder betont, dass vieles, vor allem, was mit der Familiengeschichte und NS zu tun hatte, unklar geblieben, tabuisiert worden ist: »... das war vorbei, darüber redet man nicht«. So gesehen erklärt sich mir auch die Faszination[9], die ich zunächst erlebt habe und die im Laufe des Interviews Gefühlen von Verwirrung, von Überforderung, Erschöpfung, aber auch von Enttäuschung und Mitgefühl gewichen ist.

---

8 Veröffentlichungen von Katja Leyrer u.a.: »Rabenmutter. Na und?« (1991); »Weiberkram« (1992), »Hilfe! Mein Sohn wird ein Macker« (1992).

9 Gerade durch das strikte Verbot, das ein Tabu umgibt, das heißt, es zu hinterfragen oder infrage zu stellen oder gar zu übertreten, werden Neugier und Faszination am Verbotenen geweckt und zugleich wird die Angst vor Schuld geschürt, wodurch das Verbot umso mächtiger wird.

Ich gewinne den Eindruck, dass Katja beim Erzählen zunehmend unter Druck gerät, als gäbe es immer mehr, was unbedingt gesagt werden muss, was noch dazu gehört, damit es vollständig wird. Zugleich bekomme ich das Gefühl, dass vieles durcheinander geht. Ich habe es schwer, Zusammenhänge zu finden, und ich bemerke, dass ich mich beim Zuhören immer mehr anstrenge, weil ich befürchte, ich könnte nicht alles mitbekommen.

Auffallend ist zunächst der Sarkasmus, mit dem Katja von sich und von ihrem Leben erzählt. Ich muss einerseits schmunzeln, und zugleich bin ich über die Härte und die Entwertung erschrocken, die vor allem spürbar werden, wenn sie über die Mutter spricht. Es scheint mir, als könne sie darüber in Distanz bleiben zu sich selbst, zu ihren Gefühlen und zu den Menschen, von denen sie abhängig gewesen ist und von denen sie sich vielleicht mehr Mitgefühl gewünscht hätte. Ich denke dabei insbesondere an Gefühle von Ohnmacht und Beschämung, aber auch an Trauer und Einsamkeit, Gefühle, die vor allem spürbar werden, wenn sie über ihre Flucht- und Flüchtlingserfahrungen erzählt.

Auffallend ist zudem, dass Katja häufiger sagt: »weiß nicht« oder »ich erinnere das alles nur dunkel«, »ich habe mir nie über die eigene Familie Gedanken gemacht«, was den Eindruck erweckt, sie habe mit dieser Familie nichts zu tun.

Dann wieder berichtet sie detailliert über verschiedene Ereignisse, die mir zunächst wie nicht verbunden, antichronologisch vorkommen, mich aber zugleich emotional erreichen: so ihre Faszination von den Schießereien am 17. Juni, die Bewaffnung »unserer Väter«, deren Schießübungen in der Küche oder die Geschichte über Thälmanns Tochter, die ihren Vater in der Küchenspüle vor der Gestapo versteckt hatte. Ich frage mich, welche Bedeutung diese Erinnerungen für sie haben mögen, weil sie diese Ereignisse im Gegensatz zu anderen so genau schildert: In beiden Szenen geht es um Gewalt, um heldenhaftes Verhalten und um die Faszination dadurch. Das Gemeinsame an den Erinnerungsszenen, an den Jungen aus der Grundschule, auf den sie »bis heute wütend« sei, weil er trotz all ihrer Argumentationen recht behalten habe, und an die ungerechte Kleidervergabe im Lager, die sie als Grundstein für ihren »Hass auf die Amerikaner« bezeichnet scheint das Gefühl von Ohnmacht gegenüber Ungerechtigkeit und Unterlegenheit zu sein, das einen wohl tiefen Groll in ihr ausgelöst oder geschürt hat. Indem dieser auf die Amerikaner verschoben wird, wird die Ablehnung politisch »korrekt« und die Rivalität mit der bevorzugten Schwester zugleich entschärft.

Diese Erinnerungsszenen verstehe ich im Sinne der Deckerinnerung[10] als Beispiele dafür, welche emotionalen Zustände Katja in besonderer Weise be- und aufrühren: Ohnmacht und Ungerechtigkeit und die Rebellion dagegen, ebenso wie eine Faszination durch heldenhaft erscheinendes Verhalten, wie zum Beispiel ein Aufbegehren gegen Gewalt.

Katja wird als Kind sehr direkt mit historischen Ereignissen konfrontiert. Beim Aufstand am 17. Juni 1953 war sie vier Jahre alt, den Aufstand in Ungarn 1956 hat sie als Siebenjährige erlebt. In ihrem Bericht darüber erscheint der Vater mit seinen Schießereien wie ein Held.

Dagegen bekomme ich kein Bild davon, wie Katja sich als Kind und als älteste Tochter von acht Kindern erlebt und gefühlt haben mag. Die Schwestern, ihr Verhältnis zu ihnen, Konflikte und Rivalitäten mit Ausnahme der Petticoat-Erinnerung werden nicht erwähnt. So frage ich mich, ob Katja zum Schutz vor enttäuschenden und verletzlichen Gefühlen und zur Wahrung ihres starken und unangreifbaren Selbstbilds diesem Thema bewusst wenig Bedeutung beimisst und ob darin nicht auch zum Ausdruck kommt, dass sie sich von beiden Eltern als Kind mit ihren kindlichen Bedürfnissen und Empfindungen nicht wahrgenommen und angenommen erlebt hat: von der Mutter, die immer wieder schwanger wurde und die allem Anschein nach als Frau mit acht Schwangerschaften und als Mutter von sechs lebenden Kindern wohl überfordert war; vom Vater, den sie irgendwie bewunderte, der aber nie da war und wenn, dann als dominanter Patriarch, mit dem sie nicht sprechen oder sich austauschen konnte. So erlebt Katja sich dem Bericht nach als älteste Tochter einerseits ausgenutzt wie ein Hausmädchen, das die Mutter zu unterstützen hat. Andererseits wird ihr darüber auch viel zugetraut. Zumindest scheint Katja sich mit diesem Zutrauen und mit der Zuschreibung von Tüchtigkeit durch den Vater identifiziert zu haben. Im Unterschied zur Mutter, die weitgehend unbeschrieben, blass und entwertet erscheint – sie erwähnt die Mutter im Interview direkt überhaupt nur an drei Stellen –, bekommt der Vater deutlich mehr Raum in ihrer Erzählung. Sie beschreibt ihn als sehr ehrgeizigen, sehr tüchtigen Mann, wobei sie verächtlich anmutend erwähnt, dass er – ideologisch – alle zehn bis fünfzehn Jahre seine Meinung geändert habe und dann auch immer was anderes erzählen würde. Ihre Haltung zum Vater schwankt zwischen

10 Deckerinnerungen sind eine Kompromissbildung zwischen verdrängten Elementen und der Abwehr: »In ihnen ist nicht nur einiges wesentliche aus dem Kindheitserleben erhalten, sondern eigentlich alles Wesentliche, was unbewusst geblieben ist. Man muss es nur durch die Analyse übersetzen« (Laplanche & Pontalis, 1998, S. 113).

Bewunderung und Anerkennung, wobei sie ihm auch etwas Heldenhaftes zuschreibt. Zugleich erscheint er als ein Mann, der wenig Väterliches hatte, der nicht erreichbar war, hart, rücksichtslos, brutal in seinen Mitteln, sich durchzusetzen. In ihrer Kritik am Vater wird ein tiefer Groll spürbar, was ich als Ausdruck dafür verstehe, wie sehr sie mit dem Vater befasst war, mit ihren Wünschen an ihn, aber auch mit ihrer Enttäuschung durch ihn.

Auffallend ist, dass Katja das Verhalten beider Eltern nicht in Verbindung bringt mit deren Lebensgeschichte und Erfahrungen und auch deren Verantwortung während NS-Zeit und Krieg. Mir stellt sich die Frage, ob sie getrennt und unverbunden nebeneinander stehen und unhinterfragt bleiben müssen – so, als gehe es um Ereignisse und Erfahrungen, an deren Bedeutung nicht gerührt werden darf.

Katjas Vater ist das uneheliche Kind einer Mutter, die »Halbjüdin« war, und eines SS-Manns. Alles Weitere bleibt unklar, so auch die Frage, wie der Vater seinen Vater und diese Situation erlebt hat. Wie Katja bleibe auch ich als Zuhörerin auf meine Fantasien angewiesen, fast sprach- und ideenlos. Ich fühle mich ein wenig wie zu Beginn des Interviews, als mir keine Fragen eingefallen sind. Erst im Nachhinein fallen mir Fragen ein, zum Beispiel die nach der Einstellung und nach dem Verhalten des Vaters im Krieg, Fragen nach seiner SS-Mitgliedschaft, die an eine Verbindung zu seinem SS-Vater denken lässt. Ich frage mich, wer der Vater der anderen Brüder sei und ob das rigide, diktatorische Verhalten des Vaters als Wiederholung im Sinne des Wiederholungszwangs verstanden werden kann, um darüber sein traumatisches Erleben vielleicht als Kind dieses SS-Vaters bewältigen zu können. Fragen, die auch von Katja nicht gestellt werden: »Wir reden nicht mehr politisch, das geht überhaupt nicht, und mit mir schon gar nicht«. Auffallend ist, dass es keine Fragen zur Mutter gibt, denn auch deren Lebensgeschichte bleibt unklar. Deutlicher wird nur die nach Schuld und Mitschuld bezüglich der Übernahme jüdischen Eigentums. Offen bleibt auch, welche Einstellung die Mutter oder beide Eltern zu den Schwangerschaften und vor allem auch zu den Fehlgeburten hatten. Zumindest ist bemerkenswert, dass Katja sich später für diese Themen, für den § 218 und im Auschwitz-Komitee, politisch engagiert.

Auf diesem Hintergrund gehe ich davon aus, dass die Eltern ihr eigenes traumatisches Erleben und die damit verbundenen Gefühle, wohl Angst, Ohnmacht, Schuld und Scham, in sich verschlossen haben, die dann für die eigene Entlastung über den transgenerativen Weg unbewusst an Katja weitergegeben wurden.[11] Hinzu kommt, dass die Flucht aus der DDR, aus ihrer kindlichen Heimat, insbesondere die Zeit und die Erfahrungen danach, für Katja ein Ereignis mit traumatischer Wirkung gewesen ist (vgl. Keilson, 1979)

Im Text erscheint Katja lebendiger, als sie über die Zeit nach der Flucht berichtet. Wut, Ärger, aber auch Trotz, ihre Freude an Widerstand und Rebellion, zunächst gegen Autoritäten, wie gegen die Lehrerin, werden spürbar.

Stelle ich mir Katja als älteste Tochter von Eltern vor, die emotional nicht erreichbar waren, dann taucht hinter dem trotzigen, rebellischen elfjährigen Mädchen das Bild eines einsamen, überforderten und zugleich starken Mädchens auf, das an die »Rote Zora«[12] denken lässt. Ein Mädchen, das der Willkür trotzt und dagegen rebelliert.[13]

In der Interviewpassage über die Adoleszenz spricht Katja auffallend schnell, hastig und druckvoll. Ich kann ihr nur schwer folgen. Meine kurzen Zwischenfragen verstehe ich im Nachhinein als Orientierung für mich, aber auch als Möglichkeit ihren Redefluss zu unterbrechen, so als wäre das, was und wieviel Katja in dieser Zeit gemacht und ausprobiert hat, zu viel, und ich müsse sie begrenzen.

Deutlich spürbar wird Katja in ihrer Empörung über die Eltern und deren autoritäres Regime. Spürbar wird ihr Trotz dagegen. Auffallend dabei ist, dass sie die Mutter wieder nur nebenbei erwähnt, und ich frage mich, ob das auch als eine Abwehr von Schuld zu verstehen ist, ob es für Katja schuldvoller sein könnte, eine als schwach empfundene Mutter anzugreifen als einen starken Vater.

Der Trennungs- und Lösungsprozess von den Eltern, der auch entwicklungsbedingt zu sehen ist – Katja ist zu dieser Zeit 16 Jahre alt –, mündet schließlich in eine dramatische Flucht vor und von den Eltern. Mir kommt der Gedanke, ob Katja mit dieser Flucht ihr kindliches Fluchttrauma wiederholt und ob sie darüber als aktiv Handelnde ihr Leben wieder zusammenfügt und es sich aneignet. Hinter dem fast atemlosen Erzählfluss wird Katjas Konflikt spürbar: einerseits ihr Drang nach Freiheit und Unabhängigkeit und der

11 Da die Vermittlungsdynamik einem unbewussten Prozess unterliegt, folge ich der Erfahrung, dass alle Mitglieder einer Familie auf unterschiedliche Weise Trägerinnen von transgenerativ vermittelten Traumen sind.

12 Zora ist die Heldin des Kinderbuchs von Kurt Held: »Die rote Zora und ihre Bande« (1941).

13 In diesem Sinne verstehe ich auch die Erinnerung an die Auseinandersetzung mit dem Jungen in der Grundschule darüber, wer recht oder unrecht hat, als Deckerinnerung, in der diese Dynamik von Katja wohl gebündelt ist.

Wunsch, sich darin auszuprobieren, und zugleich ihre Angst davor, Halt und Orientierung zu verlieren. Dem Aspekt nach findet sie in den Gruppen das, wonach sie sucht.

Als sie davon erzählt, erscheint sie mir weniger distanziert, sondern sehr lebendig. So sagt sie über die spontanen Versammlungen im Zusammenhang mit dem Tod von Benno Ohnesorg, dass sie es ganz schön gefunden habe, »wenn ganz viele Leute was zusammen gemacht haben«. Oder über ihre Gruppenselbsterfahrungen: »Wir haben ganz interessante Sachen gemacht, da bin ich heute auch ganz dankbar«. Ich hingegen erschrecke, wenn sie begeistert über die Methoden des Rollenspiels, die mir brutal erscheinen, und ihre Dankbarkeit dafür berichtet. Mir kommt es vor, als inszeniere sich in unserem gegensätzlichen Erleben ein Mechanismus, der Zweifel und Ambivalenzen ausschließt und dabei psychisch ordnen hilft, das heißt, Halt und Orientierung bietet. Rigiden Strukturen ist dieser Mechanismus inhärent, er hat aber auch etwas Faszinierendes. Das Gefühl von Sicherheit und Macht als Puffer gegen Unsicherheit, Zweifel und Ohnmacht. In ihrem Drang nach Freiheit und Unabhängigkeit entscheidet sich Katja gegen massive Widerstände von Seiten der Eltern für ihre Neugier auf die Welt, dafür, sich im Sinne des »adoleszenten Probehandelns« auszuprobieren. Dabei erzählt sie von dramatisch schrecklichen Erfahrungen, die an Selbstbestrafung denken lassen, aber sie erfährt auch, dass sie sich ganz gut durchgebissen habe. Katja spricht darüber distanziert, so, als ginge es nicht um sie, als wäre sie nicht das Subjekt ihres Handelns und daher auch nicht verantwortlich. Auffallend ist die Härte und Gnadenlosigkeit, mit der Katja über sich spricht, und mir kommt der Gedanke, ob sie sich, in Identifikation mit der väterlichen Härte, auf diese Weise für ihren Ungehorsam auch verurteilt.

So gesehen bekommt die Entscheidung, sich in die rigiden Strukturen der KPD/ML zu begeben, eine Folgerichtigkeit: »Das war ja dann alles in geregelten Bahnen«, bemerkt sie dazu, was erleichtert klingt, als hätte sie nun die Familie, die Heimat gefunden, nach der sie gesucht hat.

Wieder erschrecke ich über den ideologisch begründeten Umgang mit Menschen und Beziehungen, über ihren Sarkasmus, der wie ein Kommentar zu ihrem Handeln anmutet. Ich frage mich, ob ich, projektiv vermittelt, das spüre, was Katja mit Hilfe ihres Sarkasmus von sich fernzuhalten versucht, weil es sonst kaum erträglich wäre. Auffallend ist, dass vor allem in dieser Passage des Interviews Menschen und Beziehungen nur eine funktionale Bedeutung haben. Katja bekommt Kinder von Männern, ohne dass diese oder die Beziehungen zu ihnen erlebbar werden. Eine Ausnahme erscheint die

Beziehung zu S. Debus. Als Katja über dessen Tod spricht, wird ihre Trauer um ihn ebenso spürbar wie ihr Schuldgefühl, sich nicht um ihn gekümmert zu haben. In diesem Zusammenhang kann ihr späteres Engagement in der Gefangenenhilfe wie eine Gutmachung gesehen und verstanden werden.

Es hat den Anschein, als biete die KPD/ML Katja eine Art Heimat, die ihr wohl durch die Flucht aus der DDR, aber auch von der Familie verloren gegangen ist. Die KPD/ML beschreibt Katja als eine Organisation mit einer idealisierten Ideologie und einem rigiden, unmenschlichen Regime. Der Gedanke an eine Wiederholung dessen, wovor sie von den Eltern geflohen ist, drängt sich auf. Zumindest ist eine Ähnlichkeit mit der Beschreibung ihrer biologischen Familie auffallend. Außerdem hat es den Anschein, als müsse sie in Identifikation mit dem Vater und dessen Ansprüchen und Erwartungen beweisen, dass sie diese erfüllen und darüber hinaus mehr kann als beide Eltern zusammen. Katja bekommt in dieser Zeit drei Kinder, sie entscheidet sich, alleinerziehend zu bleiben und Karriere zu machen.

Es mutet an wie ein Autonomieprozess, zu dem auch gehört, dass sie sich von der Partei löst und 1979 austritt. Anders als die Trennung von den Eltern beschreibt sie die Ablösung von der KPD/ML als einen allmählichen und auch schmerzlichen Prozess[14]: »und war dann ... völlig heimatlos.«

In den Neunzigerjahren scheint Katja durch die Wiedervereinigung wiedergefunden zu haben, was ihr durch die Flucht genommen wurde und verloren ging: »Ich habe auch eine Liebe zu diesem Land.«

Wenn Katja abschließend bemerkt: »Ich fühle mich dieser Arbeit zwar ausgeliefert und finde es zu viel, ... aber ich fühle mich für mich (...) selbstsicher und stark«, erlebe ich sie sehr mit sich verbunden und bin berührt.

14 Dieser Prozess wird sicher gesellschaftlich dadurch unterstützt, dass sich in dieser Zeit die linken Organisationen insgesamt in einem Auflösungs- und Veränderungsprozess befunden haben.

VII. Die Interviews – Vom Verharren zum Aufbruch in den Widerstand

1. Sabine Breustedt

Die Frage, was mein Elternhaus und meine Kindheit mit meinem politischen Engagement zu tun hat, hat mich selbst schon oft beschäftigt. Ich glaube, dass da bereits viele Wurzeln gelegt worden sind.

Ich komme aus einem sehr behüteten und sehr liebevollen Elternhaus. Beide Eltern waren weltoffen und hatten eine liberale Einstellung, aber sie waren auch sehr gluckig …

T: Wann bist du geboren?

Ich bin 1949 geboren in der ehemaligen DDR und ich war das erste Kind meiner Eltern. Ich habe noch einen Bruder, der ist 1953 geboren. Als ich acht Jahre alt war, sind wir in den Westen gegangen. Das habe ich sehr bewusst erlebt. Bis heute ist diese kleine Stadt am Harz, Wernigerode, für mich der Inbegriff von Heimat. Das hat sich sicher auch ein Stück weit verklärt, aber dieses Haus und dieser Garten und die Großeltern … das ganze Drumherum, ja, kann ich nur noch mal sagen, Heimat. Auf der anderen Seite habe ich aus dieser doch frühen Kindheit deutliche Erinnerungen an wichtige politische Ereignisse, zum Beispiel an 1953.[1] *Ich weiß nicht, ob das eigene Erinnerungen sind oder was mir darüber erzählt worden ist. Auf jeden Fall habe ich ein ganz klares Bild davon, dass das sehr gefährlich war, dass ich nicht rausdurfte, dass unser Untermieter, den wir damals hatten, kurzfristig verhaftet war und meine Eltern sich Sorgen gemacht haben. Und dass mein Vater, der immer Tagebuch geführt hat, seine Tagebücher im Garten vergraben hat. Das hat er mir natürlich später erzählt. Und das Nächste, was ich erinnere, das war 1956 der Aufstand in Ungarn. Bis heute sehe ich vor mir, wie mein Vater buchstäblich ins Radio kriecht und wir Kinder nichts sagen durften …*

1 Gemeint ist der Aufstand am 17. Juni 1953 in der DDR.

T: Wie alt waren deine Eltern?

Mein Vater ist 1917 und meine Mutter 1924 geboren.

Ich würde meine Eltern beide als bürgerliche Antifaschisten bezeichnen. Und wenn ich mal darüber nachdenke, was ich an Auseinandersetzungen mit der Nazizeit und Wissen über die Nazis mitbekommen habe, dann eigentlich mehr durch mein Elternhaus als durch die Schule. Dabei bin ich von denen nicht indoktriniert worden oder wie man das so sagen kann. Eigentlich haben die nicht besonders Einfluss genommen. Das habe ich irgendwie so mitbekommen.

Mein Vater hat immer sehr gerne moderne Musik gehört, zum Beispiel Gershwin und Jazz. Und wenn ich gesagt habe, dass ich das schön finde, hat er nur gesagt, stell dir vor, das haben die Nazis verboten. Wahnsinn. Mein Vater ist ein sehr intellektueller Mensch und das hat ihn alles sehr aufgeregt. ... Wir haben auch darüber gesprochen, meine Mutter mit Einschränkungen, aber mein Vater, der sieben Jahre älter ist, hat gesagt, es kann eigentlich keiner sagen, er hätte das nicht gewusst, das stimmt nicht ... die wollten nichts sehen. Und er hätte immer darunter gelitten, dass er sich nicht getraut hätte, was zu sagen, zum Beispiel als er in Köln als Student mal einen brutalen Übergriff auf die Synagoge gesehen hat. Das belastete ihn noch lange.

Mein Vater war sehr totalitarismusfeindlich und das hat dann später auch zu Konflikten mit meinen Eltern geführt. Mein Vater war ein Mensch, der nach dem Krieg und in den 50er-Jahren der DDR ganz abwartend gegenüberstand. Er war nicht von vornherein feindselig. Als wir dann im Westen waren, wurde er sogar teilweise als Salonkommunist beschimpft, weil er nicht bereit war, alles in der DDR in Bausch und Bogen schlechtzumachen und zu verurteilen. Aber er war sehr gegen Stalin und auch später gegen ... also er war sehr gegen dieses Kopfabgeben und diese Enge.

T: Was hat dein Vater beruflich gemacht?

Mein Vater hat Wirtschaftswissenschaften studiert, was eigentlich gar nicht seinem Wunsch entsprochen hat. Sein eigener Vater ist gestorben, als er 18 Jahre alt war. Er hat dann eine Banklehre gemacht und darauf aufbauend Wirtschaftswissenschaften studiert. Seine eigentlichen Interessen lagen aber auf einem ganz anderen Gebiet, zum Beispiel hat er sich sehr für Sprachen und Literatur interessiert. Nachdem ich mich später näher damit beschäftigt habe, habe ich festgestellt, dass ich ein Stück weit auch die Träume meines Vaters gelebt habe, zum Beispiel, indem ich Sprachen studiert habe. Das musste ich erst mal, na, wie soll man sagen, richtig auf die Reihe kriegen, was nun seins und was meins ist. Inzwischen weiß ich, was meins ist ...

T: Und deine Mutter?

Meine Mutter ist, ja, das wird schon deutlich, dass mein Vater mich wesentlich mehr geprägt hat. Meine Mutter ist eine liebevolle und warmherzige Frau, aber sie ist auch sehr ängstlich. Und dieses Gluckige und Behütende, das verkörpert sie ganz stark. Das kann in mancher Hinsicht auch was Gutes sein, aber ich denke, mein Vater hat mehr Zivilcourage, er ist kontakfreudiger und offener als sie. …

T: Hast du noch Erinnerungen an deine Kindheit in Wernigerode?

Was ich noch sehr gut erinnere, ist, dass wir eine gute Nachbarschaft hatten, also, dass wir Freunde hatten und dass viel gefeiert wurde (…) und dass … na ja, dass es sicher auch Konflikte gab. Ich weiß zum Beispiel, dass ich mal weggelaufen bin von zu Hause. Ich habe mich in einem Hinterhof versteckt und mich daran ergötzt, dass meine Eltern sich Sorgen gemacht haben. (…) Mein Vater hatte damals … eine relativ hohe Funktion in einem Betrieb in Wernigerode, er war kaufmännischer Leiter und musste deshalb auch in die SED. Was heißen musste, (…) er ist aus Karrieregründen Mitglied in der SED geworden. Und das war auch ein Punkt, mit dem er immer gehadert hat. Aber er hat das gemacht und er fand auch die Arbeit in der Partei interessant, wo es intelligente Menschen gab … (…) Ich kann mich noch gut daran erinnern, dass er immer wahnsinnig gestöhnt hat, weil er jetzt wieder zu einer Parteiversammlung musste (…) zum Beispiel am 1. Mai zur Kundgebung …

Und ich durfte nicht mit und dann bin ich mal ausgerissen und wollte mir auf eigene Faust die Demonstration angucken.

Und dann haben mich Kollegen meines Vaters am Rand stehen sehen und mich einfach mitgenommen.

T: Das hat dir auch gefallen?

Ja, halt so eine Mischung. Es hat mich interessiert, was die Leute da machen, und trotzdem hatte ich auch Angst, das wurde mir von meiner Mutter vermittelt, dass das was ganz Schlimmes sei, von zu Hause wegzulaufen und allein irgendwo hinzugehen. Andererseits durfte ich als Sechsjährige allein lange Entfernungen zurücklegen, zum Beispiel zum Friseur gehen oder zu Bekannten.

T: War deine Mutter auch politisch tätig?

Meine Mutter war im BDM. Anfangs wäre das romantisch und eine schöne gemeinsame Erfahrung gewesen, wie sie die Mädchen eingefangen hätten. Sie hat aber auch an bestimmte Sachen geglaubt. Der Krieg und das ganze Schreckliche, das sie da gesehen hat, hat bei ihr dazu geführt, dass Politik an sich für sie etwas Schlechtes gewesen ist und dass man sich da rauszuhalten hätte. Das war immer ihre Angst, die sie mir gegenüber hatte und auch die Vorwürfe, die sie mir dann später gemacht hat.

Als Kind habe ich zum Beispiel erlebt, dass sie nie mitbekommen hat, wenn über was Politisches geredet wurde. In der Nazizeit hat sie diese Art von Spruchbändern nie wahrgenommen und völlig ausgeblendet. In der DDR war es ja auch so, dass überall an den Straßenrändern und an den Gebäuden Parolen plakatiert wurden.

Ihre Aversion gegen diese Plakate hat sie im Westen dann gegenüber Werbung beibehalten. Heute als alte Frau sieht sie Politik ganz anders. Sie kritisiert vieles an der Politik der Kohl-Regierung.

T: Bist du noch in der DDR eingeschult worden?

Ja, ja, ich war in der zweiten Klasse und habe da sogar Clara Zetkin gesehen, die war mal in unserer Schule.

T: Die war dir ein Begriff?

Ja, ja. Ich wollte auch zu den Jungen Pionieren, weil viele dahin wollten, und das durfte ich nicht. Das fand ich nicht gut.

T: Warum sind deine Eltern aus der DDR weggegangen? Und wie hast du das erlebt?

Sie sind wegen der geistigen Enge weggegangen. ... Mein Vater hat immer gesagt, am meisten war es dieses Eingesperrtsein, was wir nicht mehr wollten. Und das glaube ich auch, denn er ist seitdem unendlich viel gereist.

Für mich ist unser Weggang ein unheimlicher Einschnitt gewesen, das weiß ich noch. Ich glaube, dass ich zum Teil damit überfordert gewesen bin.

T: Und wie war das für dich? Du warst ja gar nicht darauf vorbereitet.

Ja, wir durften das ja gar nicht wissen, das war viel zu gefährlich. Für mich war das so eine Mischung ... Ich habe mal in alten Schulheften, die meine Eltern aufgehoben hatten, einen Aufsatz gefunden, da war ich in der 3. oder 4. Klasse. Das Thema war: »Über meine

Freundin«. Ich habe über eine Freundin aus Wernigerode geschrieben. Da war zwischen den Zeilen ganz viel Trauer, weil ich sie nicht mehr sehe und treffen konnte. Das hat mich erstaunt, als ich das gelesen habe. Und ich erinnere mich noch an die erste Zeit im Westen, als wir noch keine eigene Wohnung hatten. Wir wohnten in einem winzigen Haus in Essen bei Verwandten, beim Bruder meines Vaters und seiner Familie. Die waren selbst erst vor ein paar Jahren aus der DDR weggegangen und es war sehr beengt. Wir hatten mit vier Kindern ein winziges Zimmer, aber es war trotzdem toll, wir Kinder in einem Zimmer. Von meiner Mutter weiß ich, dass es da auch Reibereien wegen der Erziehung gegeben hat. Ich hätte zu viel gedurft und sei zu vorlaut. Ich fand das spannend mit der neuen Schule. Wir waren da ungefähr ein halbes Jahr, länger nicht. (...)

In Essen haben wir in einer Bergarbeitersiedlung gelebt, meine Mutter mit uns Kindern, weil mein Vater zu dem Zeitpunkt bei Borgward in Bremen war und wir dort erst einmal keine Wohnung hatten. Dann sind wir nach Bremen gezogen und mein Vater hat sehr schnell begriffen, dass die Firma pleite gehen würde. Er ist dann da weg und hat sich auf eine Stelle bei einem Stahlwerk in Salzgitter beworben. Meine Eltern wären gern in Bremen geblieben, ich glaube auch, weil sie zur Ruhe kommen wollten. Sie hatten aber auch schnell interessante Menschen kennengelernt und mochten die Stadt sehr. Mein Vater bewarb sich auf eine Stelle in einem Werk in der »norddeutschen Stahlindustrie«. Die Stelle stand im »Weser-Kurier«. Der Schreck war groß, als das Hüttenwerk nicht die Klöcknerwerke in Bremen, sondern ein Stahlwerk in Salzgitter war. Niemand von uns wollte aus Bremen wegziehen, aber schließlich zogen wir doch nach Salzgitter.

Obwohl wir eigentlich noch in Bremen wohnten, musste ich die Aufnahmeprüfung für das Gymnasium in Salzgitter machen. Ein Vierteljahr, bevor die Gymnasialzeit anfing, bin ich für eine Woche zu einem Probeunterricht in Salzgitter gewesen und habe mit meinem Vater in dessen Untermieterzimmer gewohnt.

Von 1959 bis 1967 bin ich in Salzgitter zum Gymnasium gegangen. Später habe ich oft darüber nachgedacht, dass mir diese Jahre so ereignislos und ein bisschen leer erscheinen, im Vergleich zu dem, was vorher gewesen ist.

In Wernigerode und in Essen war ich auf der Grundschule, in Bremen ein ganzes Jahr lang und in Salzgitter auch noch mal ein Vierteljahr, und dann war ich eine ganze Zeit lang auf einer Schule, das fand ich gut. Meine Eltern wollten dann noch einmal umziehen, da habe ich mich sehr eingemischt, weil ich nicht schon wieder die Schule wechseln wollte. Ich glaube, dass es zwei Seiten bei mir gab. In meinen Zeugnissen stand immer, und das vermittle ich auch, dass S. keine Schwierigkeiten mit der neuen Situation hätte. Ich habe zwar immer sofort Freundinnen gefunden, aber in Wirklichkeit hatte ich schon Probleme ... die ich gar nicht so zeigen konnte, weil ich meine Eltern nicht auch noch zusätzlich belasten wollte. Letzten Endes war es alles ziemlich viel ... Und trotzdem war es auch irgendwie anregend und spannend ...

T: In Salzgitter seid ihr dann geblieben?

Ja, und dann ist alles in meinen Augen zu sehr zur Ruhe gekommen. Ich hatte, kaum dass ich das Abitur in der Tasche hatte, nichts Eiligeres zu tun, als zwischen mich und meine Eltern erst einmal eine Distanz von 1000 Kilometer zu legen. Ich wollte unbedingt nach Frankreich und war in Paris Au-pair-Mädchen. Heute weiß ich, dass ich das wirklich gebraucht habe, um mich abzunabeln und von dieser sehr starken emotionalen Bindung und diesem ganzen Nestigen wegzukommen.

T: Ging das von deiner Mutter aus?

Schon von beiden. Mein Vater war auch unheimlich gluckig. Und meine Mutter hatte auch eine Art Depression, als ich gegangen bin. Sie hat mir das später mal erzählt. Mein Bruder war zu dem Zeitpunkt 14 und wollte alles andere, als sich mit der Mutter unterhalten. Ich habe das immer gemacht, von vorwärts nach rückwärts geredet, und da war ein großes Loch, als ich gegangen bin … Und dann hat sie wieder angefangen, berufstätig zu sein.

T: Es klingt, als seist du als Jugendliche nicht sehr widerständig gewesen.

Überhaupt nicht, im Gegenteil. Das Widerspenstige fing an mit dem politischen Engagement. Anfangs hatte ich noch die Illusion, dass sie das doch verstehen müssten. Aber als das dann so einen kommunistischen Drall kriegte, war es aus, das ging nicht, da war es aus und vorbei. Ich hätte zum Beispiel nie in die DKP gehen können, wenn ich im Westen aufgewachsen wäre. Weil das, das war einfach zu belastet …

T: Wann bist du in Frankreich gewesen?

Das war 1967. Da war ich eben 18 Jahre alt. Das habe ich einerseits als ganz schlimm erlebt, weil ich plötzlich auf mich allein gestellt war. Ich wohnte nicht bei der Familie, für die ich als Au-Pair-Mädchen gearbeitet habe, sondern in derselben Straße im Nachbarhaus, im Keller, da war ein langer, düsterer Gang, in dem hat auch mal ein wildfremder Mann versucht, mich zu vergewaltigen. Schwierig war, dass ich erst die Sprache lernen musste, da ich kein Französisch in der Schule hatte, ich konnte nur ein paar Brocken. Ich hatte Latein und Englisch …

T: Wie denkst du heute darüber?

Es war schwierig, das denke ich heute noch, obwohl ich eine nette Familie hatte.

Dennoch war es, glaube ich, richtig ein traumatisches Erlebnis, als sich dieser Mann auf mich gestürzt hat. Ich war so unbedarft und habe mich so schutzlos gefühlt ...

Ich habe das niemandem erzählt, nicht meinen Eltern, nicht der Familie, weil ich dachte, dann muss ich zurück nach Hause, und das wollte ich auch nicht ...

T: Du wolltest durchhalten?

Ja, jaja. Und ich hatte so einen Freund, der in derselben Klasse war, der hat mich unheimlich gern gehabt und ich ihn auch. Ich war acht Monate in Paris, und er hat mir jeden Tag einen Brief geschrieben. Am Schluss hatte ich einen ganzen Koffer voller Briefe und ich habe mich dann auch per Brief von ihm getrennt. Ich glaube, weil er irgendwie zu allem gehörte, wovon ich mich distanzieren wollte, obwohl ich es doch auch unglaublich vermisst habe. Ich habe nur gesessen und geheult, weil ich eigentlich gar nicht weg wollte, und trotzdem musste es sein ...

Heute denke ich, alle Achtung ...

Ja, und dann ... eigentlich wollte ich immer Bibliothekarin werden, das war immer mein Berufswunsch, und Französisch lernen. Das hat mir Spaß gemacht. Und dann habe ich mich entschlossen, Lehrerin zu werden, und habe noch Englisch dazu genommen. In den Ferien habe ich in England gearbeitet. In Paris habe ich eigentlich den zentralen Anschub zu meinem politischen Engagement bekommen, im Mai 68. Damals war ich überall dabei, ohne richtig zu begreifen, worum es ging. Aber ich war bei vielen Diskussionen dabei. Ich hatte Angst vor diesen Straßenschlachten, aber trotzdem stand ich da und fand das total aufregend. Ich habe da viel gesehen. Meine Eltern waren panikartig, wollten mich abholen, weil ja auch keine Züge mehr fuhren und es kein Benzin gab. Und das war eigentlich der erste große Streit, weil ich mir ihre Einmischung verbeten habe und gesagt habe, bleibt, wo ihr seid, ich bleibe hier. Ich habe gedacht, die können mich doch hier jetzt nicht wegholen, das war viel zu spannend. Sie haben dann kein Machtwort gesprochen und mich nicht weggeholt, obwohl ich erst 18 Jahre alt war und noch nicht volljährig.

T: Was war so spannend für dich?

Ich denke, diese Aufbruchstimmung, was da alles so rüberkam. Es waren wirklich Menschenmassen damals unterwegs.

Es waren ja nicht nur die Studenten, es waren ja auch die Arbeiter ... es waren Hunderttausende, und das fand ich wirklich toll. ... Ich erinnere mich (...) zum Beispiel an eine Diskussion im Theater. Und plötzlich waren alle Ränge voll mit Publikum und es wurde diskutiert. Endlos, und ich habe wenig verstanden.

Aber trotzdem, ich fand es sehr aufregend.

Im Wintersemester 68/69 habe ich dann angefangen zu studieren.

Im Oktober 68 war ich auf einer Vollversammlung von Französisch-Studenten hier in Hamburg, und obwohl ich das alles nicht so richtig verstanden habe, habe ich mich gemeldet und gesagt, ich sei jetzt erst zehn Tage an der Uni, aber das und das sei mir schon aufgefallen und das gefalle mir überhaupt nicht. Daraufhin kriegte ich tosenden Beifall, ich war platt, setzte mich hin und konnte das gar nicht recht fassen. Und dann wurde ein Fachschaftsrat gewählt und das Übliche und dafür wurden auch Leute gesucht. Dann kamen sie auf mich zu und fragten: Hast du nicht Lust? Du hast doch so viel kritisiert, was wir auch richtig finden, würdest du mitmachen? Und ich habe ja gesagt, warum nicht.

Und dann bin ich gleich da rein und dann fing das mit der Fachschaft an. Zu der Zeit war die Parole: »Studentenvertreter trinken keinen Tee.« Das war die Abgrenzung zur vorherigen Generation, die beim Tee mit Professoren und Dozenten Änderungen erreichen wollten. Und dann fing ich an, mir fleißig Gedanken zu machen, welche und was alles verändert und abgeschafft werden müsse. Und in diesen Universitätsgremien, in denen es ein oder zwei studentische Vertreter gab, musste ich erfahren, dass das, woran ich Abende gesessen und diskutiert hatte, mit einer Mehrheit von Dozenten und Professoren vom Tisch gefegt wurde. Damals gab es noch keine Parität von Professoren und Dozenten. Um uns durchzusetzen, haben wir dann Aktionen gemacht, zum Beispiel Türen ausgehebelt und umgeräumt und Bücher umgestellt, um die Standardwerke, die ständig ausgeliehen waren, an Ort und Stelle lesen zu können. Eigentlich war das eine absolut harmlose Aktion, die keinem Menschen geschadet hat, aber sie hatte den Geruch von Rebellion.

Na ja, und dann, das hat sicherlich eine starke Rolle gespielt … habe ich mich verliebt, bzw. hat er sich in mich verliebt. Er war damals AStA-Vorsitzender und studierte eigentlich Französisch, machte aber nur viel Politik im SDS. Ja, in diese Zeit fiel dann auch die Gründung des KB, und damit fing auch dieser ganze Mythos an …

T: Was hat dich am KB so fasziniert?

Ja, das habe ich mich auch oft gefragt.

Ich denke, ich wollte massive gesellschaftliche Veränderungen, weniger Hunger und Elend in der Welt, mehr Gerechtigkeit. Das hätte ich auch mit der SPD machen können, meine Eltern haben SPD gewählt, aber die kam für mich überhaupt nicht in Betracht.

Ich wollte mit Menschen diskutieren, die wirklich anderer Meinung waren. Gut, ich habe Flugblätter verteilt, aber dabei gab es keine Auseinandersetzungen, das war immer nur so ein Schlagabtausch, das war nicht das, was ich unter einer wirklich echten Kontroverse verstehen würde. Vielleicht haben andere das gekonnt, ich konnte das damals noch nicht ... Ich weiß auch, dass ich in Situationen, da gab es schon den SSB, immer Angst davor hatte, dass es kontrovers zugehen könnte. Zum Beispiel, wenn ich etwas laut gesagt habe (lacht), dann musste ich mich den Kandidatenbefragungen stellen. Da wurde man ganz schön in die Mangel genommen.

T: Was hat dir die Organisation geboten?

Ich weiß es nicht, ich kann es gar nicht so sagen. Eigentlich schien mir das, was ich da in Paris erlebt habe, dieses ganze Außerparlamentarische, viel attraktiver als so ein eingefahrener Laden, wie bei meinen Eltern, bei meinem Vater, davon wollte ich mich ja gerade absetzen.

T: Das bedeutete dann ja, dass du dich über die Organisation noch mal mit deinen Eltern auseinandergesetzt hast.

Ja, genau, ich denke, dass es diese Funktion auch hatte.

Ich muss nochmal sagen ... in Paris war ich zum Beispiel unheimlich schockiert von dem, was ich gesehen habe, so damals in den Vororten am Stadtrand ... arabische und afrikanische Arbeiter in Hütten aus Wellblech oder Pappe und dann diese Anmache von irgendwelchen Männern auf Schritt und Tritt und diese sehr brutale Seite von der Polizei. Da dachte ich, warum hat mir das keiner gesagt? Damals ... da hat sich das so vermischt, glaube ich, Einsamkeitsgefühle und Überforderung mit so einem Leiden in der Welt. Das geht mir bis heute so, dass, wenn ich Artikel gelesen habe oder Fotos gesehen habe, zum Beispiel von Kindern, die hungern, Kindern mit aufgequollenen Bäuchen, oder wenn ich gelesen habe, dass irgendwo auf der Welt jemand verhungert, dann habe ich gedacht, das ist verrückt auf der Welt, das kann ich nicht aushalten. Darunter habe ich sehr gelitten und eigentlich tue ich das bis heute. Das wurde durch des totale politische Engagement und das Theoretisieren der gesellschaftlichen Verhältnisse überdeckt. Ich konnte mich damit beruhigen, dass ich ja was dagegen tue, zum Beispiel, wenn ich Geld spende oder so was. Damals hatte ich zumindest das Gefühl, dass ich diese Welt aus den Angeln hebe, diese unheimliche Arroganz der Jugend oder auch positiv ausgedrückt diese gebündelte Stärke durch die Organisation.

T: Du hast ja auch geglaubt, dass du das kannst.

Ja, und dass ich das noch erlebe, dass die Welt gerechter gestaltet wird …

T: Du bist ja sehr aktiv im KB gewesen?

Ja und nein. Ich war gar nicht so aktiv, zumindest nicht in vorderster Front. Das denken immer viele Leute wegen meines Berufsverbotes. Im Grunde war ich immer ein braves Mitglied in der zweiten Reihe und bin nicht weiter aufgefallen. Ich war seit 1970 im KB, als der »Arbeiterkampf« als Zeitung gegründet wurde. Dafür musste eine richtige Technik eingerichtet werden, das konnte nicht mehr mit so einfachen Mitteln gemacht werden wie mal eben ein Flugblatt auf der Schreibmaschine. Dafür wurden Leute gesucht, die setzen können … und ich bin angesprochen worden, ob ich das machen könne … Die hatten, glaube ich, gut geblickt, dass ich verbindlich bin und sehr (lacht) leicht auch auszubeuten, und auch fleißig bin. Und dann wurde ich gefragt, ob ich bereit bin, diesen ganzen Bereich aufzubauen und mich dafür selbst bei IBM schulen lassen würde. Wenn ich dem zustimme, wurde mir angeboten, dass ich dann im SALZ organisiert werden könnte, das war der »proletarische Bereich der Organisation«, in dem die viel kritisierten kleinbürgerlichen Wurzeln getilgt werden konnten. Dadurch wurde man praktisch geadelt. Na, ja, dann habe ich das gemacht. In der Anfangszeit des »Arbeiterkampfs« habe ich die Zeitung immerhin ganz alleine gesetzt, nachdem ich unter falschem Namen bei IBM eine Schulung an den neuen Kugelkopfgeräten gemacht habe …

T: Du hast den »Arbeiterkampf« ganz allein gesetzt?

Ja, und dann zusammen mit einer anderen Genossin … dann haben wir beide das eben alleine gemacht.

Das war am Anfang, und dann haben sie andere dazu gefunden. Ich habe ja unheimlich viel gemacht. Ich war zum Beispiel jahrelang an der Norddeutschen Affinerie, weil das mein Betrieb war …

T: Dein Betrieb?

Ja, mein Betrieb, vor dem stand ich. Wie der »Wachtturm«, morgens um Viertel nach fünf Uhr war ich zur Stelle. Wenn ich da heute dran denke, dann muss ich grinsen. Ich habe mich dann auch mit irgendwelchen Arbeitern verabredet, weil ich überzeugt war, dass das ein Sympathisant sein könnte. Den wollte ich für den KB gewinnen. (…)

Ich habe vor der Schule gestanden und abends und am Wochenende in Wilhelmsburg den »Arbeiterkampf« verkauft, zum Beispiel auch in Kneipen.

Und ab 1970, das war dann noch so ein besonderer Einschnitt, sind wir in die Haynstraße 1–3 in die Wohngemeinschaft gezogen. Das war ein bekanntes Hausprojekt, das es bis heute gibt. Wir waren die Zweiten, die da eingezogen sind. Das Haus sollte ursprünglich mal abgerissen werden, und dann kämpften die verschiedenen Wohngemeinschaften für den Erhalt der dekorativen Fassade. Das war eine ziemlich elitäre Angelegenheit. Da durften nur politisch ausgesuchte Leute vorübergehend unterkommen. Und da haben HW und ich gedacht, dass die doch alle einen Knall haben, und wir haben uns geweigert, das mitzumachen, und sind dann in die proletarischen Vorstädte nach Wilhelmsburg in eine WG gezogen.

Und in Wilhelmsburg, das ist wiederum das Besondere von mir, habe ich zum Beispiel als Studentin im ersten Semester im Obdachlosenlager Schularbeitenhilfe gemacht. Dazu kamen dann bald ältere Studenten, die das auch gemacht haben.
In Wilhelmsburg wollte ich, dass alle Genossen, wir waren da noch ganz wenige, richtig mithelfen, die Wohnung zu renovieren, und dann wurden wir belehrt, dass das bürgerlich und sozialarbeiterisch sei.

Daneben wurde von mir erwartet, dass ich die Zelle leite. Und das ist mir dann alles über den Kopf gewachsen.

Im Sommer 1975 habe ich die zweite Lehrerprüfung bestanden. Mir wurde mündlich eine Stelle an einem Hamburger Gymnasium versprochen. Ich hatte schon einen Stundenplan und kaufte mir einen Stapel von Lehrbüchern, und dann kam das Berufsverbot. Ich war damals die Erste vom KB. Das war ein ziemlicher Schock. Wobei es nicht so sehr darum ging, dass ich kein Geld hatte und keinen Beruf, schlimm war, dass ich wie auf einem Tablett serviert wurde. Wieso ich, wieso gerade ich? …

Dann habe ich eine kurze hektische Zeit erlebt, in der ich aber auch kein Geld hatte. Die politische Linie im KB schwankte zwischen der Haltung, alles zu leugnen, bis hin zum wilden Bekennertum. So ähnlich habe ich mich auch verhalten, irgendwie dazwischen. Und dann habe ich innerhalb von drei Wochen nach den Sommerferien einen Tippjob bekommen, weil ich tippen konnte. Bei der HDW. Ich tippte also meine Rechnungen und durfte endlich auf höhere Weisung ins Proletariat absinken. Mindestens ein Jahr lang fand ich das auch total toll, diese fremde Arbeitswelt, die Schiffe und die Kollegen, all das fand ich toll. Aber nach eineinhalb Jahren ist bei mir irgendwas gekippt. Ich fand die Arbeit nur noch monoton und geisttötend. … Nach drei Jahren habe ich mich auf die Stelle der Gemeindesekretärin in der Evangelischen Studentengemeinde (ESG) beworben. Die ESG war damals das Zentrum von lateinamerikanischen Gruppen. Das hat mir dann wieder Spaß gemacht.

T: Hast du je mit dem KB gebrochen?

Nein, ich habe mit dem KB leider nie richtig gebrochen. Doch, als es modern war, als alle das gemacht haben, als die Spaltung kam mit der GAL, das war 1980. Da war ich irgendwie sehr hin- und hergerissen. Ich war sehr verunsichert, so, dass ich mich rausgezogen habe. Aber ich bin nie richtig ausgetreten, so mit einer politischen Begründung, wie ich es mir eigentlich gewünscht hätte. Und manchmal habe ich noch heute Wut auf solche Mackertypen, wie sie da waren …

Mit einem von denen hatte ich die schlimmste Beziehung, die ich je in meinem Leben hatte, eine nach dem Motto, die gute, nette Frau macht das, was ihr Mann will. Ne, das war von all meinen Jugendlieben eigentlich die schlimmste, weil ich mir da so viel habe gefallen lassen.

T: Was bedeutet die politische Arbeit in der Organisation für dich im Nachhinein?

Das alles schreckt mich heute einfach ab. Das war menschenfeindlich. Um da mitreden zu können, hättest du bei allen Sitzungen ständig dabei sein müssen. Du musstest dich selbst aufgeben, und ein Kind hättest du da sowieso nicht mitnehmen können. Und wenn du das nicht gemacht hast, dann wurdest du diskriminiert und warst eben draußen.

Heute sehe ich das so, dass ich nicht mehr alles verändern kann. Ich kann die Welt nicht mehr aus den Angeln heben. Ich habe auch nicht mehr die Zeit, und ich will auch nicht mehr so ein totales Engagement. Allerdings würde ich immer noch gern die Verhältnisse auf unserem schönen Globus verändern, aber mir fehlt ehrlicherweise die Kraft dazu. Ich finde es oft schwer, meine Hilflosigkeit auszuhalten, und dann wieder engagiere ich mich für Schülerinnen und Schüler mit Problemen und gegen Missstände an der Schule.

Hamburg, im Juni 1993

2. Elisabeth von Dücker

Ich bin 1946 geboren, gleich nach Kriegsende …

Meine Mutter ist Berlinerin, mein Vater stammt aus Schlesien. Meine Eltern sind sehr früh gestorben. Mein Vater starb, da war ich 20 Jahre alt und gerade mit dem Abitur fertig. Meine Mutter starb, als ich 27 war.

In meiner Lebensgeschichte ist für mich bis heute vieles unklar geblieben. Ich weiß recht wenig über das Leben meiner Eltern, und sie haben auch wenig darüber gesprochen.

Und als sie noch gelebt haben, habe ich mich für die Geschichte meiner Familie auch nicht besonders interessiert.

Wobei, für die Geschichte meiner Mutter habe ich mich immer mehr interessiert als für die meines Vaters. Meine Mutter war eine lebenslustige, sehr schöne Frau. Sie war Fotografin und die mittlere Tochter von drei Töchtern ihrer Eltern. Ihre künstlerische Ausbildung zur Fotografin an der Letteschule hat mein Großvater ihr ermöglicht, das war schon etwas Besonderes.

Die Familie meiner Mutter würde ich als gutbürgerlich, eher großstädtisch und liberal bezeichnen. Sie hat eine lange musische und intellektuelle Tradition. Mein Vater stammt aus einer Familie, die zum sogenannten preußischen Landadel gehörte. Unser Verhältnis war sehr schwierig. Mein Vater hatte eine bürgerliche Doppelmoral, die er immer vor sich hergetragen hat, und er war sehr evangelisch. Und ich war ein ... damals nannte man das so, uneheliches Kind, das für ihn sicher sehr ungelegen gewesen ist. Ich hatte zumindest immer das Gefühl, dass er zu meiner Schwester ein anderes Verhältnis hatte als zu mir. Meine Schwester ist vier Jahre jünger als ich, und sie wurde geboren, als meine Eltern schließlich verheiratet waren, das heißt, als sie ihr Verhältnis legalisiert hatten.

Dass ich als nicht legalisiertes Kind geboren wurde, habe ich erst erfahren, als ich 15 oder 16 Jahre alt war.

Wir waren mit der Familie in den Ferien bei meinen Großeltern am Bodensee, und da gab es einen riesigen Krach zwischen meinen Großeltern und meinem Vater, in dessen Verlauf meine Großmutter meinem Vater an den Kopf geworfen hat, dass er es war, der meine Mutter damals geschwängert habe. Meine Großmutter hat sicherlich nicht mich damit treffen wollen, sondern ihren Schwiegersohn, aber ich war schon sehr verletzt, besonders dadurch, dass meine Eltern, vor allem, dass meine Mutter mir das nicht selbst erzählt haben.

Du entnimmst meiner Skizze sicherlich auch, was das für eine streng bürgerliche Familie gewesen sein muss, in der solche Sachen tabuisiert werden mussten.

Meine Großeltern väterlicherseits habe ich nicht mehr kennengelernt. Zu meinen Großeltern mütterlicherseits hatte ich eine sehr, sehr gute Beziehung. Die waren in meiner Pubertät meine Vertrauten. Wenn ich Schwierigkeiten mit meinen Eltern hatte, waren sie auf meiner Seite, auch wenn sie weit weg gewohnt haben.

T: Wann ist deine Mutter geboren?

Meine Mutter ist 1918 geboren. Sie hatte zwei Schwestern, eine ältere, die auch schon gestorben ist. Die war Medizinerin und eine jüngere Schwester. Meine Großmutter hat nach der Geburt der jüngsten Tochter eine Knochenkrankheit bekommen. Dadurch konnte sie nur an Krückstöcken gehen. Das hat das Familienleben schon sehr beeinflusst.

Meine Großeltern sind bis 1942 in Berlin gewesen. Dann sind sie mit einem der letzten Flüchtlingszüge nach Westdeutschland gekommen.

Als ich 1946 geboren wurde, war meine Mutter Freiberuflerin. Ich erinnere mich, dass sie ihren Beruf weiter ausgeübt hat. Sie hatte gleich nach dem Krieg mit einem Fotografen die Idee, Familienbilder herzustellen. Du kannst dir vorstellen, dass nach dem Krieg die Fotoalben meistens kaputt oder nicht mehr da waren und der Bedarf nach Bildern unheimlich groß gewesen ist. Sie ist dann mit dem Kollegen über Land getingelt und sie haben überall Fotos aufgenommen, zum Beispiel von Schulklassen oder von Familien, und damit haben sie auch ganz gut Geld verdient. Ich war irgendwo abgestellt … Ich erinnere mich nur noch ganz vage an diese ständigen Abschiede von meiner Mutter, da war ich vielleicht zwei Jahre alt, und dass ich dann zu meinen Großeltern gekommen bin.

T: Nach Stade?

Ja, in die Nähe von Stade. Und als ich drei oder vier Jahre alt war, sind wir nach Konstanz am Bodensee gezogen, in einen kleinen Ort in der Nähe von Konstanz, direkt am See. Da sind meine Eltern gemeinsam in ein Bauernhaus gezogen und da fing dann auch das gemeinsame Familienleben an, und dann ist auch meine Schwester geboren …

Ich kann das jetzt nicht mehr so genau rekonstruieren. Das ist irgendwie ganz witzig. Ich befrage ja durch meinen Beruf selbst Leute zu ihren Lebensläufen, und dabei gehe ich sehr stringent vor. Ich erzähle das hier jetzt so bruchstückhaft, und dabei merke ich, wie unbekannt alles für mich ist, wie viele weiße Stellen ich in meiner Geschichte habe. Das hat damit zu tun, dass ich damals nicht neugierig auf mein eigenes Leben war. Das finde ich jetzt sehr, sehr schade. Ich kann diese Mosaiksteine nicht mehr zusammensetzen. Die Verwandten, die ich habe, sind alle verstreut, die wissen gar nichts über meine früheste Zeit.

T: Hast du Bilder von deinem Vater?

Ja, Bilder im Kopf, die auch mit einigen Fotos zusammenhängen, zum Beispiel, dass er mit einem Schimmel aus dem Krieg gekommen ist und ich auf diesem Schimmel mit ihm geritten bin. Also, ich bin von diesem großen, mächtigen Vater auf dieses große weiße Pferd gehoben worden … ja, solche Bilder.

T: Wann war das?

Ich nehme an, das war 1950, als meine Eltern zusammengezogen sind. Irgendwie kann ich das alles zeitlich nicht mehr zusammenbekommen. Ich erinnere mich daran, dass mein Vater mit irgendwelchen Leuten eine Art Zirkus betrieben hat und durch die Gegend gezogen ist, um uns über Wasser zu halten. Ich denke, das war in der Zeit, als meine Mutter als Fotografin durch die Gegend getingelt ist. Er hatte ja Landwirtschaft gelernt, und eigentlich hätte er nach der Tradition als ältester Sohn das Erbe des Gutes antreten müssen. Aber das Gut in Polen, das Rittergut, war ja nun weg.

Nach einigem Hin und Her hat er sich dafür entschieden, ins Verlagswesen einzusteigen, und hat sich eine selfmade Verlagskarriere aufgebaut. In dieser Zeit sind wir viel umgezogen.

Ich habe in meiner Kindheit ungefähr acht Schulwechsel mitgemacht. Das ging dann so, dass wir am Abendbrottisch saßen, und uns wurde gesagt, ach, übrigens, Daddy hat vor, in einer anderen Stadt in einem neuen Verlag zu arbeiten. Für meine Schwester und mich war das jedes Mal ein tierischer Hammer. Ich sehe immer noch, wie wir dasitzen und angefangen haben zu heulen. Wieder eine andere Stadt und wieder eine neue Schulsituation und in jeder Schule war der Lernstoff anders. Das war richtig schwere Arbeit, einen neuen Freundeskreis aufzubauen und sich wieder in der Schule neu einzuleben. Als ich 10 Jahre alt war, sind wir von Konstanz nach Heidelberg gezogen. Nach zwei Jahren sind wir dann nach Westberlin gezogen. Da war ich ungefähr 12 oder 13 Jahre alt.

Wenn ich heute darauf zurückblicke, dann war diese Zeit aber auch ganz interessant. Neue Menschen, neue Städte, neue Umgebungen kennenzulernen, sich in neuen Situationen auszuprobieren, eine bestimmte Flexibilität zu üben und zu praktizieren, das war eben nicht nur blöd. Politisch war das die Zeit des absolut bitter kalten Krieges ...

T: Diese Zeit hast du sehr genau mitbekommen.

Ja, ja, sehr genau. Von Berlin sind wir weggezogen, als ich 17 war, und ich hatte noch mal das Vergnügen, mich durch die unterschiedlichen Schulszenen durchzuwuseln. Mit diesem Schulwechsel bin ich nicht gut zurechtgekommen. Ich kam auf ein Gymnasium, in dem fast nur Jungen waren, und dort hatte ich richtige Feinde.

T: Wie erklärst du dir das?

Ich glaube, das hing irgendwie damit zusammen, dass ich in meinen Leistungen nicht besonders gut war und dass ich ein Mädchen war und mich den Jungen gegenüber benachteiligt gefühlt habe. Dann hatte ich eine Auseinandersetzung mit einem Deutschlehrer. Der behauptete, ich hätte eine Interpretation abgeschrieben, und ich wollte ihm nachweisen, dass ich als Mädchen schlechter behandelt würde als die Jungen. Schließlich wollte ich unbedingt weg aus dieser Schule, und darüber kam es zu einem Machtkampf mit meinem Vater, der sehr viel Wert darauf gelegt hat, dass zumindest ich eine humanistische Bildung bekomme. Meine Schwester hatte das viel einfacher, die konnte in eine ganz normale neusprachliche Schule gehen.

Schließlich konnte ich meinen Vater davon überzeugen, dass ich als Mädchen auf dieser Schule weniger Chancen hatte als die Jungen. Es saß mir dennoch ziemlich in den Knochen, dass ich da gescheitert sein könnte.

Die neue Schule war eine reine Mädchenschule, und das war für mich etwas ganz Neues, denn bis dahin war ich immer in gemischten Klassen gewesen. Irgendwie hatten die Mädchen was von Schnepfen ... verstehst du?

T: Das klingt ein wenig verächtlich den Mädchen gegenüber?

Ja, da steckte etwas Misogynes drin. Nachdem ich inzwischen mehr über Koedukation und auch mehr über Geschlechterverhältnisse begriffen habe, denke ich darüber nach, dass ich auch ein Stück Frauenverachtung mitgebracht habe ...

Das hört sich jetzt vielleicht etwas dramatisch an, aber nach meiner anfänglichen Distanz zu Feminismus oder überhaupt zu frauenpolitischen Fragen bin ich schließlich doch auf den Trichter gekommen, mich für Frauenpolitik zu engagieren.

T: Hattest du in der neuen Schule Freundinnen?

Ja, na ja, die letzten anderthalb Schuljahre waren irgendwie ganz spannend. Aus der Zeit habe ich eine Freundin, mit der ich noch immer befreundet bin, auch wenn wir uns alle Jubeljahre mal treffen ...

T: Kannst du dich noch daran erinnern, wie du als Kind gewesen bist?

Ich glaube, dass ich furchtbar erwachsen gewesen bin und etwas großbürgerlich angepasst und sehr kopfig. Gefühle wurden immer unter dem Deckel gehalten und kamen dann bei irgendwelchen Anlässen ausbruchmäßig raus. Ich glaube, ich bin sehr weich und habe eine hoheitsvolle Kruste. Das kommt von meinem Vater, der sagte immer, sitz gerade, das gehört sich einfach für dich und das macht eine gute Figur auf dem Pferd, obwohl ich gar nicht geritten habe. Oder so dumme Bemerkungen wie »eine angehende Dame tut das nicht«, alles hatte sehr beherrscht zu sein. Beherrscht ist ein Ausdruck, der über meiner Kindheit und Jugend schwebte. Im Nachhinein finde ich es sehr schade, dass meine Mutter mich nie in meinen Versuchen unterstützt hat, dagegen zu rebellieren ...

der Ausdruck ist wohl zu stark, aber mich dagegen zu wehren. Meine Mutter habe ich als äußerst angepasst an diese scheinbar vornehmen Adligen erlebt. Damit entsprach sie der sogenannten idealen Hausdame, wie sie in diesen Rittergutsfamilien vorkamen. Ich finde das furchtbar. Leider ist sie nicht mehr berufstätig gewesen. Mit dem Fotografieren hat sie, glaube ich, mit der Geburt der Schwester aufgehört. Sie hatte noch gelegentlich Aufträge von Geschäften oder Restaurants, für die sie Inneneinrichtungen fotografiert oder Werbepostkarten hergestellt hat. Das wurde immer weniger, und ich denke auch deswegen, weil mein Vater die Vorstellung hatte, dass »meine Frau es nicht nötig hat zu arbeiten«, noch dazu die Frau eines Adligen. Meine Mutter hat diese Ansprüche zumindest nach außen hin immer erfüllt. Ich erinnere mich an heftige Auseinandersetzungen zwischen meinem Vater und meiner Mutter, die aber von uns beiden Kindern immer ferngehalten wurden. Aber natürlich haben wir Kinder davon etwas mitgekriegt. Das war ein schreckliches Familienklima und insgesamt eine schreckliche Zeit. Erst nach dem Tod meines Vaters habe ich erlebt, dass meine Mutter immer stärker wurde. Sie wurde lockerer, viel spontaner, gelöster und zugeneigter. Als wir noch in Berlin gewohnt haben, habe ich sie gefragt, warum sie sich eigentlich nicht von meinem Vater trennen würde. Und sie hat geantwortet, sie habe ja uns beide und was solle sie denn machen. Die beiden Kinder waren ihre Begründung dafür, dass die Ehe weiter bestehen musste – Kinder als Kleber, ja, als Kittmittel.

T: Haben der Verlust der Familiengüter deines Vaters und der Krieg bei euch eine Rolle gespielt? Und wie ist deine Familie damit umgegangen?

Mein Vater hat mit diesem Verlust einen ganz großen Rückhalt verloren, nicht nur ökonomisch, sondern was seine gesamte soziale Reputation betrifft. Ich kann das alles nur ganz schwer nachvollziehen.

Ich erinnere, dass der Kutscher mal bei uns zu Besuch war, ein freundlicher, alter Mann, und dass mein Vater unglaublich aufblühte, weil der immer »gnädiger Herr« zu ihm sagte. Mein Vater hat relativ wenig von diesem Rittergut erzählt. Überhaupt habe ich das immer nur so nebenbei mitbekommen. Es gab ja diesen Lastenausgleich, und mein Vater hat, was weiß ich wie lange, gesessen und gerechnet, wieviel Hektar oder Ar das Gut groß gewesen sein muss.

Das ist die materielle Seite, über die er für mich greifbar wurde. Und es gibt auch einen interessanten Artikel über Schätze, die es wohl in diesem Schlösschen oder Rittergut gegeben hat. Der Onkel meines Vaters hat sehr viele Reisen u.a. nach Asien unternommen, von denen er viele Kulturgüter mitgebracht hat. Das Schlösschen war wohl so angefüllt damit, dass es wie ein kleines Museum gewesen ist … Es kann durchaus sein, dass mich das in meiner Berufsfindung mit beeinflusst hat … das weiß ich nicht. … Mein

Vater hat immer ein bisschen davon erzählt, was da gesammelt wurde und zu sehen war und was durch den Ausgang des Krieges verloren war. Also, Verlust ... Und über die Rolle meines Vaters im Krieg kann ich nichts sagen. Über die Rolle meiner Mutter im Krieg kann ich auch ganz wenig sagen. Ich weiß, dass sie im BDM war, aber nicht, welche Position sie da hatte. Ich habe mich immer ein bisschen davor gescheut, darüber mehr zu erfahren. Ich habe eine alte Hutschachtel voll mit Korrespondenz von meiner Mutter, die immer Tagebuch geschrieben hat. Die hat mit vielen Leuten rege korrespondiert, auch mit meinem Vater, aber da wage ich mich noch nicht dran.

Vielleicht kommt irgendwann die Zeit, wo ich mit meiner Schwester zusammen die Hutschachtel durchsehe. Das könnte ich mir schon vorstellen. Bisher bin ich damit so umgegangen, dass ich zum Beispiel einer ehemaligen Kommilitonin erzählt habe, die sich für Fotografien aus den 20er- und 30er-Jahren und aus der Zeit des Faschismus interessiert, dass meine Mutter in dieser Zeit Fotografin gewesen ist und auch Reportagen gemacht hat. Und dann habe ich ihr angeboten, dass sie mal in das Material reinsehen kann.

Mein Hintergedanke war, dass sie vielleicht Lust haben könnte, was daraus zu machen, und ich hätte dann mit jemandem darüber reden können. Das ist jetzt drei oder vier Jahre her, und ich trau mich irgendwie nicht, sie mal zu fragen, ob sie das noch braucht, und dass ich das sonst gern zurückhätte. Also, nicht gleich, ich will mich ja nicht jetzt an diese Hutschachtel machen, sondern ja, ich möchte sie einfach haben ...

T: Hast du schon mal mit jemandem darüber gesprochen?

Ne, ne, mit denen aus der Familie kann ich nicht mehr darüber sprechen, und deshalb sind mir diese schriftlichen Zeugnisse auch so wichtig ...

T: Das klingt, als sei es schwierig für dich, das zu lesen?

Ja, sehr schwierig. Und wahrscheinlich verdränge ich das auch ein bisschen. Es wäre wahrscheinlich gar nicht so schlecht, wenn ich das mal tun würde. Das ist sicherlich Arbeit ...

Ich habe den Tod meiner Mutter als sehr dramatisch empfunden. Sie ist ja verunglückt. Also, ... mir wird immer noch kloßig im Hals, wenn ich daran denke ... Soll ich das jetzt genau erzählen?

T: Nur wenn du darüber reden möchtest ...
Du könntest auch davon erzählen, was du nach dem Abitur gemacht hast?

Ach, ja ... da bin ich nach Berlin gegangen. Berlin war sowieso irgendwie meine alte Liebe, weil ich meine Jugend und auch meine Schulzeit in Berlin verbracht habe. Das habe ich als eine gute Zeit in Erinnerung. Ich bin so eine Kulturtussi, bin viel durch die Kulturszene geflippt, unheimlich gern ins Theater gerannt und solche Sachen ...

Ich habe mich dann sehr bemüht, in Berlin einen Studienplatz zu kriegen, das war damals schwierig. Und dann habe ich angefangen, Kunstgeschichte zu studieren, was ich nicht unbedingt noch einmal machen würde. Ich dachte, das würde mir Spaß machen, und etwas anderes kam mir gar nicht in den Sinn ... Und dann hab ich als zweites Fach auch noch Literaturwissenschaften gemacht.

T: Wann war das?

Das war 67/68, also zur Hochzeit der Studentenrevolte. Dazu muss ich sagen, dass ich mich damals überhaupt nicht politisch eingemischt habe. Ich hatte so mit mir selbst, mit meiner Sich-selbst-Findungsebene zu tun. Ich habe die politische Bewegung zwar wahrgenommen und fand das auch interessant, aber ich habe mich nicht dazugehörig gefühlt und es hat mich auch nicht angesprochen. Die Demos, die habe ich beobachtet, aber ich habe da niemanden gekannt ... Wenn ich mir das jetzt überlege, dann frage ich mich, wo ich eigentlich gewesen bin. Ich erkläre es mir so, dass ich viel mit meinem Elternhaus zu tun hatte, damit, alles von mir abzuwerfen, meine eigene Panzerung loszuwerden, dafür habe ich meine Zeit gebraucht.

T: Wie meinst du das?

Ich habe mich ja nicht bewusst gepanzert, sondern ich habe es so erlebt. Wenn du Fotos von mir siehst, ich war dermaßen damenhaft, so französisch, und ich sah dermaßen edel aus! Und ich habe sehr viel Wert darauf gelegt, so auszusehen. Kannst du dir vorstellen, dass ich mit Lockenwicklern im Bett geschlafen habe, nur weil ich unbedingt glatte Haare haben wollte. Im Nachhinein bin ich darüber auch beschämt. Da tobt neben dir die Studentenrevolution, das politische Erwachen, die sexuelle Revolution, und du hast deine eigene kleine »Revolution«, das Coming-out, dafür habe ich mich geschämt. Aber ich habe das wohl so gebraucht.

Dann hatte ich einen Freund, da war ich ... auch sexuell irgendwie sehr unter Druck. Sexualität, also vorehelicher Geschlechtsverkehr, gehörte sich natürlich nicht in meinen Kreisen. Das hatte ich so verinnerlicht, dass ich das auch nicht wollte. Es war schon ziemlich schwierig, eine erste feste Freundschaft oder Liebschaft und sexuellen Kontakt zu haben. Das hat gedauert, diese Strukturen des Elternhauses abzuarbeiten und damit fertig zu werden. Ich habe dann ein paar Semester einfach gegammelt und das Dolce vita ge-

lebt und das sehr genossen. Und dann habe ich mich ein bisschen links orientiert. Ich musste mich ja erst einmal ein bisschen ausleben. Ich weiß gar nicht, wann mir das bewusst geworden ist. Und dann habe ich erkannt, dass ich mich ganz stark an einen Mann binde. Und da habe ich angefangen, über Rollenverhalten und Geschlechterverhältnisse nachzudenken.

T: Was hat dein Freund gemacht?

Der W. war damals schon ein ziemlich fertiger Student. Er hatte Chemie studiert und saß an seiner Dissertation ... und er kriegte im Anschluss daran einen Assistentenjob am Uniinstitut. Der hatte wenig mit meinem Kulturding am Hut. Irgendwie lebten wir in ganz unterschiedlichen Welten. Diese Unterschiedlichkeit habe ich auch genossen.

Zwischendurch sind mir an meinem Studienfach große Zweifel gekommen.

Ich habe gedacht, mal was in Richtung Verlagswesen, Lektorat, zu machen, das interessierte mich auch. Und dann habe ich mit Unterstützung der guten Verbindungen meines Vaters, der ja im Verlagswesen ziemlich erfolgreich gewesen ist, während des Studiums eine Buchhändlerinnenlehre gemacht. Ich hatte da Sonderkonditionen und konnte mein Studienleben miteinander verbinden. Das fand ich ganz wunderbar. Ich habe die Ausbildung mit dem Kaufmannsgehilfenbrief abgeschlossen und fühlte mich ganz topp.

Und nach dieser Buchhändlerausbildung, das war Ende 69 oder Anfang 1970, bin ich dann mit W. nach Hamburg gezogen.

Ich wollte eigentlich in Berlin bleiben, aber W. kam aus Norddeutschland und er wollte gern nach Hamburg. Hamburg war Anfang der Siebzigerjahre schon sehr bürgerlich. Da gab es bestimmte Kreise, wenn du da nicht drin warst, dann kamst du auch nicht rein.

Aber es war auch ganz schön, nicht immer von dieser Mauer umzingelt zu sein. In Berlin habe ich mich seit meiner Schülerzeit umzingelt oder ummauert gefühlt.

In dieser Zeit begann es in mir irgendwie zu kriseln. Meine Einstellungen vor allem zu Rollen- und Geschlechterverhältnissen begannen sich zu verändern. Dann habe ich diesen W. geheiratet, was im Nachhinein bescheuert gewesen ist. Ich glaube, ich habe das gemacht, weil das plötzlich in Mode war und um mich herum ganz viele Leute verheiratet waren ... Vielleicht wollte ich aber auch ein bisschen Sicherheit haben. Jedenfalls wurden die Brüche zwischen uns gleich, nachdem wir verheiratet waren, immer offensichtlicher. Das war 1973, und ich fing an zu überlegen, wie ich mein Studium abschließe. Dann habe ich mich für die Dissertation interessiert. Und dann starb meine Mutter ... das war für mich der absolute Schock. Die Beziehung zu meiner Mutter hatte sich in der letzten

Zeit entspannt ... wir hatten wieder zusammengefunden ... unser Verhältnis war richtig gut, wir sind zusammen verreist und haben gemeinsame Pläne überlegt ...

So, und ... da habe ich fast ein Jahr gebraucht, um das zu verarbeiten.

T: Sie ist verunglückt?

Ja, sie ist tödlich verunglückt. ... Nach dem Tod meines Vaters ist sie nach Konstanz zu ihren Eltern gezogen, die sie bis zu deren Tod gepflegt hat. Im Nachhinein denke ich, dass meine Mutter damit zugleich die Erwartungen erfüllt hat, dass Töchter im Alter die Stütze der Eltern zu sein haben. Und dabei hat sie sich ganz wenig Zeit für sich selbst genommen. Sie hat nicht so gelebt, wie sie es vielleicht gern gewollt hat, ausschweifend sein, hingebungsvoll ... Das fand ich so bitter daran.

Nach dem Tod meiner beiden Großeltern hatten wir uns in Italien getroffen, das fand sie auch ganz toll. Danach fuhr sie wieder nach Konstanz, um den Haushalt der Eltern aufzulösen. Auf dem Weg von Konstanz nach Hause ist sie mit ihrem ollen VW kurz vor dem Haus wohl eingeschlafen und auf ein parkendes Auto geknallt. Sie war gleich tot.

Meine Schwester und ich haben es dann nicht übers Herz gebracht, unsere tote Mutter noch mal im Krankenhaus zu sehen. Wir hatten uns ausgemalt, dass sie schrecklich aussehen könnte, was wohl gar nicht gestimmt hat.

Es hat ziemlich lange gedauert, bis ich das alles verarbeitet hatte. Ich bin dann für ein Semester nach Frankfurt gegangen. Ich wollte was Neues anfangen, Psychologie.

W. hat das immer entwertet, Psychologie sei ein Scheißstudium. Ich habe mich davon beeinflussen lassen und Kunstgeschichte zu Ende studiert. Dann habe ich mir ein Doktorandenstipendium organisiert. Aber je zielstrebiger ich wurde, desto schwieriger wurde die Situation zwischen W. und mir, desto mehr konkurrierte er mit mir. In der Zeit studierte er in Berlin und ich in Hamburg. Wir haben uns oft gestritten und uns auch geschlagen. Es war einfach schrecklich, ich wollte das nicht mehr, und dann haben wir uns getrennt.

Ich hatte eine ganz schöne Wohnung in Eimsbüttel und habe an meiner Doktorarbeit geschrieben, die ich schnell fertigbekommen wollte. Das war ein Grund dafür, dass ich versucht habe, mich von W. zu distanzieren. Aber das war nicht so einfach. Er ist immer wieder angekommen, sicher auch, weil ich nicht so entschieden war, mich wirklich von ihm zu trennen. Ich hatte im tiefsten wohl immer noch einen Funken Hoffnung, dass wir wieder zusammenkommen könnten. Und so war es denn auch. Ich habe 1976 die Dissertation abgeschlossen, mit einem enttäuschenden Ergebnis. Mein Doktorvater war ein elender Typ, von dem ich mich ziemlich reingelegt gefühlt habe.

T: Inwiefern?

Er hat mir für die Arbeit eine Vier gegeben, die schlechteste Zensur, die es gibt. Das war der Wermutstropfen, aber ich war durch! Wegen der schlechten Note habe ich mich dann sehr auf die mündliche Prüfung vorbereitet und ich habe meine Note rausgerissen! Das hat mir gutgetan, denn mein Selbstbewusstsein hatte auch durch die Auseinandersetzungen mit W. ziemlich gelitten, der alles entwertet hatte, was ich gemacht habe.

T: Bist du damals politisch schon interessiert gewesen?

Das fing an, nachdem ich mit der Dissertation fertig gewesen bin, und zwar mit einem ganz kräftigen Knall. 1974 hatte ich angenommen, dass ich schwanger sei. Ich bin zur Beratung zum Autonomen Frauenzentrum in Eimsbüttel gegangen, die mir den Tipp gegeben haben, wegen der Abtreibung nach Holland zu fahren. Ich bin dann mit W. dort hingefahren und die haben mir gesagt, dass ich gar nicht schwanger sei, was mich ziemlich erleichtert hat. Das war der Auslöser dafür, dass ich angefangen habe, in dem Zentrum in der §218-Bewegung mitzumachen. Wir haben zum Beispiel Aufkleber verteilt und geklebt und Proteste organisiert wie diese Großdemo 1975, an die du dich vielleicht auch erinnerst. Das war am 25. Februar 1975.

Ja, und das war mein Ding (lacht) – reichlich spät, aber immerhin ...

T: Du hast dich nie in einer K-Gruppe organisiert?

Nein, nie. Im Grunde war das mein Einstieg in die Politik. Später bin ich dann bei den GAL-Frauen aktiver geworden, habe viel im Bezirk und so gemacht ... Meine Politisierung ging über die Frauenlinie. Ich war weder bei den Grünen noch bei den K-Gruppen. Ich bin durch meine Arbeit im Bezirk zur GAL gekommen. Und da haben wir uns ja auch kennengelernt. Ich habe immer eine Verbindung mit der Kulturarbeit hingekriegt. Die ist für mich aber auch politisch gewesen. Bevor ich als Volontärin zum Altonaer Museum gekommen bin, habe ich mich an den Mitbestimmungsdebatten beteiligt. Anfang der Siebzigerjahre fing das Umdenken in den Bildungsinstitutionen an und eben auch in den Museen. In Hamburg gab es eine sehr starke Gruppe aus dem Mittelbau, zu denen auch nichtwissenschaftliche Kolleginnen und Kollegen gehörten. Ich hatte mich denen schon während meiner Studienzeit angeschlossen. Wir haben damals zum Beispiel Befragungen bei Besuchern gemacht, wie sie das Museum, die Inhalte und so beurteilen.

Parteipolitisch war ich zu der Zeit eher in Richtung DKP eingestellt. Aber die DKP war mir immer schon ein bisschen knieselig und kleinkariert. Ich fühlte mich nie berufen, da einzutreten.

T: Wenn ich das richtig verstehe, hast du dich vor allem in den autonomen Frauenzusammenhängen engagiert?

Na ja, ich weiß noch, wie unwohl ich mich in dieser Gruppe gefühlt habe. Ich war die Einzige, die verheiratet war, und das war damals das absolute No-Go: Wie kann man so bescheuert sein? Und ich habe es auch so empfunden, was natürlich dadurch verstärkt wurde, dass bei uns beziehungsmäßig alles im Keller war …

Ich war also irgendwo das schwarze Schaf, weil ich verheiratet war, zwar nicht glücklich, aber verheiratet.

T: Welche Rolle hattest du in der Frauengruppe?

Erst einmal fand ich es toll, dass es so ein Zentrum gab. Ich wollte da mitmachen und habe überlegt, was ich tun könnte. Und das hat sich dann entwickelt. So, wie ich das jetzt darstelle, klingt das so intellektuell. Das war aber eher emotional gesteuert. Die Empörung über die erzwungene Fruchtbarkeit oder dieses staatlich verordnete Rollenbild, dagegen anzudenken und dagegen zu handeln, das war mir wichtig.

T: Hattest du einen Kinderwunsch?

Für mich war ganz klar: Ich wollte kein Kind, und in meiner damaligen Lebenssituation: Studium, Prüfung und ständige Beziehungsprobleme, schon überhaupt nicht. Eigentlich hatte ich gedacht, dass ich ein kinderloses Leben mache.

In diesen Gruppen habe ich mich immer ein wenig linkisch gefühlt. Ich hatte nicht diese K-Vergangenheit oder Gegenwart und ich konnte mich politisch nicht so gut ausdrücken wie die anderen Frauen da. Die hatten ihre Schlagworte, ihre – das sage ich jetzt – ihre Begrifflichkeiten …

Aber es ging mir nicht so, dass ich da nicht bleiben konnte, obwohl ich immer wieder mal darüber nachgedacht habe zu gehen …

Also, im Grunde genommen habe ich angefangen politisch zu arbeiten, als die Hochzeit dieser Studentenrevolte schon abgeschlossen war. Ich hatte dafür wohl erst die Zeit, die Möglichkeit und die Kraft, nachdem ich meine persönlichen Sachen, meine Sozialisation und die ganzen schwierigen Familiengeschichten, teilbearbeitet und teilüberwunden hatte.

T: Wenn ich dich richtig verstanden habe, war das nach dem Tod deiner Mutter?

Ehm ... ja, das ist vielleicht ein interessanter Gedanke. Ich weiß nicht, ob das damit zusammenhängt. Zeitlich könnte das hinkommen ... 72 ist sie verunglückt, 70 sind wir nach Hamburg gekommen, 71 haben wir geheiratet, ja ... Das ist interessant, das kann ich jetzt gar nicht so beurteilen.

T: Du bist ja eine von den wenigen Frauen aus der Zeit, die nach wie vor politisch aktiv sind. Du verbindest auch deinen Beruf mit politischer Arbeit. Was bedeutet das für dich? Du hast ja jetzt ein Kind und lebst in einer Beziehung.

Ja, ja, ich lebe mit einem Mann zusammen, wir haben auch geheiratet ... nochmal, aber R. wollte das gerne. Ich habe gesagt, ich brauche das nicht, aber wenn du das ausprobieren willst ...

Ja, ich verbinde das Politische mit meiner Arbeit, ich versuche das zumindest. Ich habe mich, was das politische Engagement betrifft, eher als eine Spätzünderin empfunden. Das habe ich immer auch ein bisschen schade gefunden, weil ich dachte, dass ich auch einiges verpasst oder jedenfalls aus einer anderen Warte wahrgenommen habe. Seither habe ich immer versucht, Berufliches und Politisches zusammenzubringen. Angefangen hat das im Altonaer Museum mit dieser Ausstellung über den Alltag in Ottensen, das war so 1978. Damals ging es um die Mitbestimmung in der Kulturszene. Das war eine ganz starke Bewegung, die bis in den historischen Wissenschaftsbetrieb reinreichte. Es ging darum, einen anderen Blick auf den Alltag oder auf Geschichte zu entwickeln. Und da habe ich mit anderen zusammen so etwas im Stadtteil gemacht. Aber auch im Museum, weil ich diese verkrusteten Formen oder Einrichtungen aufbrechen wollte, wie sie Institution zu eigen sind. Kurz, wir wollten andere Inhalte, andere Umsetzungsformen und Umgangsweisen in den erstarrten Institutionen.

Wir wollten etwas Neues versuchen. »Bildungsrevolution« hört sich viel zu hochtrabend an, aber eine Umkehr hin zu den vernachlässigten Inhalten. Im Altonaer Museum bedeutete das ganz konkret, nach den Leuten zu fragen, die Geschichte, Stadtgeschichte usw. gemacht haben, nach der Devise, dass jede und jeder als Subjekt seiner eigenen Geschichte auch eine Kompetenz hat. Das stieß natürlich auf Stirnrunzeln. Eine richtige Diskussion hat es im Altonaer Museum darüber nicht gegeben. Die Wissenschaftler, die damals maßgeblich waren, waren durchweg Männer, bis auf mich. Die waren ein bisschen älter und kamen von einer ganz anderen Warte.

T: Du warst die einzige Frau?

Ja, die einzige in der Wissenschaftlerrunde, die anderen waren Museumspädagogen. Es war dann immer mein Part, die in die Runde mit reinzuholen, weil die von ihrer Ausbil-

dung her nicht sehr wertgeschätzt wurden. Das muss man sich mal vorstellen, das war Ende der 70er-Jahre und der Leiter war ein Sozialdemokrat!

Also, mit unserem Ansatz haben wir auch frischen Wind reingebracht. Wir haben andere Zielgruppen erreicht und das hat dem Haus unheimlich viel gebracht. Das eingestaubte Museum in Altona mit seinen Puppenstuben und den Trachten und den Bauernstuben konnte plötzlich eine fetzige Ausstellung machen.

Das war ein harter Kampf zwischen mir und dem Museumsdirektor, der Veränderungen nicht zulassen konnte, sondern es bei den öligen Maschinen der gepflegten Stadtgeschichte belassen wollte. Wir haben dann Gott und die Welt in Bewegung gesetzt und es gab enorm viel öffentliche Resonanz, und da habe ich gemerkt, dass in dem alten Haus etwas in Bewegung kommt.

1980 bin ich dann fest übernommen worden, vorher war ich immer Volontärin.

Aber die Kämpfe sind weitergegangen und ich habe mich gefragt, ob ich das so will, und dann bin ich 1985 gegangen.

Ich glaube, ich versuche immer, das Berufliche mit dem Politischen zu verbinden, das ist ein roter Faden, der sich durch alles zieht, was ich so mache. So war das auch mit der Arbeit im Frauenarbeitskreis. Das war eigentlich sehr schön, weil sich da sozusagen ein praktischer Feminismus entwickelt hat, wie auch im Museum, wo es auch immer darum ging, die Dinge aus dem weiblichen Blickwinkel zu betrachten und zu entwickeln. Die Geschichte ist zur Hälfte weiblich, und wir müssen dafür kämpfen, dass wir das auch umsetzen.

Dabei hat es sich als sehr wichtig erwiesen, dass wir außerhalb des Museums eine Anlaufstelle zur Frauengeschichte haben. So haben wir immer versucht, uns mit anderen Frauenbewegungen zu vernetzen. Nach der Wende haben wir Menschen über die gesellschaftliche Situation in der ehemaligen DDR befragt und wir haben ihnen unsere Wandbilder über Frauenarbeit gezeigt. Die kannten ja nur Wandbilder mit arbeitenden Frauen im Stil des sozialistischen Realismus. Unsere Vorstellungen hingegen waren geprägt von den sozialistischen Darstellungen über glücklich arbeitende Frauen. Wir wollten die Unterschiede herausfinden.

Das ist nur so ein Beispiel, wie wir gearbeitet haben.

Und das ist so meine Art zu arbeiten, mit einem Bein autonom sein, mit dem anderen in einer Institution arbeiten. Das ist ein Lebensrezept bei mir jetzt geworden. Inzwischen empfinde ich das auch als sehr anstrengend, was ich da mache, aber ich mache es trotzdem weiter, weil ich das Gefühl habe, das ist irgendwo mein Lebenselexier …

Hamburg, im Juni 1993

Elisabeth von Dücker ist im Juli 2020 gestorben.

3. Eva Hubert

Ich bin 1950 in München geboren und bin jetzt 42 Jahre.

Aus meiner frühen Kindheit erinnere ich, dass meine Eltern sehr katholisch waren. Vor allem mein Vater. Den erinnere ich auch als sehr rigide. Er war viel älter als meine Mutter, der war 43, als ich geboren wurde. Ich habe es immer so empfunden, als wenn er mein Großvater gewesen ist. Er war ... weißhaarig und hatte so gar nichts von einem jungen Mann oder was ich mir so als Vater gewünscht hätte. Er war irgendwie völlig fertig. Und ich habe von Anfang gespürt, dass mit meinen Eltern irgendwas nicht in Ordnung war. Später habe ich mal Schubladen durchsucht und die Heiratsurkunde meiner Eltern gefunden. Dabei habe ich festgestellt, dass die im Januar oder Februar geheiratet haben, und ich bin im Juli geboren. Obwohl das bekannt war, haben die immer, selbst für die Verwandtschaft, den Hochzeitstag ein Jahr früher gefeiert, so als hätten sie im Jahr 49 geheiratet und nicht 1950. Das war auch so eine Geschichte, die meine Mutter mir später, als ich in die Pubertät kam, vorgeworfen hatte, dass sie meinen Vater meinetwegen hat heiraten müssen. ... Ein warmes Verhältnis zwischen meinen Eltern habe ich nicht erlebt. Ich habe als Kind nie erlebt, dass sich meine Eltern mal geküsst oder in den Arm genommen haben, das haben sie nie getan, auch später nicht.

T: Wie alt war deine Mutter?

Meine Mutter ist 1923 geboren. Sie war 16 Jahre jünger als mein Vater, und sie hat immer gesagt, dass die ganzen Jahrgänge, die für sie in Frage gekommen wären, im Krieg gestorben sind. Aus der Klasse ihres Bruders, ihr Bruder ist zwei Jahre älter als sie, da ist nur der Bruder schwer kriegsverletzt zurückgekommen. Alle anderen jungen Männer sind gefallen. (---)

T: War dein Vater im Krieg ?

Ja, sicher. Mein Vater ... ist in Sudentendeutschland geboren, also kurz hinter Prag. Er war wohl ... der jüngste Sohn einer relativ großen Bauernfamilie. Sie waren acht Kinder, aber nur die vier Jungens sind am Leben geblieben. Der älteste Bruder meines Vaters war 20 Jahre älter als er. Mein Vater war mit Abstand der Jüngste, die anderen sind noch im letzten Jahrhundert geboren. Später konnte ich dann nachvollziehen, warum er so unheimlich streng war und immer auf Qualitäten geachtet hatte. Er ist bei den Jesuiten groß geworden, seine Mutter hat ihn dazu gezwungen ebenso wie seine Brüder, nur den ältesten nicht, der ist quasi Analphabet geblieben. Die anderen sind alle mit zehn Jahren in ein Jesuitenkloster gekommen. Der nächstjüngste Bruder ist immer wieder ab-

gehauen und die Mutter hat ihn, den elfjährigen Jungen, dann immer wieder zu diesen Jesuiten gebracht. Das muss ganz grauslich gewesen sein. ... Mein Vater hat Jura studiert und war relativ früh, so mit 26, promovierter Jurist. Er war in Prag Hofrat, frag mich jetzt nicht, was das bedeutete. Er hatte vor dem Krieg schon eine ganz gute Karriere begonnen. Im Krieg war er an der Ostfront in russischer Gefangenschaft und kam relativ schnell frei. Ich glaube, 47 kam er. Er ist dann nicht mehr nach Sudetendeutschland gegangen, sondern gleich nach München. Er hat seine ganze Familie nachgeholt und für die alles gemanagt ... solche Sachen hat er immer toll gemacht. ... (...) Dann hat er meine Mutter kennengelernt und mich gezeugt. Wobei er ihr, das erinnere ich noch ganz genau, immer vorgeworfen hat, dass sie sich ihm vor der Ehe hingegeben hat. Das war so ein Familienspruch, der völlig absurd ist, den kenne ich schon, seit ich noch klein war ...

T: Du bist sozusagen ein Kind der Sünde?

Ich bin sozusagen ein Kind der Sünde, das sich nie sonderlich akzeptiert gefühlt hat. Ich empfand schon ganz früh eine Distanz zu meiner Familie. Also ... wobei ich am Anfang ... meine Mutter wohl mehr abgelehnt habe als meinen Vater. Der hat manchmal mit mir noch gespielt oder geboxt und so, wobei es dann ganz oft ins Aggressive und ins Härtere umgeschlagen ist. Irgendwann, da war ich acht oder neun Jahre, hat er mit mir geboxt, und ich bin in den Wohnzimmerschrank reingefallen. Der war aus Glas und alles ist kaputtgegangen. Manchmal hat er mich richtig geschlagen, wenn meine Mutter gesagt hat, was ich alles Böses gemacht habe. Ich fand das so widerlich, dass sie mich denunziert hatte für etwas, was im Laufe des Tages passiert ist. Das waren so die Sachen, weswegen ich mich dann abgekapselt habe.

T: Warst du das einzige Kind?

Nein, nein, ich habe noch eine Schwester, die ist fünfeinhalb Jahre jünger. Wir haben in so einer Einzimmerwohnung gewohnt mitten in München, so 'ne ganz kleine ... wo quasi alles, das Klo nicht, aber alles inklusive Küche in einem Zimmer war. Erst als meine Schwester auf die Welt kam, das war im Dezember 55, da sind wir kurz vorher umgezogen ... so ein bisschen außerhalb des Zentrums. Da habe ich gelebt, bis ich von München weggegangen bin. Das war eine 60 Quadratmeter große Wohnung, drei Zimmer. Die Wohnsituation dort habe ich immer als ganz furchtbar empfunden. Meine Schwester und ich, wir hatten das Durchgangszimmer zum Schlafzimmer von meinen Eltern. Und das war ungefähr 14 Quadratmeter groß. An jeder Wand stand ein Bett und ein Schrank, und ich ... konnte mich nie irgendwohin zurückziehen. Wenn ich gekränkt oder verletzt war oder irgendwie Prügel bezogen hatte und dann einfach ins Bett gehen wollte, dann konnte ich mir gerade die Decke über die Ohren ziehen, das war auch alles. Und dann sind sie aus Provokation immer hin und her gerast, weil sie ihr Schlafzimmer ja nebenan hatten. Ich konnte mich nie nur mal einschließen. Das fand ich immer sehr schlimm. (---)

T: Aus was für einer Familie kommt deine Mutter?

Beide, also Vater und Mutter, kommen beide aus Bauernfamilien, obwohl ... die Mutter meines Vaters hatte für ihre Söhne schon etwas Besseres geplant, weil sie auch ein bisschen Geld hatte. Der älteste Bruder wurde Bauer, der zweite Pfarrer, der dritte Förster und der vierte Jurist. Die Eltern meiner Mutter waren Hopfenbauern, die waren ein bisschen verarmt. Der Vater hatte nur ein kleines Stückchen Hopfenland und war dann ... weiß nicht, war dann nicht Arbeiter, aber irgendwie so ein kleiner Angestellter. Von meinen beiden Eltern sind die Eltern vor oder während des Krieges gestorben. Ich habe nie Großeltern kennengelernt. Meine Mutter war gelernte Sekretärin und hat aufgehört zu arbeiten, als ich geboren wurde. Und mein Vater, der in Prag eine ganz ansprechende Karriere begonnen hatte, war dann Angestellter, Sachverständiger beim Bayerischen Bauernverband, wo er am Anfang ganz wenig verdient hat. Er war Jurist, hat dann sehr viel Sozialrecht gemacht, aber er ist nie mehr auf den Stand gekommen, den er vor dem Krieg hatte. (...) Als ich ihn gefragt habe, was er denn sei, hat er sich teilweise als Beamter ausgegeben. Und Beamter war was Tolles. Als ich in der zweiten, dritten Klasse war, habe ich immer gesagt, mein Vater ist Beamter. Das stimmte einfach nicht. Mein Vater war nicht Beamter, sondern im Bayerischen Bauernverband, das ist wahrscheinlich wie hier beim NDR, wenn man 15 Jahre da ist, ist man unkündbar, aber trotzdem ist man noch kein Beamter. Ich glaube, darunter hat er schon sehr gelitten, dass er nie mehr das geworden ist, was er mal war, und er hatte dann auch keinen Ehrgeiz mehr. Er ist oft auf dem Land gewesen, wo sein Bruder lebte. Ich war da ganz oft als Kind in den Ferien, auf einem großen Bauernhof. Den hatten die erst gepachtet und später dann gekauft. Da ist mein Vater unheimlich gerne rumgestreift und hat bei der Ernte geholfen. (...) Das war so seine Geschichte, die Natur. Ich mochte diesen Bauernhof im Bayerischen auch ganz gerne. Das gab aber immer einen Konflikt mit meiner Mutter, die fand das da ganz furchtbar. Die wollte dort nicht hin, und sie wollte auch nicht, dass wir Kinder da hinfahren, weil das so primitiv war, mit Plumpsklo und so. Also, das heißt, alles, was mein Vater gut fand, hat sie schlecht gemacht. ... Weg aus dieser winzigen Dreizimmerwohnung und ein kleines Reihenhaus oder eine große Wohnung mit Balkon, das war so der Traum meiner Mutter. (...) Und für jede der Töchter ein eigenes Zimmer, das war so mein Wunsch. Das hat mein Vater immer abgelehnt. Finanziell wäre es, denke ich, irgendwann möglich gewesen ...

T: Wie war dein Verhältnis zu deiner Mutter?

Also ... mir tat sie auf der einen Seite immer leid, weil ich ganz früh mitgekriegt habe, dass sie ziemlich gelitten hat. Ich war noch ganz klein, so sechs Jahre alt, da habe ich sie überrascht, als sie im Schlafzimmer saß und heulte. Irgendwann erzählte sie mir, dass sie ja nur meinetwegen meinen Vater heiraten musste und dass ihre große Liebe ein Archäologe war, der übrigens nicht im Krieg gefallen ist. Aber ... hätte er sie dann nicht heiraten können? Ich habe noch vor Augen, da war ich vier oder dreieinhalb oder so, als sie mir rechts und links eine Ohrfeige gegeben hat. Und ich habe dann meine Puppe genommen und unheimlich aggressiv und gewaltsam auf sie eingeschlagen. Ein anderes Mal hat sie mir eine runtergehauen, als sie bügelte, und ich habe zurückgeschlagen. Danach hat sie mich nie mehr angerührt.

T: Wie hast du das verstanden?

Ich weiß nicht. Ich fand aber das, was danach kam, viel gemeiner. Dann hat sie meinem Vater immer gesagt, dass ich frech war oder solche Geschichten, die du als Kind gar nicht verstehst ...

T: Wie hat er darauf reagiert?

Ich weiß nicht, ob er mich dann geschlagen hat, aber sie hat es an ihn weitergegeben und er hat es dann erledigt. Und irgendwann hat sich das dann auch erledigt. Ich erinnere mich noch ziemlich genau. (...) Ich wurde zu der Zeit wirklich sehr streng gehalten, durfte nur bis acht Uhr abends weg und manchmal bis zehn. Und wenn ich nicht genau wusste, wohin ich gehe, dann durfte ich auch nicht bis acht Uhr weg. Ich wollte mit einer Freundin weg, die anderthalb Jahre älter war als ich und eher als Flittchen galt. Das durfte ich nicht, und da wurde ich unheimlich sauer. Da hat mein Vater mich verprügelt, und ich habe zurückgeschlagen. Das war das letzte Mal, das er mich geschlagen hat. Ich hatte so einen Ring mit einem Stein, und da muss ich ihn wohl an der Wange gekratzt haben, jedenfalls fing er unheimlich an zu bluten. Ich erinnere das überhaupt nicht so genau wie meine Schwester. Meine Schwester, die nie geschlagen wurde, erzählt mir noch heute die wahnsinnigsten Geschichten. Bei dieser habe sie die Nachbarin zu Hilfe geholt, weil meine Schwester irgendwie Schiss kriegte, als mein Vater mich geschlagen hat und meine Mutter mit einem Lappen auf mich eingeschlagen hat. Das war das letzte Mal.

Ich erinnere mich an diese Szenen gar nicht mehr. Wenn meine Schwester heute darüber redet, dann kommen so Bilder hoch, aber im Grunde genommen ist das ganz weit weg. Sie aber könnte ein ganzes Buch darüber schreiben.

T: Sie hat das anders erlebt als du.

Na ja, sie war die Kleine ... sie ist ja nie geschlagen worden. Wobei sie immer sagte, das ist mir jetzt auch klar geworden, dass sie es im Grunde genommen auch ganz schrecklich fand.

T: Warum wurde sie nicht geschlagen?

Mein Vater war sehr jähzornig. Sobald sie das gemerkt hat, fing sie an, wie am Spieß zu brüllen. Das war so eine Schutzreaktion, und sie wurde dann auch verschont. Heute sagt sie, dass sie es im Grunde genommen noch viel verletzender fand, weil unsere Mutter immer zu ihr sagte: »Was bist du für ein merkwürdiges Kind.«

Und bei mir haben sie dann ihre Aggression oder, was weiß ich, ihre Hilflosigkeit abgeladen. Ich denke, mein Vater ist hilflos gewesen (...), und bei ihr kam als Reaktion nur: »Was bist du für ein merkwürdiges Kind.« Das hat sie als zurücksetzend erlebt.

T: Wie verstehst du das?

Na ja, ich glaube, ich war wahnsinnig dominant. Sie war die Einzige, der ich alles erzählt habe, und ich habe sie angestiftet, dass sie nicht in die Kirche gehen soll, und dann sind wir immer außen herum oder haben irgendwas gemacht. Ich habe sie sicher überfordert. Als ich anfing, alles Mögliche zu lesen, zum Beispiel »Die Blechtrommel«, habe ich ihr davon erzählt, da war sie sechs oder sieben Jahre alt. Und als ich politisch so aktiv geworden bin oder Studenten halt klasse fand, also die Studentenbewegung oder Benno Ohnesorg, das musste sie sich alles anhören, da war sie vielleicht zwölf ...

T: Sie war deine Vertraute?

Ja, ja, sie war meine Vertraute, aber ich glaube, sie hat es mir auch in gewisser Weise übel genommen. Sie hat dann alles getan, was ich nicht getan habe. Sie wollte nicht auf die Oberschule, sie wollte nicht Ski fahren und viel Sport machen, was ich gemacht habe. (...) Sie hat immer was anderes gemacht und meinen Eltern mal vorgeworfen, dass sie mich alles haben machen lassen, obwohl ich immer den Eindruck hatte, dass ich alles, was ich gemacht habe, auch durchsetzen musste. Ich war zum Beispiel eine gute Schülerin in der Volksschule, ich hatte Einsen und Zweien. Ich wollte auf die Oberschule. (...) Eigentlich wollten meine Eltern, dass ich eine Banklehre mache und auf die Realschule gehe. Und dann hatte ich eine unheimlich nette Lehrerin in der dritten und vierten Klasse, die hat richtig dafür gekämpft und meinen Vater davon überzeugt, dass ich überhaupt aufs

Gymnasium gehe. Meine Mutter fand das ganz blödsinnig, weil Banklehre, das war angesagt. Dafür habe ich schon richtig kämpfen müssen ...

T: Aber du hast es auch gekonnt?

Ja, ja, nur, ich war in der Oberschule nie gut. Ich bin zwar nie durchgefallen, aber ich war von Anfang eher eine schwache bis schlechte Schülerin. Es gab immer das Damoklesschwert, wenn du durchfällst, dann musst du sofort von der Schule. Das war schon eine Belastung. Ich hatte nie das Gefühl, die unterstützen mich, weil ich das nun gerne machen möchte ...

T: Was war so fremd für dich an deinem Vater?

Also, als Kind fand ich dieses Jähzornige am schlimmsten. Er hatte auch eine andere Seite. Er war sicher emotionaler als meine Mutter, die überhaupt nichts an sich rangelassen hat. Im Nachhinein ist mir mein Vater wahnsinnig fremd. Als er 1984 gestorben ist, da war ich aufgeregt, ich hatte Herzklopfen, aber es ... hat mich nicht sonderlich berührt. Er war halt so. ... Es war klar, dass wir katholisch erzogen wurden, meine Schwester und ich. Wir mussten in die Kirche, und später, als ich 14, 15, 16 war, hatte er ganz genaue Vorstellungen, was ich durfte und was nicht. Ich durfte zum Beispiel nur zu ganz bestimmten Leuten gehen, ich durfte keinen Freund haben. Wenn er gewusst hätte, dass ich mit 17 das erste Mal mit einem Jungen geschlafen habe, dann hätte er mich windelweich geprügelt. Er war sehr, sehr konservativ, natürlich CSU-Wähler und Anhänger in diesem Bauernverband, zwar nicht direkt parteipolitisch aktiv, aber das war so seine Richtung. Ich war Klassensprecherin und bin dann zu irgendwelchen Schülertreffen gegangen und habe eine ganze Menge Leute kennengelernt. Na ja, dann gab es diese Schülergruppe, die sich später USG nannte, das war sozusagen die Schülerorganisation vom SDS (7), und das kriegte mein Vater irgendwie mit. Und dann gab es diese Springer-Auseinandersetzungen. Ich war nicht auf diesen Demos, weil ich Angst hatte, dass das meine Eltern rauskriegten. Da war aber mal ein Foto in der Zeitung von einer Frau, die mir überhaupt nicht ähnlich war (...), aber mein Vater dachte, dass ich das bin, und rastete komplett aus. Er hatte seine Flinte im Wohnzimmer, die er demonstrativ rausholte und sagte, wenn er mitkriegt, dass ich zu den Roten ... also auch die SPD, dann könnte er mir schwören, dass er mich erschießt. So unberechenbar habe ich ihn erlebt, sodass ich auch immer Angst vor ihm hatte, weil ich mich ja auch nicht zurückziehen konnte. Wenn er ausrastete, konnte ich ja nicht in mein Zimmer rennen und die Tür zuschließen. (...) Das ging so, bis ich 19 war und mein Abitur hatte. Dann bin ich sofort weg. Aber schon als ich 17 oder 18 Jahre alt war, wenn ich dann zu spät kam ... nicht um zehn Uhr sondern nach zehn, da war er schon am Fenster und brüllte immer, du Hure, kommst jetzt erst.

T (entsetzt): Das brüllte er aus dem Fenster?

Das brüllte er aus dem Fenster. Das kriegte natürlich die ganze Nachbarschaft mit. Mich hat das gekränkt. So was hat unser Verhältnis sehr geprägt. Auf der anderen Seite weiß ich eben auch, da war ich noch klein, vielleicht Anfang Volksschule, da habe ich immer gesagt, wenn mich Leute gefragt haben, wen ich lieber habe, Mama oder Papa, meinen Papa ...

T: Gab es bei euch überhaupt gemeinsame Gespräche oder politische Diskussionen?

Nee, eigentlich überhaupt nicht. Also, ich weiß, mein Vater las den »Münchner Merkur«, was eine ganz konservative Zeitung war, und den »Spiegel«, den versteckte er immer. Also, warum, weiß ich nicht. Ich habe natürlich wegen der Nazis gefragt, da war ich so 14, 15, aber er hat nie drauf geantwortet. Er sagte dann immer, Krieg war schrecklich und so, und meine Mutter, die in einer Kleinstadt aufgewachsen ist, erzählte dann, dass ihr Vater, er war Sozialdemokrat, mit ziemlicher Zivilcourage immer zu den Nachbarn gesagt habe, dass Hitler uns alle ins Unglück bringt. Und dann haben Mutter und Kinder gesagt, Vater, sei doch ruhig, du bringst uns hier alle noch ins Gefängnis. Das habe ich mitgekriegt. Ein bisschen mehr über den Faschismus habe ich eigentlich über meinen Onkel erfahren, den zweitältesten Bruder meines Vaters. Der war Pfarrer und er war im Konzentrationslager in Dachau. Der ist 1961 von der Tschechoslowakei nach Bayern gekommen, vorher hatten die gar keinen Kontakt. Weil mein Vater immer die Familie zusammenholen wollte, hat er sich darum gekümmert, dass sein Bruder ausreisen konnte. Er hat südlich von München eine Pfarrei für ihn gefunden, und den haben wir dann ganz oft besucht. Für meine Mutter war das ein Kompromiss. Wir durften ja nicht nach R., weil das so primitiv war, aber die Pfarrei war ein bisschen besser. Und als ich dann so 12, 13 war ..., habe ich die Ferien in R. oder alternativ bei meinem Pfarreronkel verbracht. Der hat dann ziemlich viel erzählt, wie das so in Dachau war, wobei seine Flucht auf dem Mistwagen kurz vor Kriegsende für ihn am beeindruckendsten war.

T: Warum war dein Onkel in Dachau?

Als Priester, die haben ja ... die katholischen Pfarrer ... Er war bestimmt kein Antifaschist, aber er war halt ... katholisch und stand dazu und ... er war nicht angepasst. Er war zweieinhalb Jahre in Dachau, also Ende 42 bis 43.

T: War das ein Thema zwischen deinem Vater und dir oder zwischen deinen Eltern, dass dein Onkel im KZ war?

Nein, nein, das war eher so, als mir dieser Onkel davon erzählt hatte, habe ich nachgefragt, und sie haben immer so reagiert, dass man ja eh nichts machen konnte ... also, was soll's. Mein Vater hat sich politisch nie geäußert. Ich könnte dir überhaupt nicht sagen, was er im Krieg für eine Position hatte, gar nichts. ... Er war wirklich so drauf, dass er davon nichts wissen wollte. Aber ich meine, er hat auch sonst mit uns oder in der Familie so gut wie gar nicht diskutiert. Er war eben sehr konservativ CSU-gesinnt.

Als ich ein bisschen anfing zu argumentieren (...), da kamen wir immer ganz schnell an den Punkt, wo er sagte, hier stehen zwei Seiten der Barrikade und lass uns nicht darüber reden, sonst wird es ganz schlimm. Er hatte wohl auch Angst. Jedenfalls stand immer ganz schnell die Drohung im Raum, dass er völlig ausrasten würde, wenn wir weiterreden. Später hat er immer wieder seine Enttäuschung zum Ausdruck gebracht, dass seine über alles geliebte Tochter nun ganz anders geworden ist, als er sich das vorgestellt hatte. Ich sollte den Jagdschein machen, ich sollte Ärztin werden und irgendwie dann einen Mann heiraten. Ich glaube, er hat kapiert, dass es nicht klappt, aber dann wollte er auch nicht mehr so viel von mir wissen ...

T: Kannst du dich außer an die eine Grundschullehrerin an andere Lehrer in deiner Schulzeit erinnern, die dich beeinflusst haben?

Ja, in dieser dritten Klasse, da war eine warmherzige Frau, bei der ich das Gefühl hatte, die akzeptiert mich so, wie ich bin. Im Gymnasium hatten wir fast nur so alte Fräuleins, die waren alle mindestens 60 Jahre alt und bestanden darauf, mit Fräulein angeredet zu werden. Die paar Männer, die wir hatten, das waren ziemlich lausige Figuren, zum Beispiel der Mathelehrer, der in der Jungschule gescheitert war und jetzt zu uns Mädchen gekommen ist. Am eindrucksvollsten fand ich eine Lehrerin, die kriegten wir in der zehnten Klasse, da war ich auch schon 16, die war unsere Klassenlehrerin und sie bestand darauf, uns mit Sie anzureden. Die hat einfach mit uns argumentiert. Wir hatten die in Deutsch und haben Kleist und was weiß ich alles gelesen, und das hat Spaß gemacht. Ich glaube, sie hatte einen humanistischen Ansatz, der mir unheimlich gut gefallen hat, und sie hat uns das erste Mal wie ernstzunehmende Menschen behandelt. Die anderen haben uns immer noch geduzt ... Aber sie hat uns ein Stück wie Erwachsene behandelt, und das fand ich gut.

T: Wann bist du das erste Mal mit dem politischen Aufbruch 68 in Berührung gekommen?

Das erste Mal ... da war ich ... ja, 14 Jahre alt. Ich habe mir schon ganz früh so was Eigenes gesucht und das auch immer irgendwie durchgesetzt. Zwischen sieben und zwölf Jahren habe ich Theater gespielt. Da gab es eine Gruppe, die war günstigerweise in der Schule, in die bin ich gegangen. (...) Das war 15 Minuten zu Fuß von meinem Elternhaus entfernt, und ich habe unheimlich darum gekämpft, in dieser Theatergruppe mitspielen zu dürfen. (...) Danach habe ich in einem Sportverein Leichtathletik gemacht und bin dreimal in der Woche zum Training gegangen und dann bin ich Skirennen gefahren. (...) Ich habe mir immer was gesucht, dass ich von zu Hause wegkonnte. Und in dieser Skitruppe vom Alpenverein, in der ich dann mit 13 oder 14 gelandet bin, da war ein Junge, der scharf auf mich war. Der war so zwei Jahre älter als ich, und ich fand den eigentlich blöd. (...) Er kam aber aus einer Familie, die sehr viel Geld hatte und sehr gebildet war. Der hat sich unheimlich viel mit Literatur auseinandergesetzt und hat bestimmt auch sehr viel in mich hineininterpretiert, weil ich schon anders war als die im Alpenverein. (...) Der hat mich ein oder zwei Jahre lang richtig umworben, und dazu gehörte auch, dass er mich zu allen möglichen interessanten Leuten mitgenommen hat. (...) Und da waren dann so Leute, die zum späteren SDS gehörten u.a. H. B., so im schwarzen Kostüm, das erinnere ich noch, die später den Arbeiterbund zum Wiederaufbau der KPD gegründet hat. Ich war damals 14, noch nicht ganz 15, als ich das erste Mal in diesem Kreis war. Die waren alle 10 bis 15 Jahre älter, sahen schwer existenzialistisch aus (lacht) – ich hatte ein hellblaues Wollkleid an mit so Bommeln, das muss ein unheimlich absurdes Bild für solche Leute gewesen sein. Und ich fand das hochinteressant, obwohl ich nichts verstanden habe. Das waren aber eher so die Leute, die mich irgendwie angezogen haben. (...) Dann habe ich mitgekriegt, dass ganz viele von denen auch Paare waren, obwohl sie nicht verheiratet waren. Es war eine andere Welt und ich hatte irgendwie Spaß daran. Mit dem A. wurde es nicht richtig was, aber er war immer auf dem Laufenden darüber, was es für Gruppen und so gab. Und dann bin ich irgendwann ... das muss 67 gewesen sein, da bin ich in so eine Schülergruppe gekommen, und dann waren da das erste Mal solche, die ich verstanden habe und die mich verstanden haben, und da hatte ich das Gefühl, ja, da bin ich angekommen. Das war nicht mehr so diese Existenzialistenwelt. Dieser A., der mich da reingebracht hatte, der konnte nun wieder mit dieser Schülergruppe nichts anfangen. (...) Wir haben dann Spontiaktionen überlegt, wollten Elternabende sprengen oder irgendwelchen Unsinn machen, und das fand ich nun wirklich klasse.

T: Wann war das?

... Das war schon 67, da hatte ich das Gefühl, angekommen zu sein, sowohl was die Leute betraf als auch die Diskussionen. Ich verstand diese angehenden oder was auch immer Schriftsteller und was sie so diskutiert haben, einfach nicht. Ich hatte einige Sachen auch nicht gelesen. (...) Ich bin in eine Schule gegangen, die eigentlich das Einzugsgebiet der höheren Töchter in München war, wobei unmittelbar um die Schule herum standen so Genossenschaftshäuser.

In der Volksschule kamen die meisten noch aus dieser Siedlung. Aber auf dem Gymnasium war ich irgendwann die Einzige, und gleichzeitig kamen die Mädchen aus den wohlhabenden Familien dazu. Und da habe ich ziemlich viel von sozialen Unterschieden mitgekriegt. Ich ging zum Beispiel in eine Klasse, in die ging auch die Tochter von dem Leiter, dem in München das (Luxushotel) »Vier Jahreszeiten« gehörte. Ja, und da war ich zum Geburtstag eingeladen. Da konnte man von der Tür aus das Haus noch nicht sehen, weil da noch ein Park kam und ein See, und die hatte nicht nur ein eigenes Zimmer, sondern auch ein eigenes Bad und eine Kinderfrau und was auch immer. Am Anfang habe ich das nicht so empfunden, als ich aber in die Pubertät kam, habe ich das mehr mitgekriegt. Wenn ich dann zu meinem Geburtstag eingeladen habe, da konnte man im Hof spielen, da habe ich schon mitgekriegt, dass sie die Nase gerümpft haben.

T: Das hast du als beschämend erlebt?

Ja, sicher, also, irgendwann fing ich dann an, mich zu schämen. Das habe ich mal zu Hause gesagt und da haben meine Eltern unheimlich aggressiv reagiert; Was bilden die sich ein, dass sie was Besseres sind. Also, darüber konnte ich mit ihnen nicht reden. Eine Schulkameradin, die schleppte mich immer zu sich nach Hause. Die war ne ganze Ecke älter als ich und wohnte eigentlich auch relativ arm. Die wohnten zu dritt in einer Zweizimmerwohnung, was ich auch sehr beklemmend fand. Bei denen stimmte aber das emotionale Verhältnis. Die Mutter war viel freundlicher und redete und erzählte und fragte ...

T: Das war ein anderes Klima?

Ja. Und ich glaube im Nachhinein, dass ich mich nicht so geschämt hätte, wenn man irgendwie darüber hätte reden können. (...) ... Ich habe schon mit 15 intuitiv begriffen, dass dieser A. eine Chance ist, aus dieser engen Begrenztheit und auch aus dieser Borniertheit rauszukommen. Und als dann 68 in München die Schülerunruhen begannen und gegen die Kultusminister demonstrierten und riefen: »Haut dem M. auf die Eier und steckt den

H. in den Zuber« und so, da war ich diejenige, die in die Schule gegangen ist und mit einem Megafon die Mädchen aufgefordert hat, mit rauszukommen. Dann waren wir so ein Trupp von ungefähr 30 und ich befand mich dann schon in dieser Rolle ... dass ich einen Schulstreik organisierte, das toll fand, und gleichzeitig wurde ich von diesen höheren Töchtern, zumindest von einigen von ihnen, auch mehr wertgeschätzt. Ich war die letzten Jahre immer Klassensprecherin gewesen und hab die teilweise zu diesen Treffen zwischen Studenten und dieser russischen Exilgruppe mitgenommen und das fanden die wiederum toll. Es hatte natürlich schon so einen Reiz ...

T: *Da hattest du was zu bieten?*

... und dass das auch noch von mir kam, das war so eine gewisse Aufwertung. Wobei es für mich klar war, dass ich Abitur machen werde und dann sofort weggehe.

T: Und das hast du auch gemacht?

Ja, ja, das habe ich dann gemacht. ... Es ging nicht so reibungslos, das habe ich wirklich ganz genau geplant. Ich habe ... rechtzeitig angefangen, mir meine Geburtsurkunde zu besorgen, die habe ich mir aus den Unterlagen rausgeklaut, wenn meine Mutter mal nicht da war, und was ich sonst so dachte, was man alles braucht an Papieren. Das habe ich alles organisiert. Sehr weitblickend, weil meine Eltern gesagt hatten, dass es überhaupt nicht in Frage kommt, dass ich irgendwo anders als in München studiere. Man war damals ja erst mit 21 volljährig. Und an dem Tag, an dem ich mein Abiturzeugnis abgeholt habe – vorher hatte ich die Kleidung, von der ich dachte, dass ich sie brauche, beiseite geschafft –, da bin ich dann richtig abgehauen. Ich habe unterwegs angerufen und gesagt, ich würde jetzt zu einer Freundin nach Frankfurt fahren und mit der nach Frankreich. Aber das stimmte natürlich alles nicht. Ich hatte einen Freund, der in Frankfurt lebte. Zu dem bin ich erst einmal gefahren. Meine Eltern drohten mir, dass sie mich mit der Polizei suchen werden, bis ich schließlich in Hamburg gelandet bin und mich im Oktober wieder bei ihnen gemeldet habe. Dabei sagten sie, wenn sie herausbekämen, dass ich mit einem Freund zusammenwohnte, würden sie mich suchen. Deswegen hatte ich immer eine Wohnung angegeben, in der noch eine Frau wohnte. Also, ich habe meine Eltern in den letzten Jahren über alles mögliche, was ich gemacht habe, belogen. Anders habe ich auch keine Möglichkeit gesehen. Und da fällt mir noch eine Sache ein, die wirklich ganz wichtig für mich war. Ich erinnere noch gut, da war ich 13, wo ich in dieser engen Wohnung saß und aus dem Fenster auf die Straße guckte. Das war alles so unglaublich kleinbürgerlich, und ich dachte, mein Gott, jetzt muss ich noch sechs Jahre aushalten. Das war so, als wenn ich in einer Anstalt gewesen wäre, aber ich habe nie darüber nachgedacht. Ich habe mich früher oder später immer gefragt, ob ich abhauen soll, was ja damals viele gemacht haben. Aber ich hatte schon mit 13 das Ziel, Abitur zu machen und dann weg. Das habe ich auch gemacht. In dieser Zeit, so zwischen 13 und knapp 19, fing das natürlich an, dass ich mir irgendwelche Geschichten zurechtgelegt habe, die wasserdicht waren. Und am Wochenende, als ich einen Freund hatte, mit dem ich auch mal zusammen sein wollte, bin ich mit Skier und Rucksack (lacht) am Samstag nach der Schule zu einer Freundin und hab mir von der Kleider ausgeliehen. Ich konnte ja nichts anderes mitnehmen als Skier und Skihosen. Eine andere Geschichte war, dass meine Mutter immer in meinen Sachen rumgeschnüffelt hat. Sie hat dabei von meinem Freund, der in Frankfurt lebte, und wie alle in dieser Kifferszene drin war, einen Brief gefunden. Den hatte er auf nem Trip geschrieben (lacht) und ich hatte ihn fein säuberlich in meinem Malkasten versteckt. Irgendwann kam ich nach Hause, das war kurz bevor das schriftliche Abitur anfing. Meine Mutter hatte den Brief gelesen und ihn meinem Vater gezeigt, und dann haben sie beschlossen, mich von der Schule abzumelden. Der Schuldirektor hat meinen Vater bekniet, mich das Abitur machen zu lassen. Das war so, dass sie gesagt haben, jetzt reicht es, jetzt kommt die Banklehre (lacht) oder das Internat in Frauenchiemsee, das waren immer die Drohungen, wenn ich nicht pariert habe.

T: Es gab also immer Menschen oder Lehrer, die dich unterstützt und vor deinen Eltern beschützt haben?

Ja, in der Oberschule, diese Lehrerin, sodass ich Abitur machen konnte. Es war kein besonders gutes Abitur, aber es war abzusehen, dass ich es schaffe. Mich sechs Wochen vor dem schriftlichen Abitur abzumelden, das war natürlich hanebüchen. Das war sozusagen die spontane Rache. Ich weiß es nicht, vielleicht hätten sie es sich nach drei Tagen anders überlegt. Das hatten sie als Strafe und Warnung für dieses unsolide Leben beschlossen.

T: Dann bist du nach Hamburg gekommen und hast hier studiert? Haben das deine Eltern finanziert?

So sukzessive. Am Anfang haben sie mir gar kein Geld gegeben, und nachdem ich das erste Semester hinter mich gebracht habe, habe ich 250 D-Mark gekriegt. Ich habe relativ schnell studiert. Ich habe im Oktober 69 angefangen und im Juli 73 das erste Staatsexamen gemacht. Ich habe erst zwei Semester Jura studiert und dann sechs Semester Pädagogik und Geschichte, wobei mir von diesen Jurasemestern eins angerechnet wurde. Also, insgesamt war ich acht Semester an der Uni, das letzte war das Examenssemester, und im letzten habe ich 450 D-Mark gekriegt. (...) Ich habe in der Zeit nie Ferien gemacht, sondern immer gearbeitet. Ein Motiv, schnell mit dem Studium fertig zu werden, war natürlich, aus der finanziellen Abhängigkeit herauszukommen. Das bedeutete immer, dreimal im Jahr nach München zu fahren, wozu ich überhaupt keine Lust hatte. Ich erinnere noch, dass ich das Bedürfnis hatte, mich mit meinen Eltern auseinanderzusetzen. Ich wollte ihnen klar machen, dass ich sie schon mögen würde, aber dass sie mich immer irgendwie falsch eingeschätzt hätten. Und dann habe ich ihnen Briefe geschrieben, drei oder vier mit Durchschlag. Und da kamen von ihnen nur so vorwurfsvolle Reaktionen wie: »Wir haben alles für dich getan, du bist undankbar, es ist unverschämt, dass du jetzt mit so etwas kommst.« ... Und dann habe ich es auch gelassen ...

T: Wie ist es mit deinem politischen Engagement weitergegangen?

Na, da lag ja damals insgesamt unheimlich viel in der Luft. Ich hatte in den letzten zwei Jahre in München immerhin die Schülergruppe. Ich glaube, wir waren damals Spontis. Wir haben auch nicht sonderlich stringent diskutiert. Ja, klar, also so mit Marx und so, das fanden wir zwar große Klasse. Daher war das gar keine Frage, dass wir hier nach Hamburg gehen und wieder den Anschluss an die politische Szene finden ...

T: Bis Du mit jemandem aus München nach Hamburg gegangen?

Mit meinem Freund aus Frankfurt, der ist mit mir zusammen nach Hamburg gegangen. Wir haben uns dann umgehört, also ... da war ja damals die ganze Szene zusammen. Von Leuten, die später zur RAF gegangen sind, über diese ganzen KPD-Abspaltungen bis zur DKP. Und dann fing es relativ schnell, Anfang 70, an, sich zu spalten. Ich hatte zwei Semester Jura studiert (...) ... aber wir haben mehr Aktionen gemacht, und wir haben geraucht ... fürchterlich (lacht). Für so etwas war ich immer gut zu haben als Nichtraucherin. Und dann bin ich ins Studentenparlament gewählt worden. Obwohl ich schon nicht mehr Jura studiert hatte, bin ich durch dieses Jurastudium da reingekommen. ... Das war ein illustrer Haufen, der da zusammengekommen ist. Dann war ich zwei Semester im Studentenparlament und habe zu Geschichte gewechselt. (...) Da habe ich dann einen Marx-Arbeitskreis angefangen und fand das ganz entsetzlich ... ich fand das zu viel. Obwohl alle meine Freunde da drin waren, bin ich aus der Basisgruppe rausgegangen, was ich unheimlich schmerzlich fand. Nach dem 16. Aufarbeitungspapier habe ich meine erste eigene Spaltung praktiziert. Ich habe aufgeschrieben, was ich alles unerträglich fand. Dann habe ich zwei Semester Theorieschulung mit Leuten gemacht (...) und als dann dieser KB anfing, wieder mehr Studenten- oder Massenpolitik zu machen, da wurde ich für sie interessanter, weil ich im Studentenparlament war, da haben die mich dann umworben.

T: Der KB?

Ja, das Leitende Gremium – LG (22), bzw. der KB und dann ... bin ich da eingetreten. Das war ganz kurz vor der Spaltung, wo die meisten dann zum KBW (23) gegangen sind, also zum SSG (24), und ganz wenige nur beim SSB (20) blieben. Ich kann dir gar nicht mehr sagen, warum, ich glaube, ich bin in meinen Entscheidungen immer danach gegangen, wo ich die Leute stärker und ehrlicher fand. Ich glaube, die theoretische Ausrichtung war für mich gar nicht so ausschlaggebend.

T: Was war für dich ausschlaggebend ?

Na ja, die Auseinandersetzung darum hatte ich in dem Jahr und ich ... habe ziemlich darum geclincht. Wir waren ein ganz kleiner Haufen, so sechs, sieben Leute, und die anderen bei den Studenten waren 30 oder 40, die dann später ins KB gingen. Für mich war das schon eine Geschichte ... drum habe ich mich auch immer gefragt, warum ich bei Spaltungen immer auf der Minderheitsseite war. Irgendwie ... hat mir das immer ganz gut gefallen, zum einen, weil ich die Leute ganz gut kannte und weil ich dabei das Gefühl hatte, da kämpfe ich ein Stück für Gerechtigkeit und gegen Borniertheit. Also, das ist sicher so ein Muster, das da immer wieder auftaucht. Das war bei der KB-Spaltung auch so, dass ich immer bei den Schwächeren war, weil ich dachte, die könnten nicht ganz so dogmatisch sein, selbst wenn sie es letztendlich doch sind.

T: Du bist dann aber in den KB gegangen?

Na, also, ich war eine ganze Zeit bei den Studenten, also, SSB und Arbeiter, erst später bin ich in den KB. Also, ich war ja kleinbürgerlich ...

T: Für den KB?

Ja, ja.... Im SSB-Geschichte, da hatte ich das Gefühl, dass wir mit Diskussionen unsere Richtung bestimmen konnten. Ich habe immer bedauert, dass es in Hamburg keine Spontis gab. Ich dachte, das wäre das gewesen, was ich am liebsten gemacht hätte. Ich hatte ja Freunde in Frankfurt und fand das eigentlich viel toller als in Hamburg. Gleichzeitig ... wollte ich in Hamburg zu Ende studieren und hab auch gleich einen Job gefunden, sodass ich nicht daran gedacht habe, die Stadt zu wechseln. Von Mitte der Siebziger bis Ende der Siebzigerjahre habe ich nicht groß darüber nachgedacht, aus dem KB rauszugehen. Aber es wurde zunehmend unangenehmer, die Widersprüche spitzten sich zu, bis ich dann dachte, jetzt reicht es, jetzt muss ich da raus, weil ich sonst die Selbstachtung verliere. Aber die Frage, die du natürlich völlig berechtigt stellst, musstest du so aufgehoben sein, das musste ich halt.

T: Aufgehoben, das weiß ich nicht, es kann ja auch was anderes gewesen sein, was dich in der Organisation gehalten hat. Aber du hast das Gefühl, es geht darum, aufgehoben zu sein? Du hast ja eine wichtige Rolle im KB gespielt ...

Weiß ich nicht, teils, teils. Ich war formal sicher wichtig. Aber ... (...) als eine Delegation von drei Männern sagte, sie wollten nun drei Frauen in das LG, da habe ich das spontan als einen taktischen Schritt empfunden (...) und das war es ganz sicher auch. ... Na gut, ich weiß nicht, hinterher, finde ich, habe ich zu wenig aus dieser Funktion gemacht. Meine engsten Freunde hatten mir zugeredet, es zu machen. Aber was hat mich eigentlich dazu befähigt? Ich bin theoretisch keine besondere Leuchte gewesen. Ich war eher in so einer neugierigen Erwartung und wollte rauskriegen, was in aktuellen Situationen zu machen ist. Aber das ist ja nicht eigentlich eine Befähigung für das LG ... Ich denke, ich habe später in der Bunten Liste so einige ganz gute Sachen gemacht. Im Lehrerbereich, wo ich bei den Gewerbelehrern eine leitende Funktion hatte, da habe ich viele Leute versucht davon abzuhalten, in den KB zu gehen. Aber eigentlich fand ich meine Rolle im KB subjektiv nie als wichtig. Was mich immer gewundert hat, war, wenn später die Leute auf mich zukamen und sagten: »Mensch ... was für ein Schock muss diese Spaltung für dich gewesen sein!« (...) Ich habe immer gesagt, dass ich erleichtert gewesen sei. Ich habe mich nie als Leitungskraft empfunden, obwohl ich es war. Aber ich war es nie von meinen innersten Gefühlen her. Die haben mich gebraucht, die Frauen, und da haben sie mich eben genommen.

T: Dann war das so aus einem Pflichtgefühl?

Ich wollte mal so sehen, wie das funktioniert. Und ich war ja als einzige Frau richtig unabhängig. Jedenfalls am Anfang, da war ich mit keinem von diesen Männern verbandelt. Ich hatte damals keinen Freund, also, ich schlief mit keinem von denen. Ja, das war ein sozial interessantes Experiment ... Ich denke schon, dass ich auf eine bestimmte Weise relativ unabhängig war. Also, nicht in der Weise, dass ich diesen KB, diese große Familie brauchte. Ich gehörte ja eine recht lange Zeit dazu. Und als ich ihn nicht mehr brauchte oder als er mir zuwider wurde, habe ich mich getrennt ... aber dieser Abnabelungsprozess hat bestimmt zwei Jahre gedauert.

T: Was war dir denn zuwider?

... Also, mir wurde die Art zuwider, wie in diesem LG über Menschen diskutiert wurde, wie man Leute behandelte, wie man mit denen umgegangen ist. Das ist auch der Grund, warum ich mich immer freiwillig gemeldet habe, wenn es darum ging, als Mitglied des LG mit Leuten was zu besprechen. Ich habe mich in den Gesprächen immer emotional auf die Leute eingelassen. Und dann habe ich meine Berichte abgegeben, wobei ich am Anfang eher naiv war, aber später wollte ich durchaus taktisch bestimmte Sachen abfedern, von denen ich dachte, dass die das gar nicht wissen müssen.

T: Das war ja quasi wie zu Hause. (lacht)

(lacht) Ja, so gesehen war das wie bei mir zu Hause. Und wie dann im LG diskutiert wurde, wie man dann H. Str. oder Chr. H. oder wie sie alle hießen, als Idioten betitelt und darüber diskutiert hat, wie man die behandeln müsse ... das fand ich widerlich. Und da habe ich mich auch über mich selbst wirklich geärgert, dass ich da nicht früher gegen angegangen bin. Ich bin dann ja erst Ende 1979 ausgetreten. 1978 wäre es eigentlich an der Zeit gewesen.

T: Was war der Grund, dass du anderen abgeraten hast einzutreten? Das ist ja ein bisschen putschig.

Ich dachte immer, wenn die da reingehen, dann sehen die auch, was für ein Blödsinn da diskutiert und gemacht wird, und ich dachte, für die ist es doch viel besser, wenn die ihre Gewerkschaftsarbeit machen. Und für politische Diskussionen brauchen sie doch nicht in so eine blöde Organisation zu gehen, wo man erstmal viel Geld abgeben muss. Ich musste mindestens ein Viertel von meinem Gehalt, das ich verdient habe, abgeben. Also, ich habe jedenfalls immer sehr viel abgegeben, da dachte ich, na gut, ich mache das, weil ich da eben so drin bin und weil das halt so ist, wie das ist. Aber jeder, der da freiwillig reingeht (lacht), hat doch einen an der Klatsche.

T: (lacht) Eindrucksvoll, dass du da trotzdem dringeblieben bist.

Ja, irgendwie bin ich sehr treu.

T: Ja, wenn du heute so zurückblickst, welche Bedeutung hatte diese Zeit für dich? Du hast ja bis vor zwei Jahren Politik gemacht, und dann bist du in die Wirtschaft gegangen.

Na ja, ich hatte ja eine ganz lange Phase, wo ich aufgehört hatte, Politik zu machen. Ich habe inzwischen die Grünen mitgegründet, war ein Jahr im Bundeshauptausschuss der Grünen. Als Ende 1984 die Diskussion mit diesen Frechen Frauen anfing, bin ich wieder zurück. Ich fand den Diskussionsansatz spannend und habe bei dieser Sache (Frauenliste) mitgemacht. Aber ich wollte eigentlich nicht Politik machen, ich musste irgendwie ... Man hat mir immer unterstellt, ich würde mich zieren, um gebeten zu werden. Das stimmt einfach nicht. Also, ich wollte es eigentlich nicht, aber ich war dann halt wieder sehr treu und dachte, wer A sagt, muss auch B sagen, und da bin ich da halt rein, auch wenn ich irgendwie gar keinen Bock habe. Nein, du, ich fand das auch unheimlich wichtig und spannend, und ich möchte die Zeit gar nicht mehr missen. Im Nachhinein würde ich Sachen anders machen ... (...) Ich glaube, wenn ich so Sachen politisch gut zu erkennen meine und auch kein schlechtes Gefühl dabei habe, dann laviere ich mich da eben so durch, bevor ich in den offenen Kampf gehe. Ich mache das dann mehr so durch die Hintertür. Nur wenn da ganz besonders übel mit Leuten umgesprungen wurde wie in der Lehrergruppe, dann bin ich deutlich geworden und habe gesagt, dass es so nicht geht. Das habe ich immer dann gesagt, wenn das andere nicht mehr funktioniert hat. ... Und natürlich denke ich, dass wir aus all dem unheimlich viel gelernt haben.

T: Fällt dir irgendetwas ein, was für dich besonders wichtig ist?

Was ganz Spezielles fällt mir nicht ein. Also, ich denke, was wir gelernt haben, ist dieses kollektive Rauskommen aus diesen Fünfziger- und Sechzigerjahren, das war bestimmt nur als kollektiver Prozess möglich. Und dafür haben wir natürlich auch ... viele Seitenwege eingeschlagen, das finde ich eigentlich relativ legal. Und ich finde auch ... ich meine, ich hätte mir die Zeit auch in Frankfurt mit meinem Freund gut vorstellen können. Vielleicht ... also wahrscheinlich ... hätte ich da weniger rumgetrickst, mag sein. Aber vielleicht mache ich mir da auch nur was vor. Aber, also ... (...) überhaupt an dem gesellschaftlichen Kram dran zu sein oder vielleicht nicht so ganz draußen zu sein, das fand ich unheimlich spannend und nützlich. Selbst wenn man jetzt so einen Bogen zieht zur Filmgeschichte, da tauchen ja zumindest bei den Drehbüchern Sachen wieder auf, mit denen wir uns politisch auseinandergesetzt haben, egal, ob es zum hunderttausendsten Mal um den Faschismus geht. Auch in Komödien, zum Beispiel wenn es um Männer-Frauenbeziehungen geht, immer ist es auch eine Auseinandersetzung mit bestimmten gesellschaftlichen Fragestellungen oder Konflikten, das finde ich sehr spannend.

Na ja, ich mache keine Politik mehr.

Und es gibt in jeder dieser Szenen unheimlich viel Klatsch und Tratsch und Intrigen. Wenn man das mal durchexerziert und irgendwas begriffen hat, dann kann man sehr viel gelassener und geschickter und auch mit mehr Abstand mit Konflikten und Auseinandersetzungen umgehen. Mir hilft da die Ironie.

Hamburg, im Juni 1993

4. Ruth Jäger

Ich bin 1950 geboren. Meine Eltern waren schon sehr alt. Mein Vater war Anfang 50 und meine Mutter war 40 ... und vielleicht habe ich das schon damals gespürt ..., dass ich als Kind nicht mehr geplant war. Jedenfalls stand im Raume, dass eigentlich ein Junge erwünscht war. Das hat mich schon ziemlich geprägt.

Ich habe noch vier ältere Schwestern, ich bin also das jüngste von fünf Mädchen. Wir haben in einem kleinen Haus gewohnt, und bei uns war immer ziemlich viel los. Es waren immer viele Kinder da, und wir durften auch im Garten spielen, was nicht selbstverständlich war. In den Gärten der anderen Leute durfte man nicht spielen.

Als Kind soll ich ziemlich wild gewesen sein. Ich habe Fußball gespielt, bin auf Bäume geklettert und habe Höhlen gebaut, eher wie ein Junge. Und ich soll sehr störrisch gewesen sein. An diese Zeit habe ich viele gute Erinnerungen ...

T: Wie alt waren deine Schwestern?

Meine älteste Schwester ist zwölf Jahre älter als ich, dann kamen sie im Abstand von zwei Jahren sozusagen, die letzte ist sechs Jahre älter als ich.

Wir hatten sehr viele Freiheiten und haben viel draußen auf der Straße gespielt. In unserer Gegend konnte man überall gefahrlos Fahrrad fahren oder zum Schwimmen gehen. Das war gut. Und ich erinnere mich an typisch langweilige Sonntage oder an den Winter, wenn man drinnen hocken musste. Bei uns war es ja ziemlich eng ...

Meinen Vater habe ich mehr als alten Mann erlebt, eher wie einen Großvater. Ich kann mich kaum an die Zeit erinnern, als er noch berufstätig war, aber er muss nach meiner Geburt ja schon noch zehn Jahre gearbeitet haben.

T: Was hat er beruflich gemacht?

Er war Lehrer, aber er ist nach dem Krieg nicht mehr als Lehrer angekommen. Er hatte früher eine Ausbildung als Bankkaufmann gemacht und er hat dann bei einer Bank gearbeitet.

Ich erinnere mich schon, dass ich ihn da mal besucht und abgeholt habe. Aber ich erinnere mich kaum an ihn als einen Mann, der im Berufsleben steht oder in der Familie eine aktive, positive Autorität war. Mein Bild von ihm ist mehr das von einem Mann, der krank im Sessel sitzt. Aber es gab auch schöne Sachen, zum Beispiel haben wir viel zusammen Karten gespielt.

T: Und deine Mutter?

Meine Mutter ist mit dieser Situation schlecht klargekommen. Zum einen kann man das bei fünf Kindern nachvollziehen. Dann waren die materiellen Bedingungen auch nicht so, dass sie sich hätte Hilfe holen können. Meine Mutter hat eigentlich eine Ausbildung als chemisch-technische Assistentin gemacht. Das war für ihre Zeit schon ein bisschen ungewöhnlich. Sie stammt vom Bauernhof, hat geheiratet und fünf Kinder geboren. Sie war stark geprägt durch die nationalsozialistische Familienideologie, und von daher ist sie mit ihrer Rolle als Frau und Mutter ganz zufrieden gewesen. Nach dem Krieg war dann alles anders, und das hat sie auch gebrochen. Sie hatten eine Lehrerwohnung, aus der sie rausmussten, mein Vater hatte keine Arbeit und sie hatte fünf kleine Kinder ... ich war ja noch nicht da, also vier kleine, zum Teil ganz kleine Kinder. Darunter hat sie unheimlich gelitten und sie hat das für sich ganz schlecht verarbeitet.

T: Wie hast du sie erlebt?

Als Kind habe ich sie sehr angespannt und überarbeitet und unzufrieden erlebt. Ich erinnere so Szenen, wo sie Teller zerdonnert hat, wenn es wieder mal Konflikte zwischen meinen Eltern gegeben hat ... Als mein Vater älter und auch krank war, da habe ich vielleicht bewusster mitbekommen, was zwischen den beiden gewesen ist. Jedenfalls habe ich meine Mutter sehr unglücklich erlebt, aber auch zäh, sehr zäh ... Allein die körperliche Arbeit, die Waschtage. Also ... vielleicht ist zäh das richtige Wort.

T: Wann haben deine Eltern geheiratet?

Ich glaube, 1936, ja, meine älteste Schwester ist 38 geboren.

Für mich gab es mal einen Bruch, als ich schon älter war, so 14 oder 15. Meine Schwester hat ein nichteheliches Kind bekommen. Sie wollte nicht abtreiben, aber sie schaffte es auch nicht, das Kind allein großzuziehen. Jedenfalls wuchs es dann bei uns mit auf. Da waren schon alle anderen Geschwister aus dem Haus, nur ich war noch da. Dann kam das Baby ins Haus, und ich ... also fand das sehr hinderlich, und meine Eltern waren viel zu alt, um noch ein kleines Kind zu versorgen. Ein anderes Problem hatte ich damit, mei-

ne Weiblichkeit anzunehmen. Ich hatte ja den Ruf »der wilde R.« zu sein. So haben mich meine Cousinen jedenfalls genannt.

T: Der wilde R.?

Ja, »der wilde R.« bedeutete, motorisch zu sein, Fußball zu spielen und eher auf kameradschaftlich burschikose Weise Freundschaften zu haben, jedenfalls nicht so weiblich zu sein ...

T: Solltest oder wolltest du ein Junge sein?

Das weiß ich nicht. Wahrscheinlich war es für die anderen wichtiger.

T: Für wen?

Für meine älteren Schwestern? Ich kann das nicht sagen.

Jedenfalls war das immer ein Spruch: »Noch ein Mädchen!« Alle schienen ein bisschen verwundert über fünf Mädchen ...

T: Aus was für Familien kommen deine Eltern?

Meine Mutter kommt von einem großen Gutshof. Ihre Familie war finanziell so situiert, dass sie ihr eine höhere Schulbildung ermöglichen konnten. Mein Vater stammt aus einer Dorflehrerfamilie. Beide sind Norddeutsche ...

Über die politische Vergangenheit gab es so eine Ahnung, aber es wurde nicht offen darüber gesprochen. Ich habe lange nicht verstanden, warum mein Vater nicht wieder Lehrer wurde. Aus dem Umfeld kriegte ich da schon was mit. Wir wurden als Familie zwar nicht gemieden, aber ich wusste, dass es da irgendwelche Ungerechtigkeiten gegeben hat. Meine Schwestern hatten in der Schule Lehrer, die so der Jahrgang meines Vaters waren. Deren nationalsozialistische Vergangenheit schimmerte jedenfalls mehr durch als bei den Lehrern, die ich hatte. Darüber wurde aber nicht gesprochen. Meine Mutter hat das weggeschoben, und für meinen Vater war das kein Gesprächsthema. Ich wusste nur, dass er irgendwie zu »denen« gehörte.

Vor allem meine älteste Schwester hat sich damit ziemlich auseinandergesetzt. Sie ist früh schon aus dem Haus gegangen, da war ich zehn Jahre alt. Die zwei anderen Schwestern sind aber auch sehr schnell von zu Hause weggegangen, ins Ausland oder in eine Ausbildung. Nur meine nächste Schwester ist länger zu Hause geblieben, weil sie ihre Ausbildung in der Nähe gemacht hat.

T: Hast du mit deinen Eltern über dieses Thema geredet?

Als ich kleiner war, sicher nicht, und als ich älter war, habe ich nicht gefragt, um zu verstehen, sondern im Gegenteil, ich habe sie anklagend gefragt, wie man solche Auffassung überhaupt haben konnte.

T: Du hast gesagt, dass dein Vater vom Ersten Weltkrieg begeistert gewesen ist?

Ja, als Schüler ... 1914 fing der Krieg an, und da muss er in der Oberprima gewesen sein. Ich weiß nicht, ob er begeistert gewesen ist. Er war 18 Jahre alt, als der Krieg begann. Da gab es so einen Aufruf an die jungen Männer, und dann ist er auch gleich eingezogen worden ... Aber das ist ja vielen jungen Männern so ergangen. Wie er das verarbeitet hat, weiß ich überhaupt nicht.

T: Hat er darüber gesprochen?

Er ist ja schon gestorben, da war ich etwa Mitte 20. Als ich so weit war, dass ich nicht nur anklagen, sondern auch wissen wollte, was gewesen ist, da konnte ich nicht mehr mit ihm sprechen.

Aber ich konnte ihm doch noch ein bisschen zeigen, dass ich ihn nicht anklage ... Ob ich ihn geliebt habe, das weiß ich gar nicht. ... Ich weiß eigentlich gar nicht, wie er das alles verkraftet hat. ... Er hatte so ein rechtes Blatt abonniert, worüber ich mich immer geschämt habe. Ich denke, dass er nicht dazu in der Lage gewesen ist, eine andere politische Sicht einzunehmen.

T: Konntest du mit deiner Mutter reden?

... Auch wenig. Als die anderen schon aus dem Haus waren und sie selber vielleicht etwas mehr Ruhe hätte haben können, da war dann der kleine Junge bei uns. Damit war sie wieder voll beschäftigt, zumal mein Vater krank war. Ich habe immer mal wieder Ansätze gemacht, mit meiner Mutter darüber zu sprechen, wie es ihr im Krieg und in der Zeit ergangen ist. Aber ich hatte das Gefühl, dass es sie eher belastet hat, darüber zu sprechen, wie es für sie war als Frau mit vier kleinen Kindern und keine Wohnung mehr zu haben und auch Hunger. Wir bekamen immer Lebensmittel vom Hof meines Onkels, was uns ziemlich gerettet hat. Nach dem Krieg ... musste mein Vater Holz hacken, das war wohl so eine Art Entnazifizierungsmaßnahme. Selbst heute mit dem Abstand reagiert sie auf das Thema sehr empfindlich und distanziert. Eigentlich ist doch alles ganz gut gelaufen.

Die Töchter sind normal und ganz gut geraten. Mir kommt es so vor, als würde sie sich gerade von mir wegen meiner politischen Positionen immer irgendwie angeklagt fühlen.

T: Wann bist du das erste Mal mit Politik in Berührung gekommen?

Ich war bei den Waldläufern, das ist so etwas Ähnliches wie die Pfadfinder. Wir waren eine Gruppe von Jugendlichen zwischen 14 und 15 Jahren. Es fing damit an, dass wir über den Vietnamkrieg gesprochen haben. Das hat uns sehr interessiert, war aber noch nicht so politisch. In der Schule, da war ich wohl in der elften Klasse, viele von uns hatten keinen Fernseher, und ich weiß noch, dass wir uns deshalb montags immer in der Schule getroffen haben, um »Panorama« zu sehen und darüber zu diskutieren. Damals ging es auch um die Notstandsgesetze. Darüber haben wir diskutiert, aber von der politischen Bedeutung habe ich das damals noch wenig verstanden. Das war so der Anfang. Und aus dieser »Panorama«-Gruppe ist dann eine politische Arbeitsgemeinschaft entstanden.

T: Aus welchem Grund bist du in diese Gruppe gegangen?

... Da waren zum einen viele Leute, die ich spannend fand und die sonst nicht zu meinem näheren Umfeld gehört haben. Da gab es Leute, die brachten andere Impulse und stellten neue Fragen. Das hat mich alles interessiert, die Gespräche, dann die ersten Filme. In dieser Zeit hat sich die gesamte politische Kultur verändert. Die ersten Leute trampten nach Frankreich. Aber es war alles noch sehr brav. Ich weiß noch, dass einige die Schulwände mit kritischen Sprüchen gegen die Lehrer besprüht haben (lacht). Ich war unsicher, ob ich das unterstützen sollte, denn die Lehrer bemühten sich ja auch. Ich gehörte also nicht zu den Radikaleren. Immerhin haben diese Gruppen ein bisschen Veränderungen in die Schule gebracht, die bisher so eine altehrwürdige Institution gewesen ist. Beim Sportabitur haben wir dann unsere erste Protestaktion gemacht. Das war bei den Übungen am Stufenbarren, die mussten wir machen, ob wir das konnten oder nicht. Der Lehrer stand hinten und dann mussten die, die das nicht konnten ... das war widerlich ... Da haben wir gemeinsam beschlossen, das einfach nicht zu machen. Das war unser erster richtiger Protest ... das fand ich toll.

T: Gab es unter euch Geschwistern politisch eine Verbindung?

Nee, das nicht. Meine älteste Schwester hat am stärksten gegen meinen Vater und seine politische Vergangenheit protestiert. Ich denke, überhaupt gegen ihn als Vater. Sie war die erste Tochter, und das ist schon eine besondere Beziehung. Er bot aber auch eine breite Angriffsfläche für Kritik, aber er war kein starker Mann mehr. Und dann sind meine anderen Geschwister alle früh aus dem Haus gegangen, sodass wir eigentlich wenig gemeinsam erlebt haben.

Aber dass wir miteinander politisch diskutiert hätten, das gab es eigentlich nicht, schon wegen des Altersunterschiedes.

T: Dann war die Gruppe in der Schule die erste, in der du dich wohlgefühlt und auch diskutiert und dich auseinandergesetzt hast?

Also, wohlgefühlt ist vielleicht falsch. Es war so, in der Schule gab es viele Kinder aus reicheren Familien. In unserer Nähe gab es einen kleinen See, der hatte auch eine Badeanstalt und das war so ein Zentrum. Dieser See hatte eine Absperrung, auf der einen Hälfte war der Privatclub mit Tennisanlage und auf der anderen Hälfte war die Badeanstalt, wo sich alle gedrängelt haben. Das war sozial ... wirklich ganz krass. Die Leute vom Privatclub waren interessante Leute, und irgendwie habe ich die immer beneidet, dass ich nicht aus so einer Familie stammte ... Vielleicht habe ich mich auch geniert, wenn Leute zu mir nach Hause kamen, weil es bei uns nicht so großzügig und nicht so selbstverständlich war, Besuch zu bekommen. Ich habe mich für vieles geschämt, für meinen Vater und später für das Baby, das zu uns gekommen war. Ich habe später Frauen beneidet, die mit einem ganz anderen Selbstwertgefühl in ihrer Kindheit und Jugend groß geworden sind. Bis heute merke ich, dass ich schon in der Kindheit so ein Gefühl hatte ... dass ich auf meine Familie nicht stolz sein konnte, was heißt, stolz ... die Familie, aus der ich komme, hatte nichts Selbstverständliches. Ich denke, dass das schon an der politischen Vergangenheit meines Vaters liegt ... Ich habe auch lange gebraucht, um das mehr zu durchschauen. Das war nachher in der politischen Organisation ... da bin ich aus meiner Zurückhaltung mehr rausgekommen. Ich wollte einfach unendlich viel wissen und auch die richtigen Fragen stellen. Aber ich war auch zwiegespalten, wie sehr ich mich auf die Organisation einlassen wollte. Später bin ich sicher auch deswegen immer ein bisschen am Rande geblieben.

Auf der anderen Seite habe ich schon ne Menge gelernt und mehr Klarheit gekriegt, was ich eigentlich gewollte habe.

T: Wann hast du dich politisch organisiert oder wie ist es dazu gekommen?

... Nach dem Abi 69 bin ich nach Frankreich gegangen, da war der Ausklang von 68 ... aber in Paris war davon noch viel zu merken. Ich hatte zwar zu jungen Franzosen fast gar keinen Kontakt, aber ich habe viel gelesen, zum Beispiel über Kambodscha, darüber stand viel in den Zeitungen. Dann habe ich angefangen zu studieren, zuerst auf Soziologie, weil ich irgendwie meinen Platz in der Gesellschaft finden wollte – ich weiß noch,

das war mir wichtig. Ich wollte einfach Klarheit kriegen. ... Meine politische Arbeit hat dann bei den Soziologen angefangen. Die Anfangsseminare wurden umfunktioniert in politische Gruppen. Mir war das aber alles viel zu groß und zu unübersichtlich. Bei den Romanisten hingegen, wo ich gleichzeitig angefangen hatte, war das anders. Das war klein und überschaubar. Die machten Fachschaftsarbeit, und ich habe darüber eine Verbindung zu meinem Studium gefunden. Zugleich war es politisch und persönlich. Das war der Anfang ... Die Fachschaftsarbeit schaffte für mich die Verbindung zur eigenen Ausbildung und zu den Ausbildungsinhalten und zu Fragen, die darüber hinausgingen. Das war gut für mich. Davon war ich überzeugt, und das war dann auch ein gutes Feld für mich, politisch aktiv zu sein. Später, in der politischen Organisation, fand ich das für mich schwieriger. Da lief es mehr über den Kopf, man hatte Ängste, dass man ausgegrenzt wird, wenn man da nicht mitmachte. Diese Zeit im KB ist für mich nicht nur positiv gewesen.

T: Wann hast du dich organisiert?

Während der Uni-Zeit im Fachschaftsrat RomaGermanistik. Ich war aber nie so richtig ... im KB, ich habe mehr Stadtteilarbeit gemacht. Nachher im Referendariat habe ich mehr in der »Arbeiterhilfe« mitgemacht ... Diese Bezirksarbeit im KB habe ich nur am Rande mitgemacht.

T: Wenn du das so sagst, klingt das sehr selbstkritisch?

... ja, ich denke manchmal, ich hätte mich daraus lösen und viel mehr nach meinen eigenen Vorstellungen leben müssen ... Aber da gab es auch soziale Verbindungen, die mir wichtig waren. ... Ich bin da in eine Organisation gekommen, die mir zwar intellektuell und von der Theorie zugesagt hat, die aber gar nicht das war, was ich eigentlich gewollt habe. Ich glaube, für mich wäre eine andere Organisationform oder Gruppenform besser gewesen.

T: An was für eine Gruppe denkst du dabei?

Na, so eine Gruppe wie im Fachschaftsrat ...

T: Eine Gruppe, die offen war?

Ja ..., die offen war, nicht so festgefahren in diesen Strukturen. Ich glaube, das hätte mir mehr entsprochen.

T: Warum hast du nicht gewechselt?

Das hätte ich tun können, aber dafür hätte ich sehr stark sein müssen. Und ich hätte damit sicher auch enge Freundschaften aufgegeben.

T: Du hast befürchtet, dass du Freundschaften verlierst, wenn du die Organisation verlassen würdest?

Ja, das glaube ich. Ich war aber auch inhaltlich nicht überzeugt genug. Im Grunde aber wollte ich immer … noch mal in Frankreich studieren. Und den Schritt habe ich nicht geschafft, zum einen, weil ich politisch nichts verpassen wollte, aber auch, weil ich die sozialen Beziehungen nicht verlieren wollte. Aber ich war auch schlicht und ergreifend ängstlich.

Zurückblickend kann ich sagen, dass ich es für mich nicht als einen Fehler erlebt habe, im KB gewesen zu sein. Ich war da ja nicht so drin verstrickt wie andere. Für einige ist das wirklich schwierig gewesen, und sie haben noch immer damit zu tun.

Für mich ist das nicht so. Ich bedaure das für mich als Frau. Mir fehlte damals die Stärke, um zu sagen, dass ich das eigentlich nicht will. Das habe ich übrigens damals auch schon oft beim Frauenteil im »Arbeiterkampf« gedacht.

T: Warst du daran aktiv beteiligt?

Ja, zum Teil. … Ich hatte sicher ein Bedürfnis nach einer Gruppe und auch nach bestimmten Verbindlichkeiten. Vielleicht war das aber auch so was wie eine Autoritätssuche, wo ich doch keinen richtigen Vater zu Hause hatte. Erst nachher in der Auseinandersetzung, die es dann auch unter den Lehrern in der Organisation gegeben hat …, da konnte ich mehr zu meinen eigenen Positionen finden.

T: Kannst du sagen, was dich gestört hat?

Ich fühlte mich sicher gefährdet. Als Lehrerin nachher im Referendariat drohte ja auch das Berufsverbot.

T: Du meinst existenziell gefährdet?

Das war erst ganz zum Schluss. Vorher war das eher so, dass mir die Theorie und die Analyse der gesellschaftlichen Verhältnisse und der politischen Strategie fremd geblieben sind. Es klaffte schon sehr zwischen der Theorie und dem, wie und wofür ich bereit war, mich zu engagieren, zum Beispiel in der Internationalismusarbeit, die ja manchmal so ne romantische Verklärung hatte, wie die Forderung nach internationaler Solidarität. Ich hatte immer das Gefühl, als wäre ich eher ne linke Juso-Frau, als den kommunistischen Vorstellungen zu entsprechen. Das war mir alles zu abstrakt. Zudem sind für mich die Positionen zur DDR, aber auch zur Sowjetunion immer sehr schwierig gewesen.

T: Was hast du dann in der »Arbeiterhilfe« gemacht?

Damals ging es im Wesentlichen um Unterstützung für linke Juristen und Vertrauensleute oder Betriebsräte, denen wegen ihrer politischen Haltung gekündigt wurde. Um die zu unterstützen, haben wir eine Zeitschrift gemacht, wir haben Informationsmaterial verteilt, und wir hatten Verbindung zu anderen Städten. ... Das lag mir sicher mehr als die politischen Diskussionen mit Passanten auf der Straße. Damit habe ich mich oft überfordert gefühlt. Das ging anderen sicher auch so, aber die konnten damit anders umgehen. Also, für mich stand an erster Stelle die Fachschaftsarbeit, dann habe ich mich für allgemeinpolitische Themen interessiert, dann kam die »Arbeiterhilfe« und der KB und das Referendariat.

T: Wenn ich dir zuhöre, bekomme ich den Eindruck, dass du in dieser Zeit unheimlich viel gearbeitet hast?

Das kann ich gar nicht so sagen ... Im Studium war man natürlich den ganzen Tag beschäftigt,aber das gehörte, glaube ich, dazu. An der Uni gab es unheimlich viele Termine. Ich habe ganz viel gelesen in der Zeit und dann all die Veranstaltungen, und ich habe selbst irgendwelche Dinge vorbereitet. Das schon, aber es gab auch viel Freizeit ... viel Kino und ...Theater, und ich habe auch immer gejobbt ...

Ich bekam Teilbafög und nachher eine Halbwaisenrente, insofern stand ich finanziell ganz gut da. ... Aber wenn ich das heute sehe, denke ich, man müsste für ein Studium mehr tun. ... Geschichte habe ich gerne studiert. Ich fand das schön wegzutauchen, in Seminare, Bücher ... In Französisch war die Ausbildung sehr schlecht. Das hätte ich anders machen müssen.

T: Wann hast du mit dem Referendariat angefangen?

1975.

T: Zu der Zeit fingen die Berufsverbote an.

Na ja ... ich hatte schon Angst, dass ich davon betroffen sein könnte. Mir war klar geworden, dass ich gerne Lehrerin werden wollte. Und ich wollte nicht riskieren, mir ein Berufsverbot einzufangen für etwas, wo ich gar nicht hinter stehe.

T: Ich muss an deinen Vater denken, der wohl wegen seiner politischen Vergangenheit ein Berufsverbot hatte.

Ja, mag sein, dass das eine Rolle gespielt hat. Oder vielleicht auch das Beispiel von anderen, es gab ja schon Berufsverbote in meinem sozialen Umfeld, zum Beispiel von Sabine und ... vor ihr schon andere. Und dann kam im Referendariat vom KB auch nicht unbedingt die richtige Unterstützung. ... Und die ersten Lehrer waren ja schon arbeitslos geworden. So hatten wir ein Seminar, in dem es vor allem um die Frage ging, ob es nachher überhaupt ne Stelle geben würde.

T: Bist du dann aus dem KB rausgegangen?

Na ja, die Auseinandersetzungen darüber gab es auch im Lehrerbereich. Einige sind zu der Zeit rausgegangen und andere sind noch geblieben.

T: War das ein bewusster Schritt auch von dir rauszugehen?

Das weiß ich nicht so genau. Das war schon die allgemeine Tendenz. Ich bin dann nicht mehr zu den Gruppensitzungen gegangen.

T: Kannst du was zu den Gründen für deinen Austritt sagen?

Es gab verschiedene Gründe dafür, die schon vorher ein Problem für mich gewesen sind, zum Beispiel der Zentralismus, diese starren Strukturen so von oben nach unten und das Verhältnis zur Basis. Das war für mich nicht demokratisch genug. Im Lehrerbereich zeigte sich das für mich darin, dass wir verschiedene Anleiter hatten, denen es gar nicht um unsere Probleme ging. Das war überhaupt nicht hilfreich, sondern im Gegenteil.

T: Du hast gesagt, dass du auch viel gelernt hast. Was war daran für dich gut?

... Also, einerseits habe ich über mich selbst und über meine Strukturen mehr Klarheit bekommen. Entscheidend war für mich natürlich später die Frauenbewegung, wo ich richtig drin war. Ich weiß heute klarer, dass ich verschiedene Probleme nicht ändern kann. Dann habe ich viel gelernt über die politischen Verhältnisse in der Welt. Ich finde es gut,

dass ich die politischen und gesellschaftlichen Prozesse besser und bewusster erlebe und verstehe. Ich kann sagen, dass ich eine größere Toleranz und viel mehr Erklärungsmöglichkeiten habe dafür, was politisch in der Welt so abläuft.

T: Ist das auch etwas Beruhigendes, Erklärungsmöglichkeiten zu haben?

Na ja, beruhigend eher nicht. Ich habe ja keine Lösung angesichts der Situation in der Welt, und ich finde die aktuelle Hilflosigkeit sehr beunruhigend. Aber ... es hat mir auch dazu verholfen, dass ich zu verschiedenen Fragen Stellung beziehe, vielleicht nicht immer so entschieden, wie ich das eigentlich möchte ... Aber ich habe so Spuren gemacht und die sind bis heute im Kollegium oder auf irgendwelchen Konferenzen sichtbar. Und dann hat auch die Gewerkschaft für mich noch eine wesentliche Bedeutung, die ich nicht so einfach über Bord schmeißen würde, obwohl ich nicht aktiv bin.

Und es hatte auch Folgen zum Beispiel in Bezug auf die Kinderbewegung und Kinderladen und die Auseinandersetzungen darum. Insofern ist die politische Arbeit schon eine ziemliche Bereicherung gewesen, aber ich hätte nicht in dieser Organisation oder an deren Rande sein müssen. Ich hätte auch so davon mitbekommen ... wahrscheinlich. Ich denke, dass diese ganze Bewegung dazu beigetragen hat, dass für mich Beziehung und Ehe und Selbständigkeit möglich geworden sind. Sie hat schon ganz wichtige Orientierungspunkte gesetzt.

T: Betrifft das auch dein Bild als Frau?

Ja, auch das hat sich verändert. Also, ich habe das so auf die Adoleszenzzeit bezogen, wenn ich gesagt habe, ich wäre ja lieber ein Junge gewesen. Ich habe das als massiven Bruch empfunden, nicht mehr in der Fußballmannschaft sein zu können und diese Mädchenrolle annehmen zu müssen. Dazu kam, dass zu dieser Zeit dieses uneheliche, nichteheliche Kind zu uns gekommen ist. Damals musste die Frau das ausbaden, wenn sie unehelich ein Kind bekommen hat. Bei meiner Schwester, fand ich, war das ganz massiv so. Das war ein wahnsinniger Bruch in ihrer Persönlichkeit und für ihren beruflichen Werdegang. Beides zusammen hat meine Vorstellung geprägt, dass die Frau immer die Angeschissene ist, wenn es passiert, und dass sie es überhaupt schwerer hat, dass sie mehr kämpfen muss. Insofern hat das Jahre gedauert, bis ich sagen konnte, ich will kein Mann sein.

T: Du hast eine Vorstellung davon bekommen, dass es auch noch etwas anderes für eine Frau gibt, als die »Angeschissene« zu sein?

Ja, und von eigenen Stärken ... Es war für mich ein schwerer Weg, aus dieser Situation herauszukommen, aus diesem politischen Umfeld bei meinem privaten Hintergrund. Manchmal denke ich, dass manche Frauen es leichter damit hatten, sich zu zeigen und zu sich zu finden, wie zum Beispiel einige von denen, die du auch interviewt hast. Sie hatten mehr Klarheit über ihre Rolle als Frau, auch wenn sie hinterher festgestellt haben, dass sie den verkehrten Weg gegangen sind. Ich hatte immer so einen Widerspruch in mir und habe mit mir gehadert, einen eigenen Weg zu gehen, weil ich mich nicht stark und entschlossen genug erlebt habe. Das habe ich als negativ empfunden. Aber ich habe auch unheimlich viel Impulse für mein Leben bekommen.

T: Es fällt dir schwer, dich deutlich zu zeigen.

Ja, Zweifel ist ja eigentlich gut, aber er muss auch deutlich gezeigt werden. Ich hätte mich damit deutlicher einbringen müssen, sodass darüber auch diskutiert worden wäre. Das bedeutete natürlich einiges, das entsprechend einzubringen. Ich bin stattdessen ausgewichen, mehr in die Randbereiche, und habe irgendwie geguckt, wie ich mein Feld finde, auf dem ich mit meiner politischen Überzeugung ganz gut zurechtkomme ...

T: Bist du heute noch politisch engagiert?

Eigentlich gar nicht. In den letzten Jahren habe ich Kinderladen- und ein bisschen Gewerkschaftsarbeit gemacht. Ich bin da Delegierte, aber das ist völlig substanzlos. Zwar gehöre ich zu den wenigen, die (lacht) noch zur Betriebsgruppe gehen. Das ist aber fast alles. Mir fehlt die Klarheit darüber, was ich tun müsste, und auf der anderen Seite finde ich es schwierig, alles miteinander zu verbinden. Ich habe vor allem das Gefühl, ich mache alles mittelmäßig ... mit den Kindern, und was ich für mich selber mache, reicht mir überhaupt nicht aus, was ich für meine Beziehung tue, ist auch viel zu wenig. Und auf der anderen Seite ist es so, dass ich nicht aufhören möchte zu arbeiten. Ich möchte gern auch noch irgendetwas ...

T: Ist die Schule für dich ein Ort, an dem du dich ganz gut fühlst?

Ja ... mit allen Abstrichen, die es ja immer gibt. Aber grundsätzlich ist es für mich ein richtiges Berufsfeld. Ja, das empfinde ich so.

T: Bist du die Einzige von deinen Geschwistern, die Lehrerin geworden ist?

Meine älteste Schwester ist Lehrerin. ... Sie ist aber verschiedene interessante Wege gegangen. Sie ist mit ihrem Kind zu uns gekommen. Weil sie im Büro nicht selbständig arbeiten konnte, hat sie studiert und ist jetzt Lehrerin, und damit geht es ihr gut.

Die andere Schwester ist relativ jung nach England gegangen und anschließend als Ehefrau in die Türkei, die andere nach Amerika, da war sie auch noch jung ... Ganz schön mutig, wenn ich mir das jetzt so angucke.

Ich weiß jetzt nicht, wie weit das die These vom Zusammenhang zwischen dem politischen Aufbruch 1968 und der nationalsozialistischen Vergangenheit der Eltern stützt. Also, für mich und auch für meine Schwestern stimmt das schon. Ich glaube, dass dieses Weg-von-zu-Hause-Wollen ein Bedürfnis war, andere Erfahrungen zu kriegen.

T: Wobei ich mich frage, ob es einerseits einen Wunsch gegeben hat, mehr Klarheit über die Geschichte deiner Eltern zu bekommen, und zugleich gab es immer eine Hemmung, sie darauf anzusprechen. Dabei denke ich besonders an deinen Vater.

... Ich kann nicht sagen, wie das wirklich auf mich gewirkt hat.

Ich wollte mich sicher emanzipatorisch befreien, aber das entsprach mehr meinen eigenen Gedanken oder meinem Wunsch nach Klarheit oder nach meinem Ort in der Gesellschaft. Das war das Befreiende, das mir entsprach. Nur dass diese besondere Organisationsform nicht so das Richtige für mich war, das hatte eher was mit meiner Schwäche zu tun, dass ich mich nicht konfrontativ auseinandergesetzt habe, sondern eher ausgewichen bin.

Hamburg, im Juni 1993

5. Ingrid Kurz

Meine Familie stammt aus Hamburg. Mein Vater war Kapitän, mein Großvater Malermeister und Dekorationsmaler, das ist ein bisschen was Besseres. Die Familie meiner Mutter, die kenne ich fast gar nicht. Meine Mutter war eigentlich immer Hausfrau, so lange ich zurückdenken kann. Sie hatte geheiratet, ich weiß nicht mehr genau, wann. Ich habe eine ältere Schwester, die ist 1939 geboren. Meine Mutter ist 1915 geboren und war bei der Geburt der Schwester relativ jung. Ich weiß, dass sie sehr darunter gelitten hat, dass sie nicht studieren durfte, auch wenn sie das nie so deutlich gesagt hat. Ich glaube, sie wollte Sport studieren und Lehrerin werden, aber es war damals ziemlich schwer für Frauen, einen Studienplatz zu kriegen. Stattdessen hatte sie den Arbeitsdienst, und wahrscheinlich hat sie kurz danach geheiratet. Als Abiturientin hat sie beim Seewetteramt oder bei der Seewarte kurze Zeit als Ungelernte gearbeitet. Wenn sie von ihrer doch relativ kurzen Arbeitserfahrung erzählte, wurde sie ganz munter, und es wurde sehr spürbar, dass sie sehr bedauert hat, nur Hausfrau und Mutter zu sein ...

T: Was war mit deinem Vater?

Er war eigentlich nie da. Ich bin 1941 geboren, also im Krieg. Meine Mutter ist immer hinter ihm hergezogen, sie hat ihren Haushalt auf den Speicher getragen und ist hinter ihm hergezogen. Er ist relativ jung Kapitän geworden, nicht beim Militär, sondern Zivil. Im Krieg war er Nautiklehrer bei der Luftwaffe. Er wurde immer versetzt, und meine Mutter zog hinter ihm her ...

Ich kann mich an meinen Vater in meiner frühen Kindheit nicht erinnern. Wenn ich darüber nachdenke, wann ich ihn zum ersten Mal gesehen habe ... Bewusst erinnere ich, dass ich ihn nach dem Krieg, 46, vielleicht 47, gesehen habe, also relativ spät.

T: Er war nicht in Kriegsgefangenschaft?

Doch. Das muss 46 gewesen sein, er war nur sehr kurz in Kriegsgefangenschaft. Am Ende des Krieges war er auf einem Minensuchboot, und dann ist er in englischer Kriegsgefangenschaft gewesen. Er ist von dort abgehauen, und deswegen hatte er einige Probleme. Er hatte sowieso Probleme, zum Beispiel damit, einen Job oder Arbeit zu finden. Wir hatten Verwandte in Finkenwerder, die waren Fischer. Ein Vetter von ihm hatte einen Fischkutter, und mit dem ist er fischen gefahren. Ich habe eine besondere Erinnerung an meinen Vater in dieser Zeit, als sie auf dem Fischkutter Rüben gekocht und Sirup gemacht haben. Das war die Sensation. Mein Vater tauchte plötzlich abends wie ein Weihnachtsmann mit einer riesengroßen Kanne auf, und wir drei Kinder durften mit dem Arm in den dicken Sirup reinlangen, den man dann ablecken konnte ...

T: Ihr wart drei Kinder?

Ja, ich habe noch einen jüngeren Bruder, der ist 43 geboren. Meine Eltern lebten damals in Dresden. Meine Mutter ist mit den drei Kindern aus irgendwelchen Gründen einen oder zwei Tage vor der Bombardierung von Dresden mit dem letzten Zug geflohen. Das muss sehr abenteuerlich und kompliziert gewesen sein. Sie hatte ein polnisches Pflichtjahrmädchen, so hießen sie wohl, die jedem Haushalt mit Kindern zugeteilt wurden. Die beiden Frauen haben die Kinder unter den Arm gepackt und durch die Fenster in den Zug gesteckt. Wie ein Wunder sind wir während der Fahrt wieder zusammengekommen und in Hamburg bei meinen Großeltern väterlicherseits tatsächlich angekommen, die hier übrigens um die Ecke gewohnt haben. Die Bombardierung Hamburgs war ja ... fast zeitgleich[2]*. Wir sind nur kurz bei den Großeltern geblieben, weil bei denen schon die ganzen Verwandten waren, und sind dann in der Nähe von Hamburg auf ein Dorf gezogen. Da lebte der Vater meiner Mutter ... mit seiner zweiten Frau, mit der Stiefmutter meiner Mutter also, die eine Stiefmutter wie aus dem Bilderbuch war. Die muss sich damals unmöglich verhalten haben. Obwohl sie ein sehr großes Haus in diesem Dorf hatten, ist meine Mutter mit ihren Kindern schnell wieder ausgezogen, und wir sind dann dort als Flüchtlinge untergebracht, zwangseinquartiert worden. ... Jedenfalls ist das die Zeit in dem Dorf aus meiner Kindheit und Jugend, an die ich mich bewusst erinnere.*

T: Wie alt warst du da?

... So ungefähr fünf Jahre alt. Ich erinnere mich nicht mehr genau, es geht alles so durcheinander ...

Wir haben da bis 1950 gewohnt, da war ich immerhin schon neun Jahre alt, und ich habe nicht gewusst, dass mein Großvater, der Vater meiner Mutter also, in dem Dorf gelebt hat. Ich habe den gar nicht gekannt. Es gab einen kompletten Bruch meiner Mutter mit ihrer Familie, auch mit ihrem Bruder. Den hat meine Mutter nie wieder angeguckt und nicht mehr mit ihm geredet. Wir haben fünf Jahre dort gelebt, ohne von dem Großvater zu wissen. Das hat sie mir erst viel, viel später erzählt ... Das ist schon sehr merkwürdig.

T: Und im Dorf wusste das auch niemand?

Im Dorf wusste das niemand, glaube ich. Sie hat es mir irgendwann viel später so auf Nachfragen hin erzählt, und dann konnte man das ein bisschen rekonstruieren. Es war schon sehr merkwürdig ... im Nachherein natürlich ... damals war es das überhaupt nicht.

T: Und du hast auch nicht irgendetwas gespürt?

Nee, nee, meine Mutter hat einfach gesagt, zack, raus ... Schluss! Existierte nicht mehr, darüber wurde nicht gesprochen, wurde nicht erwähnt, existierte nicht. Und den Kontakt

2 Bombardierung Dresdens: 13. 2.–15. 2. 1945. Bombardierung Hamburgs (190. Bombardierung): Ende Februar 1945.

zu ihrem Bruder hat sie auch abgebrochen, obwohl sie ihn gerne mochte, aber weil er mit dem Vater weiterhin Kontakt hatte ... ging er in Sippenhaft.

T: Das hat sie ihm übel genommen?

Ja, ja, ich weiß nicht ... Ich kann mich jedenfalls nicht daran erinnern, dass der irgendwann mal aufgetaucht wäre oder erwähnt wurde.

Da gab es sehr viel später eine witzige Episode. Da haben meine Eltern beschlossen, den Bruder und die Familie zu besuchen. Sie lebten in Husum und hatte auch drei Kinder. Ein Mädchen in meinem Alter machte die Tür auf, und ich fing laut an zu lachen, weil wir uns aus Hamburg von der Uni kannten, wo wir uns zufällig bei irgendwelchen Veranstaltungen kennengelernt hatten, ohne zu wissen, dass wir Cousinen sind (lacht).

Mein Vater versuchte Arbeit zu finden, was sehr schwer war. Man konnte sich damals nicht vorstellen, dass es irgendwann mal wieder eine zivile Seefahrt geben würde und er zur See fahren würde ...

Er und ein Freund von ihm, mit dem er zusammen im Kriegsgefangenenlager war, haben dann eine schwedische Familie kennengelernt, die aus Schweden abhauen mussten, weil sie wohl mit den Nazis kollaboriert hatten. Das habe ich aber erst später erfahren. Jedenfalls war mit denen irgendwas nicht in Ordnung. Die wollten auswandern und haben eine riesengroße Jacht gebaut. Sie suchten nun Leute, die ihnen diese Jacht nach Südamerika segeln. Das hat mein Vater dann gemacht. ... Er war der Einzige, der segeln konnte, der überhaupt was von Nautik verstanden hat. Sein Freund, der Arzt war, hatte bislang nur auf dem Eutiner See ein bisschen herumgepütschert. Eine Besatzung gab es nicht. Die Schweden hatten überhaupt keine Ahnung. Die Familie, ein Ehepaar und Schwiegermutter und ein Baby, war eher eine Zwangsgemeinschaft, die sich gegenseitig mit der Pistole bedroht haben. Das muss ganz furchtbar gewesen sein. Schließlich sind sie in Brasilien angekommen. Das war eine Sensation. Das Schiff war das kleinste, das bis dahin jemals über den Atlantik gesegelt ist. Und somit wurden sie überall im Jachtclub rumgereicht und auch ins Land gelassen, obwohl Brasilien wie andere lateinamerikanische Länder auch die Grenzen für Einwanderer aus Europa dicht gemacht hatten. Die Schweden haben das Boot verkauft und sind abgehauen. Mein Vater und sein Freund sind in Brasilien geblieben. Der Mann, der das Boot gekauft hat, ein superreicher Kaffeefarm-Besitzer, hat den Kapitän gleich mitgekauft, weil er auch nicht segeln konnte.

1950 hatte mein Vater dann die notwendigen Papiere zusammen, und wir sind 1950 auch nach Brasilien gefahren ...

T: Dein Vater hat die Familie nicht verlassen?

Nein, nein, er hat die Familie nicht im Stich gelassen. Nachdem er alles geregelt hatte, hat er die Familie nachkommen lassen. Das war natürlich ein tolles Abenteuer.

Wir sind mit einem polnischen Frachter gefahren, über … Afrika, Dakar, und sind ziemlich lange unterwegs gewesen. … Wir waren die einzigen Passagiere auf dem Schiff, und die Besatzung war unglaublich nett zu uns, obwohl es Polen waren und wir Deutsche. Das war eine ganz erstaunliche Erfahrung. Der Kapitän hat eine Schaukel für uns gebaut, er ist in Frankreich einkaufen gegangen, weil er keinen geeigneten Proviant für Kinder auf dem Schiff hatte, und hat bergeweise allen möglichen Kram gekauft, von dem er annahm, dass Kinder das gern mögen (lacht). Es war toll … In Frankreich ist er mit uns Kindern ins Kino gegangen. Der erste Film meines Lebens, ich glaube, es war ein Walt Disney.

In Brasilien sind wir fünf oder sechs Jahre lang geblieben. … Die meiste Zeit haben wir an der Küste in São Paulo/Santos und im Innern des Landes auf einer großen Kaffeefarm gelebt.

1956 wurde die politische und ökonomische Lage in Brasilien ziemlich kompliziert, und mein Vater hat die erste Gelegenheit ergriffen, um wieder auf einem deutschen Schiff fahren zu können, und wir sind nach Deutschland zurückgegangen.

T: Euch ist es in Brasilien gut gegangen?

Uns ist es gut gegangen. Aber meine Eltern haben sich schon Sorgen gemacht, was dort mit ihren drei Kindern werden könnte. Mein Vater hat alle möglichen Arbeiten gemacht. Er hat im Im- und Export gearbeitet, oder er hat in der Zentrale des riesigen Kaffeeimperiums den Maschinenpark technisch betreut. Aber das hatte alles keine Perspektive. Meine Eltern haben entschieden, nach Deutschland zurückzukehren, ohne uns Kinder zu fragen.

T: Wie alt warst du? …

15 … Und dann kam ich hier in die Schule. … Das ist so ein Punkt, der für meine weitere Entwicklung sehr wichtig gewesen ist. Ich war immer eine Außenseiterin, was ich aber meistens eher positiv für mich gewendet habe. Ich fand das interessant, einen Sonderstatus zu haben, anders zu sein. Ich habe mich nicht benachteiligt gefühlt, wobei, es gab auch Phasen, wo ich das nicht besonders gut gefunden habe.

T: Welcher Art war diese Sonderrolle?

Es fing im Dorf an, als wir die Flüchtlinge waren. Das war diese Sonderrolle. In Brasilien war ich blond, europäisch, da war das die Sonderrolle.

T: War das eine Rolle, in der du dich wertgeschätzt gefühlt hast?

Doch, durchaus.

T: Und das Flüchtlingskind?

Das war eher lästig. Ich fand diese Bauernkinder immer ein bisschen blöd. Darunter habe ich aber nicht gelitten, und ich fühlte mich auch nicht benachteiligt. Aber ich fand schon, dass man nicht dazu gehörte. Das machte sich vor allem bei der Einschulung bemerkbar oder bei Feiern und Festlichkeiten oder was es sonst im Dorf so gab, zum Beispiel, wenn die Kinder einen Umzug machten ... oder in der Zeit, als es Schulspeisung gab. Meine Mutter hatte kein Geld, und deswegen war es für sie schwer, Lebensmittel für uns zu besorgen. Die Verteilung der Schulspeisung erfolgte nach Augenschein. Wer besonders mager und verhungert aussah, der kriegte was, und wer gesund aussah, der nicht. Ich war aus der großen Gruppe die Einzige, die gesund aussah, und deswegen kriegte ich nichts. Das fand ich gemein und ungerecht. Selbst die ganzen dünnen Bauernkinder, die genug zu essen hatten, bekamen was von der Schulspeisung. Das fand ich so gemein ...

T: Was für eine Stimmung hast du bei euch in der Familie erlebt?

Meine Mutter hat das alles irgendwie gemanagt, so dass wir nie das Gefühl hatten, dass es uns irgendwie schlecht gegangen ist, obwohl es objektiv so war.

Mir ist bis heute völlig schleierhaft, wie sie das hingekriegt hat. Aber es war immer so, es war immer heile Welt. Freundlich und nett, und wir waren immer gut versorgt. Von Problemen haben wir nie etwas mitgekriegt, auch nicht davon, dass sie alles allein machen musste, weil mein Vater war ja nie da gewesen ist. Der Vater, der war ... das Idol, der war nicht Alltag. Wenn ich mir das heute vorstelle, wir hätten den Vater unter diesen Bedingungen zum Teufel oder sonst wohin gewünscht. Aber davon war nichts zu spüren ...

T: Waren Nationalsozialismus und Krieg bei euch ein Thema?

Sehr viel später und nur auf ganz dezidierte Fragen. Diese Heile-Welt-Vorstellung war absolut vorherrschend. Später ist mir das irrsinnig auf die Nerven gegangen. Erziehung war auf Manieren beschränkt, über wichtige Fragen wurde nicht gesprochen. Alles, was konflikthaft hätte sein können, wurde ausgeklammert.

Als ich so 12 oder 13 Jahre alt war, habe ich mich in meiner Familie zunehmend fremd gefühlt.

Das hatte nichts mit irgendwelchen Problemen zu tun. Ich fühlte mich eher ein bisschen allein.

T: Ist es deinen Geschwistern auch so ergangen?

Ich denke nicht. Ich habe zu meinen Geschwistern einen distanzierten Kontakt. Mit meinem Bruder habe ich mich häufig sehr gestritten, das war aber zu Hause nicht erlaubt. Diskussionen oder Auseinandersetzungen über irgendwelche Themen, gar über politische Themen, waren nicht gewünscht.

T: Wie waren deine Eltern politisch eingestellt?

Das ist schwer rauszukriegen. Sie haben immer gemauert, wenn ich sie später darüber befragt habe. Ich denke, dass sie unpolitisch waren, eher uninteressiert. Sie fanden vieles ganz gut, das heißt, sie waren dem Nationalsozialismus gegenüber eher nicht kritisch. Meine Mutter hätte ja Grund genug gehabt, kritisch zu sein. Sie hat die typische, damals erwünschte Frauenrolle übernommen, was für sie ziemlich hart gewesen sein muss, weil sie ja eigentlich studieren und arbeiten wollte. Aber sie war dann nicht hart genug, um sich durchzusetzen. Im Nachherein ist das schwer zu verstehen, wie so ein Klima entstehen oder wie man so abgeschirmt leben kann. In Brasilien war das anders. Meine Eltern haben beide wenig Freunde, und verwandtschaftliche Beziehungen spielten kein Rolle. Sie haben immer eher isoliert und für sich gelebt und waren sehr aufeinander bezogen. Sie hatten ganz bestimmte Lebensvorstellungen und Ideale: freundlich sein und alles ordentlich haben. Probleme sind zu vermeiden, oder anpacken und lösen. Mein Vater war ein Abenteurertyp, der sich sehr viel zutraute, alles anpackte. Durch Brasilien ist die Beziehung zu ihrer Vergangenheit ja auch abgebrochen worden.

T: Obwohl das ja der Grund war, nach Brasilien zu gehen.

Ja, aber ... ich kann mich nicht erinnern, dass in Brasilien jemals über Deutschland gesprochen wurde. Null ...

Wir waren da, und da waren die Freunde, und dass es da noch irgendwo eine Familie gab ... darüber wurde auch nicht gesprochen. Ich habe gute und ganz intensive Erinnerungen an die Zeit in Brasilien. Ich war ja auch nicht mehr so klein. Meine Oma, die Tanten, Cousins und Cousinen, die waren eben weg, und weg ist weg. Vergangenheit ist Vergangenheit, sie spielte keine Rolle ...

Und als wir aus Brasilien zurückkamen ... da wurde es schwierig, weil wir im Alltag ohne Vater waren. Er fuhr zur See. Mein Vater existiert für mich hauptsächlich in Brasilien, da war er immer präsent, in den Jahren vorher und danach wieder nicht. Er kam ab und zu mal auf einen kurzen Besuch, das war dann immer ein Ereignis.

Wir mussten hier erst einmal ein Gymnasium finden, das uns ohne Aufnahmeprüfung aufnahm. Eine Aufnahmeprüfung wäre eine Katastrophe gewesen, weil wir nicht gut genug Deutsch konnten und viele Lücken hatten. Schließlich haben wir eine Schule gefunden.

Ich wurde in die neunte Klasse aufgenommen, und mir wurden immer halbjahresweise Fristen gesetzt, das heißt, wenn nicht alle Noten besser würden, dann wäre ich rausgeflogen. Das ging anderthalb Jahre so, ich habe immer wieder Fristverlängerungen gekriegt, war tendenziell auch eher faul bzw. hatte das Lernen nicht gelernt. Als es dann ernst wurde, habe ich mich richtig angestrengt und alle Lehrer ungeheuer beeindruckt, als ich Zweitbeste in der Klasse wurde ...

Ich war da 17 oder 18 Jahre alt und hatte bis dahin wenig mitgekriegt, was in den Fünfzigerjahren hier in Deutschland politisch los gewesen ist, obwohl ich interessiert war. Vielleicht hing das auch mit dieser Sonderrolle zusammen, die ich immer hatte. In der Schule hier war ich älter als die anderen und dachte sicher auch deswegen, ich sei im Kindergarten.

In der Zehnten kam dann ein Mädchen aus der DDR in unsere Klasse, wir haben uns spontan sehr gut verstanden und angefreundet. Bis zum Abitur gab es uns immer nur im Doppelpack.

Wir haben dann viele Sachen auch außerhalb der Schule gemacht, ich habe die Schülerzeitung gemacht und war aktiv in der Schülermitverantwortung. Ich habe mir immer irgendwelche Aktivitäten außerhalb der Familie und auch außerhalb der Schule gesucht, weil mich die Schule alleine eher gelangweilt hat. In den letzten Schuljahren habe ich viel nebenbei gejobbt, um in den Ferien ohne die Familie etwas machen zu können, wozu ich Lust hatte. ... Ich habe internationalen Zivildienst gemacht ... der deutsche Zweig davon war der internationale Jugend-Gemeinschaftsdienst, es ging um Verständigung, um die Aufarbeitung von Kriegsfolgen. Ich war in internationalen Jugendlagern (mit der Freundin), in denen man zusammen etwas Gemeinnütziges getan hat, und gleichzeitig wurde mit den Jugendlichen viel diskutiert.

T: Wie bist du dazu gekommen?

Ich glaube, darauf hat uns eine Lehrerin gebracht. Ich habe das dann viele Jahre in den Ferien gemacht. Zwischendurch habe ich gejobbt, um dafür Geld zusammenzukriegen. In solchen Ferien war ich vom ersten bis zum letzten Tag weg. Wir war ganz viel in Frank-

reich, wo es viele spannende Sachen gab, Theaterfestival und so. Da habe ich die ersten lebendigen Russen kennengelernt, Polen usw. und Algerier, das war während des Algerienkrieges ...
(Pause)

T: Würdest du sagen, dass du in dieser Zeit angefangen hast, dich politisch zu engagieren?

Ich war an politischen Fragen sehr interessiert (zum Beispiel in diesen internationalen Treffen), in systematischer, organisierter Form kam das eigentlich erst später, während der Studentenbewegung, da war ich mit dem Studium fast zu Ende. Ich habe 1961 Abitur gemacht ...

T: Was hast du studiert?

Ich habe erst mal ganz lange Romanistik studiert. Eigentlich habe ich nicht richtig studiert, oder anders gesagt, nicht so streng, wie man das heute macht. Ich habe viel nebenbei gearbeitet und wollte eigentlich Architektur studieren. Wenn es nach meinem Vater gegangen wäre, dann sollten ich Lehrerin und Beamtin werden. Mein Vater hat ja ein sehr abenteuerliches Leben geführt, in dem Sicherheit wenig vorgekommen ist.

Vielleicht war er auch deswegen strikt gegen Architektur. Und weil er ein bisschen zu viel verdiente, hätte ich kein Stipendium gekriegt. Ich hätte mir das Studium selbst verdienen müssen, und dann habe ich den Plan aufgegeben.

T: Warum Architektur ?

Architektur interessierte mich, warum, weiß ich eigentlich nicht so genau. Ich hatte Interesse an Malen, Zeichnen, aber ich war nicht so überzeugt, dass ich für den künstlerischen Weg talentiert genug bin. Eigentlich hatte ich keine dezidierten Berufsvorstellungen. Na ja, dann habe ich mich schließlich an der philosophischen Fakultät eingeschrieben, ohne zu wissen, was ich damit machen wollte. Das Einzige, was ich wusste, war, dass ich ganz bestimmt nicht Lehrerin werden wollte. Ich habe viel ausprobiert und schließlich Französisch, Spanisch und Portugiesisch studiert.

Nebenher habe ich viel gejobbt, meistens als Dolmetscherin bei einem Dienst des Auswärtigen Amts in der Begleitung von eingeladenen Journalisten. Ich bekam ein Stipendium, erst in Spanien und dann in Portugal ... In der Zeit habe ich mich zwar nicht politisch engagiert, aber viel diskutiert (die Franco- und Salazar-Zeit). Was mich aber immer interessiert hat, waren Fragen zur Dritten Welt, was wahrscheinlich mit Brasilien zusammenhängt.

T: War dein Vater als Kapitän viel in Lateinamerika?

Ja, ja, ständig, er war ja nie hier. Er war nicht auf einem Linienschiff, sondern fuhr auf einem Charterschiff nach Mittelamerika, aber auch Asien. ... Als wir dann älter waren, ist meine Mutter ganz oft mit ihm mitgefahren, was ich sehr gut fand. ...

Ich habe dann zunehmend festgestellt, dass mich Sprachwissenschaft im engeren Sinne gar nicht besonders interessierte, und habe angefangen, über einen brasilianischen Autor zu promovieren. Dabei haben mich vor allem die soziologischen und politischen Fragen interessiert, die da abgehandelt wurden. Ich habe dann kurz entschlossen das Romanistik-Studium hingeworfen und wollte Soziologie studieren, was sicher auch durch die Studentenbewegung angestoßen worden ist. Das war ziemlich genau zu der Zeit, als der berühmte Vietnam-Kongress in Berlin stattgefunden hat, der mich stark bewegt hat.

Da sind so viele Dinge zusammengekommen, bis es plötzlich bei mir Klick gemacht hat und ich anfing, Zusammenhänge zu begreifen. Was vorher nur Bruchstücke waren, fügte sich nun zusammen.

Ich habe 69 Examen gemacht ... und hatte dann wieder das Problem, dass ich überhaupt nicht wusste, was ich damit machen sollte, konnte ... und habe ... gewartet.

Ich hatte eine Freundin in Kiel, die zu dieser Zeit eine Assistentenstelle an der Uni in Bielefeld angeboten gekriegt hat, die gerade aufgebaut wurde. Über sie habe ich dann in der Soziologischen Fakultät einen Posten als wissenschaftliche Hilfskraft – »Hiwi-Posten« – bekommen. Wir hatten eigentlich vor, zusammen ein Forschungsprojekt zu machen, das sich auch mit Entwicklungsländerproblematik befasste. Das war ein relativ großes Projekt ... an dem auch VW beteiligt war. Ich weiß nicht mehr, was wir da forschen wollten/sollten, aber je mehr wir da eingestiegen sind, desto suspekter wurde uns die ganze Kiste. Und als es schon fast entschieden war, haben wir es hingeschmissen, weil es uns nicht koscher war ...

T: Wie meinst du das?

Ja, es war uns einfach ... zu platt, zu imperialistisch ...

Es gab da viele Dinge, die uns merkürdig, suspekt erschienen. Wir hatten den Eindruck, da werden Leute beforscht, damit man genau weiß, wie man sie später ausnutzen kann, wie man zum Beispiel die ländliche Bevölkerung zu Industriearbeitern macht ... und das Ganze über die Köpfe der Betroffenen hinweg, das wollten wir nicht, und dann haben wir es gelassen. ...

In der Uni in Bielefeld herrschte eine ganz eigenartige Atmosphäre. Sie wurde ja gerade aufgebaut, und es gab nur die Fakultäten Soziologie und Mathematik und die Berliner Architektengruppe, die den Uni-Bau plante. Da war eine Gruppe von Mathematikern, die Marx-Schulungskurse anboten. Das war sehr spannend und interessant, und da habe ich mich zum ersten Mal mit Herrn Marx beschäftigt. Wie es sich in der Zeit gehörte, haben wir »Lohnarbeit und Kapital« gelesen. Ich war damals politisch nicht organisiert. Es gab da die Vorläuferorganisation des MSB-Spartakus oder wie sie hießen und den, der das angeleiert hat, den kannte ich später sehr gut. Er war Mathematiker an der Uni Bielefeld und kriegte Berufsverbot, weil er den Spartakus mitgegründet hat und dann in der DKP war. Er war ein wirklich guter Mathematiker, aber sie haben ihn rausgeschmissen …

T: Das war Mitte der Siebzigerjahre?

Ja, ja. Das war meine erste richtige politische Aktivität, diese Auseinandersetzung mit dem Berufsverbot. Und da hatte ich wieder ganz viel mit ihm zu tun. Und später in der Kuba-Freundschaftsgesellschaft haben wir uns dann immer mal wieder getroffen …

Gut, politisch aktiv oder organisiert war ich … erst, als ich in die DFU eingetreten bin.

T: Warum bist du da eingetreten?

Darüber muss ich erst mal genauer nachdenken, sortieren. Da entwickelte sich eigentlich so eine Sache aus der anderen. Nachdem ich aus Bielefeld weggegangen bin, war ich ein Jahr in Berlin. Vorher bin ich noch ein halbes Jahr in Äthiopien gewesen. Mein damaliger Freund hatte Landwirtschaft studiert und arbeitete als Experte in einem Entwicklungsprojekt in Äthiopien. Der DED suchte jemanden, der eine Evaluierung von verschiedenen Entwicklungsprojekten in Äthiopien macht und sie beforscht. Und da ich früher schon mal beim DED Sprachkurse und alles Mögliche für Entwicklungshelfer gemacht hatte, war ich interessiert und bewarb mich darum. Ich fand das ganz toll und wollte sowieso mal nach Äthiopien.

T: Wegen des Freundes?

Das war der Anlass. Aber ich hatte schon lange die Idee, im Bereich der Entwicklungshilfe zu arbeiten. Die brauchten aber nur Techniker und solche Experten, und es kam eher selten vor, dass man so ein Forschungsangebot bekam. Als ich in Äthiopien ankam, sagten sie mir … ich sei doch nicht geeignet, diese Forschung zu machen, was sicherlich nicht ganz falsch war. Jedenfalls war es nichts mit der Arbeit da, aber ich bin trotzdem fast ein halbes Jahr geblieben und mit meinem Freund durch das Land gereist.

Es war ein ähnlicher Kontext wie das Bielefelder Projekt. Die Ergebnisse der Forschung sollten die Grundlage sein für eine Entscheidung über die Verlängerung der untersuchten Projekte. Zu diesem Zeitpunkt war in Bonn die Entscheidung über die Verlängerung bereits gefallen. Also eine Legitimation im Nachherein war gewünscht.

Wie ich schon gesagt habe, war ich dann ein Jahr in Berlin und suchte einen Job und stellte fest, dass sich die Arbeitssituation verändert hatte. Ich habe Anzeigen gelesen und mich auf diese oder jene Stelle beworben, auch auf solche, zu denen ich eigentlich gar keine Lust hatte, die ich nur als Überbrückung wollte, bis ich was Besseres gefunden hätte. Dann hatte ich so ein Schlüsselerlebnis. Ein größeres Forschungsprojekt suchte Leute, die bibliografieren sollten. Ich bewarb mich dafür und kriegte ein Schreiben, dass ich im Vergleich zu anderen Bewerbern nicht qualifiziert genug sei. Das war ein Schock, und da habe ich erst gemerkt, was eigentlich los ist, dass ich mich ernsthaft kümmern muss. Ich wusste aber nicht, wie ich das anstellen sollte. ... Da kam meine Kieler Freundin wieder ins Spiel, die mittlerweile an der Uni in Hamburg arbeitete.

Und dann kam ich an die Fachhochschule.

T: An die Fachhochschule hier in Hamburg?

Ja, da, wo ich immer noch bin. Diese besagte Freundin, mit der ich in Mexiko forschen wollte, war damals in Hamburg an der Uni und hatte die Stellenausschreibung für die neu gegründeten Fachhochschule gelesen. Das war Anfang der 70er Jahre in dieser Expansionsphase. Es waren zwei oder drei Soziologenstellen ausgeschrieben, und sie hat mich praktisch da hingeprügelt. Ich habe immer gesagt, ich will nicht, ich kann das nicht, ohne Berufserfahrung, da so reinspringen ...

Na ja, jedenfalls hat sie mich mehr oder weniger dazu gezwungen, mich da zu bewerben, was ich auch gemacht habe, denn die Lage auf dem Arbeitsmarkt für Soziologen sah ziemlich schlecht aus. So kam ich an die Fachhochschule, und da bin ich geblieben, bis heute ...

T: Seit wann bist du dort?

Seit 1971 ... irgendwie verrückt, in der Lehre ... da, wo ich nie hinwollte. Bloß nicht Lehrerin werden war die expliziteste Berufsvorstellung.

T: War das in etwa zeitgleich mit deiner Orientierung hin zur DFU?

Nee, die DFU kam etwas später.

Ich hatte am Anfang ziemliche Schwierigkeiten, mich zu orientieren. Ich wollte ja eigentlich nicht lehren, bloß nicht. Dann fing es aber an, mir Spaß zu machen. In der Zeit veränderte sich die Studentenschaft insgesamt, aber an der Fachhochschule waren die Studenten noch mal anders und von daher interessant. Viele von ihnen waren älter, hatten Berufserfahrung, viel Lebenserfahrung und auch politische Erfahrungen. Einige Studenten in den höheren Semestern waren wirklich toll. Viele von denen waren in jeder Beziehung ein ganzes Stück weiter als ich. Ich habe unheimlich viel gelernt von ihnen und mit ihnen, mit einigen habe ich bis heute Kontakt.

Das war eine hoch spannende Situation. Schwierig, aber auch interessant, und das war ein ganz guter Einstieg in diese Arbeit und gleichzeitig in die Politisierung, die vorher eher abstrakt gewesen ist oder eher unverbindlich. Abstrakt insofern, als es viele Diskussionen gab und viel gelesen und reflektiert wurde, aber es gab keine konkreten Ansätze, etwas zu tun oder zu machen.

Mein Einstieg in die konkretere politische Arbeit war die Gründung des BDWI, der Hamburger Sektion. Der BDWI hat sich damals intensiv mehr um allgemeinpolitische als um hochschulpolitische Fragen gekümmert. Aus dieser BDWI-Arbeit heraus entstand die Auseinandersetzung mit der Berufsverboteproblematik. Und das war dann eigentlich politisch das Hauptfeld. Es wurde ein zentraler Arbeitsausschuss gebildet, in dem Einzelpersonen aus unterschiedlichen politischen Gruppierungen zusammenkamen. Da ich in keiner politischen Organisation war, hatte ich von Anfang an eine integrierende und koordinierende Position, die Funktion der Sprecherin dieser Gruppe. Ich habe mich mit großer Intensität da engagiert. Das war mein Hauptjob, und die Fachhochschule wurde ein bißchen in den Hintergrund geschoben, also nicht ganz …

T: Du hattest da eine wichtige Funktion?

Ja, in dieser ganzen Berufsverbotepolitik. Ich habe da sehr viel getan. In den ersten Jahren ist alles über meinen Privatschreibtisch gelaufen. Wir haben die großen internationalen Konferenzen organisiert, vieles über mein Telefon, wahnsinnig arbeitsintensiv … Darüber bin ich auch in die DFU gekommen. Die DFU war für mich als eine Organisation, die sich nach dem Prinzip des Bündnisgedankens dahin entwickelt hat, dass sie zur Infrastruktur der Berufsverbotebewegung wurde. Alles lief dann über die DFU. Insofern hatte ich sehr viel Kontakt mit Leuten aus der DFU, und so bin ich in die DFU gekommen. Was ich immer sehr gut fand, und warum ich auch sehr gerne in der DFU gearbeitet habe, ist, neben tausend Problemen, dass die DFU nie so organisationsegoistische Ziele hatte. Die DFU hat sich immer mehr oder weniger in den Dienst von Bewegungen gestellt, die ihrer Programmatik und ihren Zielen entsprachen, ohne so borniert zu sein.

T: Warum haben dich gerade die Berufsverbote so berührt? Du warst ja persönlich nie betroffen.

... Das ist schwer zu sagen ... Ich denke, das hat damit zu tun, dass mir diese ... miefige Enge in der Bundesrepublik ... ganz salopp gesagt, gestunken hat ... dieses wenig Offene. Die Berufsverbote sind für mich auch immer ein Symbol dafür gewesen, dass es nach einem ganz bestimmten Schema, nach einer Ordnung gehen muss, es steht für eng und klein, für diese Illiberalität und für Duckmäuserisches, aber eben auch für den aggressiven Antikommunismus der Adenauerzeit und der Folgejahre.

Die DFU stand für internationale Verständigung, Ausgleich, Friedenspolitik zwischen den Blöcken, Überwindung des Kalten Krieges, Stärkung der Demokratie. Themen, die mich schon in der Schulzeit bewegt haben.

Die DFU war formal eine politische Partei, musste aus formalen Gründen gelegentlich irgendwo kandidieren, funktionierte aber praktisch nicht wie eine Partei, weder wahlorientiert noch machtorientiert. Das war es, was ich an der DFU so wichtig für mich fand.

Ich war also sehr indirekt davon betroffen, ich fühlte mich nicht selbst direkt bedroht, ich hatte auch keine Angst davor, sondern das Klima, was durch die Berufsverbote entstanden ist, das ist das, was mich außerordentlich beeinträchtigt hat, aber auch motivierte. Es gab ja schon damals diese Terroristengeschichte, diese Terroristenhatz, wo dann plötzlich jeder, der ein bisschen anders war als die gutbürgerliche Meinung, wo zum Beispiel Menschen um 35, die beim Umzug wenig Möbel in die Wohnung trugen, schon verdächtig wurden. Dieses Klima hat mich hauptsächlich dazu motiviert.

T: Wie lebst du jetzt?

Ich war nie richtig verheiratet. Ich habe zwölf Jahre mit einem Freund zusammengelebt, also das ist schon eine sehr langanhaltende Ehe. Jetzt lebe ich nicht allein, aber ich wohne allein. Als das mit dem Freund auseinanderging, das sind auch schon wieder zehn Jahre her, war ich eigentlich wild entschlossen, alleine zu wohnen. Und ich bin froh, dass ich das gemacht habe, und es geht mir eigentlich gut damit.

T: Es sind ja gut zehn Jahre, in denen du politisch aktiv gewesen bist? Du warst in der Hamburger Friedensbewegung sehr aktiv, du warst eine der ganz wenigen Frauen, die namentlich aufgetreten sind. In anderen Organisationen sind Frauen ja so gut wie gar nicht namentlich genannt. Welche Bedeutung hatte diese Arbeit aus heutiger Sicht für dich, für dein jetziges Leben?

Ich bin sehr viel länger dabei. Erst in der Berufsverboteinitiative, dann im Arbeitsausschuss, dann in der DFU. Ich war ja, was mir viele sehr übel genommen haben, Mitglied in dem Direktorium, bevor ich Mitglied in der DFU wurde. Ich wurde in das Direktorium der DFU gewählt und bin dann erst Mitglied geworden. (Die DFU hatte keinen/keine Vorsitzenden, sondern ein Leitungsgremium, das aus fünf Personen unterschiedlicher politischer Herkunft bestand.) Vor allem einige Hamburger haben es mir sehr übel genommen, weil sie fanden, man muss erst mal Briefmarken geklebt haben, bevor man eine hervorgehobene Position einnahm. Ich hatte eher Probleme mit einigen Mitgliedern, es gab Vorbehalte. Die DFU war für mich nicht so eine »Heimat«, kein Ort zum Wohlfühlen. Ich fand das zwar richtig, was da politisch gemacht wurde, aber ansonsten musste ich nicht viel mit den lieben Freunden aus der DFU zu tun haben ... Ich habe und hatte allerdings auch ein paar gute Freunde in der DFU, aber keine in Hamburg zum Beispiel. Das merkte ich ja sehr deutlich daran, dass der Kontakt ganz schnell abgebrochen ist, nachdem sich die DFU hier aufgelöst hat.

Ich habe noch eine Freundin und Kollegin, die auch in der DFU war, aber die Freundschaft hat eine andere Basis. Dass aus dieser DFU-Arbeit Freundschaften entstanden wären, das war mir nicht das Wichtigste. Es war nicht so ein Familienersatz oder ... so gemütlich. Das war irgendwie Arbeit, aber eine Arbeit, die sinnvoll war und die ich deswegen auch gerne gemacht habe. Das war eigentlich der Hauptgrund.

T: Was machst du jetzt?

Im Moment mach ich gar nichts, also politisch! In der DFU-Arbeit hatte ich relativ Probleme vor allem mit bestimmten Arbeitsstrukturen, nicht so sehr mit Inhalten, sondern mehr mit Strukturen ...

T: Was meinst du damit?

Ich denke, mit Strukturen und bestimmten Denkschemata. Ich bin im Moment zu dem Schluss gekommen, dass es richtig war, die DFU aufzulösen. Sie wurde gegründet aus der Entstehung der Zuspitzung des Kalten Krieges. Ihre Programmatik basierte auf den Essentials der friedlichen Koexistenz, das heißt, antimilitaristisch, also immer die Friedensfrage im Vordergrund und die Frage, dass das nur mit Demokratie geht. Mit dem Ende des Kalten Krieges stimmen die Strukturen der DFU nicht mehr. Man braucht jetzt etwas anderes, nicht diese alte DFU. Es gab eine Menge Hoffnungen auf veränderte politische Verhältnisse, neue politische Bündnisse.

Als wir die DFU aufgelöst haben, wurde das im Vergleich zu vielen anderen Organisationen, verkürzt gesagt, gut gelöst. Wir haben lange drüber debattiert und sind zu dem Schluss gekommen, dass das Alte keinen Sinn mehr macht. Neuorientierung war nötig.

T: Wann ist die DFU aufgelöst worden?

Also die Bundesorganisation ... das war ... 90. Das ist also schon länger her. Die Auflösung der Landesorganisationen hat sich länger hingezogen, und zum Teil bestehen sie weiter.

Mir ist dabei klar geworden, dass ich es auch ein wenig wie eine Befreiung empfunden habe. Dieses Kapitel ist jetzt abgeschlossen, und das ist auch gut so. Also, ich war richtig auch richtig froh darüber. Ich habe gedacht, das reicht jetzt. Und dann habe ich gemerkt, was ich vorher nicht so genau fassen konnte. Hierarchisch war sie nicht, bürokratisch auch eher nicht. Aber das einengende Denken, diese Polarisierung, das gibt es in allen linken Organisationen. ... Vorbei, weg, ist in Ordnung, gut.

Es bekommt mir gut, mal mehr Zeit zu haben. Ich merke, dass ich ganz viele Dinge wie Faulenzen und so erst richtig wieder lernen musste. Eigentlich war immer alles zu viel. Und diese Fachhochschule ist auch ganz schön anstrengend (lacht) und arbeitsintensiv. Wenn ich die politische Arbeit nicht gemacht hätte, wäre ich schon lange nicht mehr an dieser Fachhochschule, das ist klar. Das waren die zwei Beine, und die waren ziemlich gleichgewichtig. Aus der politischen Arbeit habe ich immer neue Themen, neue Fragen und neue Erfahrungen bezogen. Zusammen mit der Fachhochschule war das eine gute Kombination. Und die Studenten haben es geschätzt, dass in meinen Seminaren immer sehr viel und sehr aktuell diskutiert wurde. Ich merke jetzt, dass mir das fehlt, das zweite Bein. Mit fehlt auch dieses Gefühl, etwas Sinnvolles zu tun, was Notwendiges, und was Perspektive hat. Das finde ich in meiner beruflichen Arbeit nicht unbedingt.

Ich habe ständig mit neuen Studenten zu tun, und diese Sozialarbeit liegt mir auch nicht so am Herzen. Mich interessieren die Studenten und mich interessieren die Themen, die ich ihnen vermitteln kann, das war immer so. Daran hat sich nichts geändert, aber die politische Praxis dazu, die das eigentlich so richtig handfest gemacht hat ... das fehlt.

T: Die dem Ganzen einen Sinn gibt?

... Ja, das fehlt, Sinn und Ziel.

Hamburg, im Juni 1993

6. Lerke Scholing

Ich bin 1947 als Älteste von vier Geschwistern geboren. Ich denke, dass es eigentlich von frühester Kindheit an bei uns sehr schwierig gewesen ist. Mein Vater ist als Alkoholiker aus dem Krieg zurückgekommen, und er hat immer von seinen Kriegserlebnissen gesprochen.

T: Wann ist er zurückgekommen?

Er ist 1945 zurückgekommen, und zwar ist er desertiert, und das haben wir an seinem Todestag erfahren. Meine Mutter hat ihm versprechen müssen, dass sie uns das nie erzählt. Das ist eine sehr merkwürdige Einschätzung von ihm, denn eigentlich hätte er wissen müssen, dass das der Schlüssel für uns gewesen wäre, um ihn besser kennenzulernen und zu verstehen. Also, diese Geschichte kenne ich nicht von ihm. ... Mein Vater hat sehr stark gelitten, und er hat das auf eine sehr männliche Art und Weise verarbeitet. So hat er nur heldenhafte Männergeschichten erzählt, und zugleich litt er unter ... wahnsinnigen Angstträumen, wovon ich erst später erfahren habe. Er hatte eine Kopfverletzung mit Splittern und muss bis zu seinem Tod ununterbrochen Kopfschmerzen gehabt haben. Er stand unter ständiger Anspannung, und das haben wir als Kinder ganz intensiv miterlebt.

Wir hatten vor unserem Vater Angst ... vor seinen Aggressionen. Das bedeutete, dass wir ununterbrochen leise sein mussten ... Er war ein ... schwacher Vater und ein gescheiterter Mensch. Im Vergleich zu ihm war meine Mutter eine willensstarke Frau. Sie stammt aus dem Großbürgertum, während die Familie meines Vaters proletarisch ist. Und diesen Klassenunterschied hat sie ihn auch spüren lassen.

Ja, meine Mutter war eine überzeugte Nationalsozialistin, die auch bei den Nazis Karriere gemacht hat. ... Ich merke ..., dass es immer noch ganz schwer für mich ist, darüber zu reden. Das ist ein Tabu, es ist wirklich ein Tabu, darüber wurde in der Familie nicht gesprochen.

T: Bis heute nicht?

Meine Geschwister halten sich bis heute daran, und sie nehmen es mir teilweise bis heute übel, wenn ich mich nicht daran halte ...

Ich merke, dass ich Herzklopfen kriege, wenn ich es dir erzähle. Ich bin dann nicht loyal, ich verstoße gegen das Schweigegebot. In den Fünfzigerjahren aber, als ich Kind war, wurde darüber nicht geschwiegen, es war selbstverständlich. ... Also, meine Mutter war Arbeitsdienstführerin, Leiterin einer Arbeitsdienstschule ... Und es gibt darüber ein

Buch, in dem sie häufig abgebildet ist. Dieses Buch ist weg ... aber in meiner Kindheit war das kein Geheimnis.

Ich bin antisemitisch erzogen worden. Das war völlig selbstverständlich. ... Der Bruder meiner Mutter war übrigens auch ein ganz hoher überzeugter Nationalsozialist, der in den ersten Tagen des Überfalls auf die Sowjetunion ... »gefallen« ist. Ich würde heute in meiner Sprache sagen, ermordet worden ist. Er war eigentlich die moralische Instanz in der Familie. Ich wusste als Kind immer, ob und was diesem Onkel Adolf gefallen würde oder nicht ...

T: Obwohl er tot war?

Ja. Sein Einfluss reichte über seinen Tod hinaus.

T: Welche Einstellung hatte dein Vater zum Nationalsozialismus?

Eine sehr widersprüchliche ... Ich kann das bis heute nicht genau sagen.
(längere Pause)

T: Du musst die Spannungen zwischen deinen Eltern sehr gespürt und unter ihnen gelitten haben.

Ja! Wir alle ... sagen bis heute, dass wir nicht nachvollziehen können, warum die beiden geheiratet haben. Ich habe die als Paar nie positiv erlebt, sondern immer nur angespannt. ... Mein Vater wurde von meiner Mutter als gescheiterte Existenz dargestellt, und das weitere Leben hat meine Mutter bestimmt. Die war sehr stark. Meine Mutter, die von einem Gut kommt, hatte eine landwirtschaftliche Lehre gemacht, während mein Vater überhaupt keine Ahnung von Landwirtschaft hatte. Aber sie haben einen Bauernhof gepachtet und sind damit völlig baden gegangen. Mein Vater ist dann als aktiver Offizier in die Bundeswehr gegangen. Das hat über lange Zeit natürlich mein Bild von Männlichkeit geprägt. Ich habe ganz lange nicht kapiert, dass mein Vater eigentlich ein widersprüchlicher Mensch gewesen ist. Auf der einen Seite war er ein sehr strenger Offizier und auf der anderen Seite war er sehr belesen. Ich habe Eintragungen von ihm in Büchern gefunden, die mich bis heute stark erschüttern. Ich weiß nicht, ob du das Buch kennst, »Geheimnis und Gewalt«. Das hat mein Vater mir mit einer Widmung geschenkt. Die hat mir gezeigt, dass er darüber nachgedacht hat, was ich wohl später in meiner politischen Phase gedacht habe. Auf der anderen Seite hat er die Ideen, die in den Sechzigerjahren hochgekommen sind, aufs heftigste bekämpft.

Heute habe ich viel mehr Verständnis für den Mann, unter dem wir gelitten haben. Er war immer ein bisschen daneben. Der hat immer gesagt, was er denkt, und davor hatten wir auch Angst. Wenn wir zum Beispiel Besuch kriegten, dann konnten wir nie sicher sein, dass mein Vater irgendwas sagt oder tut und alle dann erschrocken gucken, aber keiner hat darüber gesprochen. ... Heute weiß ich, der hatte recht.

Jedenfalls habe ich meine ganze Energie dafür gebraucht, um gegen diesen Vater zu kämpfen, und dazu passte auch, dass Schule der absolute Graus für mich gewesen ist und ich eine Schulversagerin war.

Ich glaube, dass ich mir einen anderen Vater gewünscht hätte, nicht so einen wie ihn, der es so schwer hatte. Mein Vater ist dann vorzeitig aus der Bundeswehr entlassen worden. Die Splitter in seinem Kopf sind rumgewandert und er hat einen Verfolgungswahn gekriegt und mit der Dienstpistole rumgeschossen. Ich erinnere mich an schreckliche Szenen, zum Beispiel, wie mein Vater versucht hat, mit der Pistole auf uns alle loszugehen. Eine Entlassung ist bei Beamten auf Lebenszeit ja sehr schwierig. Da gibt es ein schreckliches Gutachten von Bürger-Prinz, das wirklich vernichtend ist. Heute kann ich das Verhalten meines Vaters als einen Ausdruck der absoluten Verzweiflung sehen. Mit 55 Jahren aufs Abstellgleis gestellt zu werden und keine Einsicht dafür zu haben, was das mit ihm zu tun haben könnte. Und dann diese aktive Frau, die immer alles hinkriegte, die immer die Bewunderer um sich scharte und Rotkreuz-Lehrgang machte, die als Schwesternhilfe dazuverdiente und dann diese vier wuseligen Kinder und immer das Haus voll.

T: Im Gegensatz zum Vater war deine Mutter sehr tüchtig und erfolgreich?

Ja, natürlich, eingeschränkt zwar, aber sie hat Karriere gemacht. Das tut sie nach wie vor. Da gibt es Sachen, die für mich nach wie vor unerträglich sind. Sie ist inzwischen bei den Grünen ... und da wird sie von allen bewundert, als Achtzigjährige und immer noch so aktiv und immer noch im Gemeinderat. Es gibt Menschen, die sagen, sie sollte das bitte alles mal aufschreiben, sie sei wirklich ein Beispiel für eine emanzipierte Frau. Und ich möchte dann immer fragen, was ist mit den zwölf Jahren, bitte? Diese zwölf Jahre, die gibt es in ihrem Leben nicht mehr, die sind weg ...

Zurück zu mir. Ich bin mit Mittlerer Reife von der Schule abgegangen, und das war für meine Eltern ein Schlag ins Gesicht, weil es selbstverständlich war, dass wir Abitur machen. Bei mir wurde das dann herablassend kommentiert: »Na ja, sie kann gut mit Kindern umgehen, dann kann sie eben was Praktisches machen.«

Ich bin dann als Au-Pair für ein Jahr in die USA gegangen, und das hat mir sehr gut getan, das ist für meine ganze weitere Entwicklung wichtig gewesen. Ich bin vormittags zur Schule gegangen, und nachmittags war ich bei einer deutschen Familie. Das waren Naturwissenschaftler, die ein Jahr in den USA verbringen mussten, wie das in den

Sechzigerjahren so üblich gewesen ist. Da habe ich zum ersten Mal eine Familie kennengelernt, die über die Nazivergangenheit gesprochen hat und die auch jüdische Freunde hatten. …

Da gibt es ein Erlebnis, das ich nie vergessen werde. Ein langer Schulflur in der High School, und ein Mädchen in meinem Alter kommt auf mich zu und sagt: »Es ist üblich, dass wir zu den Neuankömmlingen nett sind, aber das kannst du von mir nicht erwarten! Ich will nie mit dir reden, ich bin Jüdin, ich hasse dich!« Das konnte ich überhaupt nicht verstehen. Bis zu dem Zeitpunkt war das für mich alles ziemlich harmlos gewesen.

Als ich nach dem Jahr wieder zurück in Deutschland war, wollte ich sofort wieder in die USA, egal wohin, jedenfalls ganz weit weg von Deutschland. Ich habe 1965 einen Ausbildungsplatz als technische Assistentin in Berlin gefunden. Ich habe mir nicht bewusst Berlin ausgesucht. Ich weiß nicht mehr, warum mich das so fasziniert hat, was damals in Berlin passiert ist, ich war ja keine Studentin. Also, ich habe wenig kapiert und bin dann mit ganz großer Begeisterung in die FU (Freie Universität Berlin) gegangen. Ich fand das alles ganz toll, Rudi Dutschke zu erleben … also für mich war das eine Befreiung … eine sehr halbherzige, wie ich jetzt weiß. Eigentlich war es ein Protest gegen meine Eltern, die auch prompt reagiert haben, panisch … Meine Mutter hat mir Briefe geschrieben, es würde meine Heiratschancen vermasseln, denn jetzt würden alle Männer mit mir ihren Spaß haben. Aber heiraten würden sie so ein gefallenes Mädchen nicht, obwohl die überhaupt nicht wusste, was ich da gemacht habe. Ich habe dann sehr radikal alles über Bord geschmissen und wahllos das getan, was sie immer befürchteten, was ich tun würde. Ich habe das wirklich gemacht, und ich hab ihnen damit recht gegeben … (lacht), was ich übrigens heute sehr verblüffend finde.

Und dann habe ich mich zunehmend politisch engagiert. Bei mir ist es wirklich ganz klassisch gelaufen, schon fast lächerlich …

Warum demonstrieren die hier eigentlich gegen den Schah, wo doch Farah Diba so gut aussieht und ich die als Kind abgepaust hatte? Dann habe ich begriffen, dass ich einer Sache aufgesessen bin. Ich bin in einer so harmlosen Gegend aufgewachsen, aber das stimmt ja alles nicht. Das war gar nicht harmlos, das waren nur Märchen … der Schah ein Märchenprinz … so eine Kinderschwärmerei. Na, und die Nordamerikaner mit dem Vietnam-Krieg sind auch nicht unsere großen Freunde, und dann natürlich die Auseinandersetzung um die Vergangenheit meiner Eltern. Damals habe ich begonnen, mich mit dem Nationalsozialismus auseinanderzusetzen, aber ich war nicht wirklich bereit, meine Eltern danach zu fragen. … Ich kann, nein, ich will nicht mit meiner Mutter darüber reden, wie wesentlich für mich die Auseinandersetzung damit ist, oder was es mir, um ein Beispiel zu nennen, bedeutet hat, 1989 das erste Mal nach Leningrad zu fahren und zu begreifen, wie wenig ich darüber bis dato gewusst habe, wie sehr ich bis dato geglaubt hatte, dass die SS und SA ganz schlimm sind und ich wie mein Vater die Wehr-

macht verharmlost habe. Es hat unheimlich lange gedauert, bis ich begriffen habe, dass das alles Lügen waren. Inzwischen bin ich nicht mehr bereit, mich mit meiner Mutter darüber auseinanderzusetzen, inzwischen tue ich das für mich. Ich habe mich lange Zeit als Frau nicht unterdrückt gefühlt, und ich glaube, das hat was damit zu tun, dass ich aus einer Familie komme, in der die Frau sowieso immer die aktivere Rolle übernommen hat und der Mann immer der Schwache war.

Nun zurück nach Berlin: Ich bin dann an der FU in so eine Rote Zelle gegangen. Da war ich die einzige Nichtstudentin und wurde unglaublich hofiert als proletarisches Element (lacht), was ich im Nachhinein sehr witzig finde. Das fanden alle ganz toll, dass bei der Roten Zelle Biologie nicht nur Studenten und Studentinnen vertreten waren, sondern auch eine technische Angestellte. Ich habe diese Rolle zunächst mal sehr genossen, und das hat lange gedauert, bis ich kapiert hab, dass das alles verrückt ist und dass ich mich nicht einfach so zur Proletarierin stilisieren lassen kann. Wir haben angefangen, uns zu organisieren, und zwar ohne die Wissenschaftler und Studenten.

Dann gab es die Drittelparität, totale Mitbestimmung, und wir durften plötzlich die Professoren fragen (lacht): »Sagen Sie mal, wie halten Sie es mit der Mitbestimmung, sonst stimmen wir nicht für Sie!« Das haben sie ganz schnell wieder abgeschafft. Aber das war für mich eine ganz wichtige Erfahrung, reden lernen, lernen, meine Interessen zu vertreten. ... Das war so was wie ein Familienersatz. Ich musste dort nie besonders viel kämpfen. Ich war an einem Institut beschäftigt, das war total links verschrien. Das war mein Arbeitsplatz, und da musste ich nicht dafür kämpfen, für die Sitzungen freizubekommen. Im Gegenteil, ich hätte Ärger gekriegt, wenn ich da nicht hingegangen wäre. Das wäre politisch nicht richtig gewesen.

In der Zeit habe ich wie auf einer Insel gelebt, das hat mich stark verändert. ... 1977 habe ich dieses Abgeschlossensein in Berlin nicht mehr ausgehalten. Ich musste da raus und bin dann nach Hamburg. Dort habe ich so richtig ... eine Bruchlandung gemacht (lacht) beim UKE (Universitätsklinikum Eppendorf). Nach einem halben Jahr bin ich ins Tropenkrankenhaus gegangen, weil ich zu der Zeit schon angefangen hatte, Lateinamerika-Arbeit zu machen, und da war natürlich Chile ganz wesentlich für mich.

T: In welchem Rahmen hast du Lateinamerika-Arbeit gemacht?

Im Rahmen der Gewerkschaft. Wir haben eine Familie betreut, wo der Mann im Knast war, und haben versucht, die aus Chile rauszuholen. Ja, und in dem Zusammenhang habe ich mir gedacht, dass ich nach Lateinamerika gehe, und daher passte das mit dem Tropenkrankenhaus aus mehreren Gründen: Einmal hatte ich die Vorstellung, dass Hamburg eine liberale Stadt ist, das Tor zu Welt sozusagen, und dazu gehörte eben auch das Tropenkrankenhaus. Ich habe ja nicht gewusst, dass das ein so reaktionärer, elitärer La-

den ist. Das hat dann dazu geführt, dass ich gedacht habe, nee, ich kann nicht mein Leben lang medizinisch-technische Assistentin bleiben. Ich wollte unbedingt studieren und habe das Abitur nachgeholt. ...

Ja, und dann ist mir was dazwischengekommen, ich habe zwar das Studium zu Ende gemacht, aber das hat sehr lange gedauert, weil ich in Hamburg die Lateinamerika-Arbeit weitergemacht habe. Ich war im Argentinien-Komitee zur Zeit der argentinischen Militärdiktatur, da haben wir hier unheimlich viel gemacht. Da fing irgendjemand mal an, von Nicaragua zu reden, und irgendwas hat mich daran fasziniert. Ich habe gedacht, ich muss da mal hin, und das habe ich dann auch gemacht. Und das hat mich zehn Jahre meines Lebens beschäftigt. Inzwischen sage ich, ich musste einfach 10.000 Kilometer weit weggehen von meiner Mutter. Ich musste aus diesem Clan rauskommen, das ist natürlich eine Hinterher-Interpretation, aber das war es wohl.

Obwohl mir der Beruf der MTA (Medizinisch-technische Assistentin) so verhasst war, habe ich mein Studium ruhen lassen und habe noch mal zwei Jahre als MTA in Nicaragua gearbeitet, was eigentlich auch gut war.

Ich bin dann in einen heftigen Konflikt gekommen, für immer auszuwandern oder wieder nach Deutschland zurückzukommen. Ich war zwei Jahre hin- und hergerissen. In dieser Zeit habe ich es immer wieder geschafft, über irgendwelche Institutionen nach Nicaragua zu kommen, sogar mal über die katholische Kirche. Jedenfalls habe ich ganz viel Energie reingesteckt, da immer wieder hinzukommen. Das war für mich ganz wichtig.

Ja, unter anderem bin ich da auch Marie Langer begegnet, und das hat mir sehr geholfen, bestimmte Erfahrungen besser zu verstehen und zu verarbeiten, die mich viel mehr beschäftigt haben, als ich mir das in meiner Situation eingestanden habe. Das betrifft vor allem den ständigen Tod und die vielen Verluste von Freunden. ... Diese Erlebnisse haben mich übrigens meinem Vater wieder nähergebracht. Nach Nicaragua habe ich zum ersten Mal geheult, dass es meinen Vater nicht mehr gibt, dass ich ihm nichts mehr erzählen kann. ... Ja, ich habe gedacht, jetzt könnte ich ihn fragen: »Komm, was hast du eigentlich gehabt?« Ich hätte viel besser verstanden, was das bedeutet und wie das ist, unter ständiger Angst zu leben. Ich habe wie er auch immer geträumt. Sicherlich habe ich nicht so schreckliche Erfahrungen gemacht wie er, ganz bestimmt nicht, aber ... Stell dir vor, für jemanden, der aus diesem Land hier kommt, mit dieser Sozialisation, und plötzlich habe ich ein positives Verhältnis zu Soldaten ... ich war froh, wenn die bewaffnet waren. Ich habe jeden Soldaten freundlich angeguckt und gedacht, hoffentlich bleibt er hier stehen und beschützt mich.

T: Du hast in Nicaragua etwas sehr Wichtiges für dich verstanden.

Ja ...

T: Wann und wie lange bist du in Nicaragua gewesen?

Von 1982 bis 86 mit Unterbrechungen. ...

Ich habe mein Diplom in Erziehungswissenschaft gemacht und bin dann noch mal zurückgegangen. Dann habe ich aber was ganz anderes gemacht, außerhalb des Gesundheitswesens. Diese ständige Konfrontation mit der schlechten Ausstattung und den vielen Toten und den vielen Verletzten, das hat mich so gepackt, dass ich zu überhaupt nichts anderem gekommen bin. Das alles hat mich schon sehr nachhaltig beschäftigt. Und natürlich hat meine Mutter immer Geld gesammelt für mein Krankenhaus, was ich inzwischen als sehr abstandslos empfinde.

Ja ... ich brauchte das einfach, ganz weit weg zu sein, wo ich nicht gefragt werde, bist du nicht die Tochter von ... Wo ich mich nicht ständig distanzieren musste. Das ist was, was bis heute für mich schwer ist, dass ich mich hier ständig distanziere, denn das Bild, das meine Mutter vermittelt, ist ein ganz anderes, als ich es habe. Das ist die aktive Grüne, die bis heute auf jeden Parteikongress der Grünen fährt. ... Und ich möchte mit Grünen nie darüber reden und ich möchte bitte nie gefragt werden. Das ist dieser Loyalitätskonflikt, über den ich zu Anfang geredet habe ...

T: Du kennst eine andere Seite deiner Mutter, aber du möchtest sie nicht nach draußen tragen, um deiner Mutter nicht zu schaden?

Vielleicht ist das was ganz Typisches für die Generation unserer Mütter. Sie haben ganz viel nicht leben können. Die Karriere ist das eine. Ich denke zum Beispiel, dass sie nie eine befriedigende Sexualität hatte, dass sie nie ein Gefühl für ihren Körper gekriegt hat ...

Ja, und ich merke immer noch, dass ich versuche, das Gegenteil von dem zu machen, was sie gut gefunden hat. Da ist immer noch ganz viel Abgrenzung ...

T: Wie lebst du heute?

Allein. (Pause)

T: Hast du Kinder?

Nein ...

T: Kann man sagen, dass du dich auch in deinem privaten Leben sehr abgrenzt?

Ja, ich glaube ... das, was ich da vorgelebt gekriegt habe, so bitte nicht. ... Aber ich habe bisher nichts Eigenes gefunden ...

T: Beim Zuhören bekomme ich zunehmend den Eindruck, dass du immer versuchst, etwas miteinander zu verbinden.

Ja, das stimmt ... Da gibt es zwei Sachen, die, wie ich denke, mit meiner Geschichte zu tun haben. ...

Ich stehe immer noch unter einem ungeheuren moralischen Druck, zum Beispiel in Lateinamerika bloß nicht auffallen als eine Person, die aus einem reichen Land kommt und höhere Ansprüche zum Beispiel an Wohnqualität stellt. Da bin ich fast schon übervorsichtig, so, als müsse ich immer deutlich machen, dass ich nicht zu denen gehöre, »die euch hier ausgebeutet haben«. Und ja, dieses Vermitteln, das muss doch gehen! Was Ähnliches habe ich tatsächlich in meinen Begegnungen in der ehemaligen DDR wiedergefunden. Neu ist für mich, dass ich mich plötzlich mit deutscher Geschichte beschäftige. Ich meine damit nicht nur das Kapitel Nationalsozialsozialismus. Plötzlich fange ich an, das, was da passiert ist, interessant zu finden, und ich verstehe inzwischen einiges anders, wozu ich früher überhaupt nicht fähig gewesen wäre. Früher musste ich immer sagen, ich will eigentlich gar keine Deutsche sein, ich habe mit all dem nichts zu tun. Jetzt kann ich sagen, ja, ich bin eine Deutsche. Ich kann nicht einfach so aus der Familie austreten, so einfach kann ich mir das nicht machen.

In Nicaragua war ich zum Beispiel immer nur mit Europäern zusammen. Meine Freundinnen und Freunde waren Franzosen und Italiener. Und ich habe voller Wonne mitgemacht, wenn es gegen die Deutschen ging. Ich war begeistert, wenn ich gehört habe, na ja, du bist ja auch keine typische Deutsche (lacht). Dass ich das jetzt einfach so lachend sagen kann, das wäre früher nicht möglich gewesen.

Ich fange auch an, mich dafür zu interessieren, was das eigentlich heißt, »typisch deutsch« zu sein. Die preußische Geschichte zum Beispiel finde ich inzwischen hochinteressant, diese ganzen gebrochenen Männer, das beschäftigt mich schon sehr. Ich hatte behauptet, es würde mich alles nicht interessieren ... und ich war nicht wirklich bereit, meine Eltern zu fragen. Aber jetzt endlich (längere Pause) ist mir die Verstrickung mit ihnen klar geworden.

Mir ist jetzt erst klar geworden, dass ich zunächst mal versucht habe, alles anders zu machen als sie. Ich glaube heute, dass es einen unmittelbaren Zusammenhang gibt zwischen der Nazivergangenheit meiner Mutter und meinem völlig anderen Weg, meinem Ausbrechen ... Letztendlich aber bin ich eben auch eine sehr aktive Frau. Über meine Mutter ist mir ja ein Bild von Frau vermittelt worden, von Selbständigkeit, und dem bin ich schon ziemlich ähnlich ...

Hamburg, im Juni 1993

7. Isolde Rüter

Meine Eltern, eigentlich nicht nur meine Eltern, sondern auch meine nicht sehr zahlreiche Verwandtschaft, sind konservativ, sehr konservativ, aber unpolitisch, jedenfalls, wie ich es erfahren habe. Politik war etwas bei uns, worüber man sich nicht unterhalten hat. Diese konservative Lebenseinstellung war sehr dominant. Es gab Zwänge und rigide Regeln, wie man sich zu verhalten hatte, was sich gehörte, was sich nicht gehörte. Ich bin 1946 nach dem Krieg geboren, in der schlechten Zeit. Darunter haben wir in der Familie aber nicht gelitten. Ich habe natürlich in der Schule mitgekriegt, wie es den Leuten ging. Wir selbst waren davon aber nicht betroffen ...

T: Was haben deine Eltern gemacht?

Mein Vater war Ingenieur und meine Mutter kommt aus einem reichen Elternhaus. Sie hat selbst eigentlich immer Geld gehabt, aber nicht gearbeitet. Mein Vater kommt aus einem sehr kinderreichen Elternhaus. Beide kommen aus dem Schwarzwald, er als bevorzugter Sohn, der als Einziger von sechs Kindern studieren durfte. Er hat, glaube ich, mehrere Studiengänge abgebrochen und ist Ingenieur geworden. Er hatte aber wohl eine sehr angenehme Jugend- und Studienzeit, weil er als einziger Sohn alles zugesteckt bekommen hat. Mein Vater war eher ein Intellektueller, was man bei einem Ingenieur nicht unbedingt vermuten möchte. Meine Mutter war dagegen nix. Sie hatte überhaupt keine Bildung, war aber immer reich, und das war von jeher der Konflikt zwischen meinen Eltern. Sie war reich und dumm, und er war halt arm ... aber gescheit. Meine Mutter kam natürlich nicht gegen meinen Vater an, versuchte es aber ständig durch Arroganz und Überheblichkeit. Es gab nie ein harmonisches Zusammenleben. Als Kind habe ich nie verstanden, wie das zusammenhängt. Sie haben sich irgendwann auch getrennt.

T: Wie alt warst du da?

Da war ich schon aus dem Haus und schon verheiratet. Man blieb zusammen, man musste natürlich so lange zusammenbleiben, bis das Kind groß war.

T: Bist du das einzige Kind?

Nein, ich habe noch eine sieben Jahre ältere Schwester, die einen anderen Vater hat. Der ist im Krieg gefallen. Ich bin nicht die ganze Zeit mit ihr zusammen aufgewachsen. Die war im Internat und ich war auch im Internat. Wir haben uns nicht viel gesehen.

Meine Mutter ist eine unpolitische Frau. Sie selbst hat immer gesagt, sie versteht nichts von Politik. An die Kindheit kann ich mich nicht erinnern, aber in meiner Jugend hat sie mal angedeutet, dass die Nationalsozialisten ihr nicht entsprochen haben, das sei alles zu rau und zu roh gewesen, nicht so ihr Stil. Aber das war's dann auch, darauf hat sie sich beschränkt. Und ich hätte mich nie getraut, so etwas zu fragen.

T: Hast du eine Idee, warum nicht?

... Ich glaube, Politik, nicht nur der Nationalsozialismus, sondern überhaupt Politik war etwas Anrüchiges, worüber man nicht sprach. Das war in meiner Kindheit und Jugend so ähnlich tabuisiert wie schlüpfrige Themen, so ähnlich ...

T: Wie alt war deine Mutter?

Anfang 30, glaube ich. Mein Vater war wesentlich älter. Er hat das erste Mal mit 45 Jahren geheiratet. Er war 17 Jahre älter als meine Mutter.

Als ich 15 oder 16 Jahre alt war, haben sich meine Eltern gar nicht mehr verstanden. Jedenfalls haben sie die Ehe nur nach außen hin aufrechterhalten. Mein Vater hat alles Mögliche unternommen, damit die Familie nach außen hin heil aussieht. Ich habe sehr früh, mit 20 Jahren, geheiratet. Da ich noch nicht 21 Jahre alt war, brauchte ich für die Heirat die Genehmigung meiner Eltern. Die haben sie mir nur gegeben, weil ich schwanger war. Das führte zu einem tiefen Bruch mit meinem Vater. Für den war dieses Heiratenmüssen eine Schande schlechthin. Ich hatte bis drei Monate vor seinem Tod überhaupt keinen Kontakt mehr zu ihm. Unmittelbar nachdem ich aus dem Haus war, haben sich meine Eltern auch räumlich getrennt. Mein Vater ist wieder in sein Elterndorf in den Schwarzwald zurückgegangen. Da wurde er dann auch bald pensioniert.

Meine Mutter lebte allein und hat ihren Mädchennamen wieder angenommen. Drei oder vier Jahre später haben sie sich sogar noch scheiden lassen, in diesem hohen Alter! Als mein Vater aus dem Haus war, hat meine Mutter Geschichten über ihn und über seine Funktion im Dritten Reich erzählt. Ich glaube, dass sie mir das nur erzählt hat, um meinen Vater schlecht zu machen. In seinem Nachlass habe ich überhaupt keine Anhaltspunkte dafür gefunden, dass das wahr ist, was meine Mutter über ihn erzählt hat. Später hat sie mir noch erzählt, er sei auch in der NSDAP gewesen. Eine Funktion oder so was hatte er mit Sicherheit nicht, das hat sie aber auch nicht gesagt. Wahrscheinlich ist er in der NSDAP gewesen, aber wenn sie noch zusammengelebt hätten, dann hätte sie das nie erzählt. Typisch für sie war, dass sie sich Geschichten ausgedacht hat, um zu zeigen, wie schrecklich mein Vater gewesen ist ...

T: Was erinnerst du aus deiner Schulzeit?

Ich war im Internat ... ich war zweimal in einem Internat, aber ich kann mich nicht mehr an Einzelheiten erinnern. Ich kann mich nur an den Geschichtsunterricht erinnern, an Politikunterricht überhaupt nicht. Von einer Lehrerin weiß ich, dass die aus der DDR kam und dass das was Besonderes war. Die hat wilde Geschichten über die Kommunisten erzählt ... (...) Das muss der 17. Juni gewesen sein, den die miterlebt hatte. Die ist noch vor dem Mauerbau rübergekommen, den habe ich natürlich mitgekriegt.

Diese Geschichten von dieser einen Lehrerin, die eine Kommunistenhasserin war, war eigentlich das erste Mal, dass ich überhaupt davon was mitbekommen habe ... Natürlich hat man im Unterricht von der Teilung Deutschlands gehört oder von den Kommunisten, das hieß übrigens immer, dort Kommunisten und hier der Westen. Ich kann nicht sagen, wie das für mich war. Wenn diese Lehrerin davon erzählt hat, waren das grauenvolle, dunkle Geschichten. Sonst erinnere ich nur noch, dass bei uns zu Hause auf diese Kubakrise, auf diese Schweinebuchtgeschichte ängstlich reagiert wurde. Meine Mutter hat eine Ferienreise abgesagt, weil sie mich nicht allein in so einer ... Weltkrisensituation zu Hause lassen wollte. Meine Mutter hatte zwar politisch viel zu wenig Ahnung, aber da war so eine Angst spürbar, dass irgendwas Schreckliches passieren könnte.

T: Was hast du für ein Bild von deinem Vater?

Also, ich erinnere es so, dass ich sehr von ihm unterdrückt worden bin. Für ihn waren Kinder, Frauen sowieso, aber auch Kinder waren dumm und hatten nichts zu sagen. Ich durfte bei Tisch nicht sprechen, Kinder hatten eben nicht zu sprechen, wenn sich Erwachsene unterhalten, und Erwachsene haben sich bei uns immer unterhalten. Ich hatte nichts zu sagen und durfte das auch nicht. Ich kann mich nicht daran erinnern, dass ich zu Hause mal was erzählt hätte oder mich überhaupt geäußert habe.

Sicher hätte ich mich mal äußern dürfen ... vielleicht aber auch nicht. Ich glaube, dann hätte man gesagt: »Das passt jetzt nicht« oder: »Sei still, halt den Mund«. Ja ...

Entscheidend waren schulische Leistungen. Ich war am Anfang richtig gut in der Schule und dann wurde ich schlecht. Und als ich schlecht wurde, kam ich ins Internat, wie das so ist.

T: Wie meinst du das?

Ja, von der Sexta auf die Quinta, also im Gymnasium, da wurde ich schlecht und kam ins Internat. Das Einzige, was meinen Vater überhaupt interessiert hat, das ist jetzt etwas verkürzt, war seine Angst, dass seine Tochter so blöd oder so dumm bleibt wie seine Frau. Er hat aber relativ wenig dazu getan, dass es anders wird. Ich habe wirklich schöne und angenehme Erinnerungen an ihn aus der Kindheit, das war, als ich wirklich noch klein war und als ich in der Grundschule in meinen Leistungen richtig gut war. Da hat er wohl große Hoffnungen in mich gesetzt, die im Gymnasium dann ziemlich schnell enttäuscht wurden, und damit hatte er auch kein Interesse mehr an mir. Ich wollte mit der Mittleren Reife von der Schule gehen. Damals konnte man mit der Mittleren Reife in Köln Sport studieren. Das wollte ich unbedingt machen, aber das wurde mir von meinem Vater schlicht untersagt. Er vertrat die Ansicht, dass Sportlehrerin nichts Solides sei. Ich könnte damit nichts anfangen, wenn mich zum Beispiel mein Mann irgendwann verlassen oder früh sterben würde.

Er hat mich gezwungen, eine Lehre zur Industriekauffrau zu machen, die ich auch abgeschlossen habe. Danach hätte ich dann machen können, was ich wollte. Während dieser Lehre habe ich aber E., den Mann kennengelernt, den ich später auch geheiratet habe. Ich bin heute noch davon überzeugt, dass ich zufriedener gewesen wäre, wenn ich das Sportstudium gemacht hätte. Das hätte ich wirklich gern gemacht, und ich bedaure sehr, dass es so gekommen ist.

Ich hatte aber wirklich keine Möglichkeit, mich bei meinem Vater durchzusetzen. Ich bin dann richtig von zu Hause weg, zuerst ins Internat, und von dort habe ich den E. geheiratet. E. las den »Spiegel«, den ich damals überhaupt zum ersten Mal gelesen habe. Das ist irgendwie witzig, aber ich glaube, das geht vielen so: Bei uns zu Hause gab es außer der »Badischen Zeitung« keine Zeitschriften oder Zeitungen. Mein Vater hat mit Sicherheit andere Sachen gelesen, die mich aber nicht interessiert haben, und meine Mutter sowieso nicht. Also ich war absolut uninformiert.

Ich habe zum ersten Mal an Diskussionen in dem Bekanntenkreis teilgenommen, den es um E. gab. Daran knapse ich noch immer. Kein Wunder, dass ich immer noch diese Hemmungen habe und immer noch schwere Probleme damit, mich auszudrücken. Eigentlich kann das auch gar nicht anders sein. Ich kann mir nicht vorstellen, dass man mit so einer Erziehung, wie ich sie hatte, Selbstbewusstsein bekommt. Jedenfalls habe ich diese Diskussionen aufmerksam verfolgt, ohne mich daran zu beteiligen. Das ist Jahrzehnte noch so weitergegangen. Ich habe zugehört und lange gebraucht, bis ich mich zu einem Thema äußern wollte oder konnte.

Wir haben 67 geheiratet und sind dann nach Hamburg gekommen. Das war eigentlich der erste Schritt, den ich wirklich für mich und alleine und ohne irgendwelche Anregungen oder so gemacht habe. Ich habe viel gelesen und bin in Hamburg in den SDS gegangen. Das war das erste Mal, dass ich etwas alleine für mich ... beschlossen habe.

T: Wieso bist du zum SDS gegangen?

Ja, das habe ich mir auch schon überlegt. Ich denke, das hängt mit diesem Rudi Dutschke und den Leuten zusammen, deren Papiere in der Uni so im Umlauf waren. Jedenfalls, die Leute, die mich interessiert haben, die waren im SDS.

T: Hast du dann noch studiert?

Nein. Ich war mit A. schwanger, die 67 auf die Welt gekommen ist. 68 bin ich in den SDS gegangen. Im ersten Dreivierteljahr bin ich ständig in der Uni gewesen. Ich bin sehr begierig und interessiert daran gewesen, was da so läuft. In der SDS-Zeit ... gab es einen Emanzipationskreis ... da bin ich auch hingegangen. Da waren nur wenige Frauen, drei oder vier, die wie ich ein Kind hatten. Wir haben uns mit anderen Leuten zusammengetan und in Hamburg den ersten Kinderladen gegründet.

Damals, das kennst du ja auch noch, war ein Kinderladen eine hochpolitische Sache. Wir haben neulich noch darüber geredet, dass wir im Kinderladen Kapitalschulung und lauter solche Sachen gemacht haben ... (...) Wichtig war, dass die Kindererziehung überhaupt nicht so nebenbei gemacht wurde, sondern sehr bewusst und mit allen Fehlern. In unserem Fall hat sich das eigentlich ganz gut entwickelt, aber es gibt auch Kinder, bei denen ist die Entwicklung nicht so glücklich ausgegangen wie bei uns. Da sind viele Fehler gemacht worden. ...

T: War das der Kinderladen in der Klopstockstraße?

Ja, das war der erste. Der Klopstock-Kinderladen hat sich, glaube ich, nach einem Jahr in einen politischen und in einen unpolitischen gespalten. In diesem politischen Kinderladen fing dann die Kapitalschulung an. Wir haben damals zum Beispiel nach Arbeiterkindern gesucht, und irgendwann kam dann auch mal ein Arbeiterkind in den Kinderladen. Der ist im Wesentlichen zusammengeblieben, bis unsere Tochter in der zweiten Klasse war und nicht mehr in den Kinderladen wollte. Ich bin dann auch von da weg, weil das im Kinderladen fast ein Fulltime-Job gewesen ist. Man hatte Dienst, dann zweimal in der Woche lange theoretische Diskussion, auf die ich mich vorbereiten musste. Dafür habe ich viel gelesen. Kinderladen war richtiges Arbeiten. 1970 war der Zusammenschluss mit dem KB. Ich wurde im KB mit offenen Armen empfangen, obwohl ich keine Arbeiterin war. Aber ich konnte Schreibmaschine schreiben und umsonst arbeiten. Kurz gesagt, ich habe mich dann fünf Jahre lang ... ausnutzen lassen, freiwillig, das habe ich wohl auch gebraucht. Daran knapse ich bis heute. Ich habe acht bis zehn Stunden täglich gearbeitet. Ich musste ja kein Geld verdienen, und das war für beide Seiten ideal.

Ich konnte mir einbilden, dass ich meine bürgerliche Vergangenheit total überwunden habe, und für den KB war es günstig, weil er wirklich eine billige Arbeitskraft hatte.

Ich knapse daran rum, weil ich das wohl wirklich bis zur (lacht) Selbstverleugnung so haben musste. Da gibt es eine Geschichte, die ich schon hundertmal erzählt habe, die aber wichtig für mich war – du wirst dich darüber totlachen. Also, während des Chemiestreiks saß ich in diesem Büro vom KB, in der Hochallee, im Keller und habe wie immer getippt. Und da kam ein Udo G. runter, der war später im LG. Udo war Chemiearbeiter, also für mich ein Arbeiter, ich hatte ja nicht so viel Kontakt zu Arbeitern, und sagte zu mir: »Willst du eine Zigarette, Genossin?« ... Er hat zu mir Genossin gesagt. Und das war für mich, ich kann es fast nicht beschreiben, aber mir kamen fast die Tränen vor Stolz, und ich weiß nicht ... ja, ich kann es dir nicht mehr beschreiben, wie wichtig das für mich war ... So ein Arbeiterkult, kann ich jetzt dazu nur sagen, wurde im KB betrieben, und ich habe den so aufgenommen und so aufgesogen. Anders kann ich mir das nicht erklären. Wie gesagt, ich habe mich da ausnutzen lassen. Ich mache da wirklich niemandem einen Vorwurf draus, aber für manche Sachen schäme ich mich mittlerweile. Was ich mir da alles habe gefallen lassen oder sogar weitergegeben habe. Dafür schäme ich mich zum Teil, so weit hätte ich meinen Verstand nicht wegpacken dürfen.

T: Du wolltest unbedingt dazugehören?

Ja, obwohl, also verstehst du, gleichberechtigt, das war ... mir immer klar, das konnte ich im KB niemals sein. Um wirklich so hoch in der Hierarchie zu stehen, dafür hätte ich Arbeiterin sein und aus einem Arbeiterhaus kommen müssen. Das war für mich unerreichbar. Ich habe mich jedenfalls sehr bemüht, alles zu tun, um mindestens die Anerkennung dieser paar Leute zu bekommen. Das ist einfach verrückt. Irgendwann wurde mir das (lacht) schon auch klar, dass die großen Arbeiterführer im KB abgebrochene Studenten waren, und im besten Fall hatten sie vielleicht mal Arbeitereltern, aber das war eher nicht die Regel.

Aber verstehst du, das ist so verrückt. Ich bin irgendwelchen Leuten ... ja, oder auch Lebensweisen nachgerannt, was sowieso unerreichbar gewesen ist. Ich weiß nur, dass es mir furchtbar ernst gewesen ist. Es bedeutete ja auch einen enormen Verzicht. Ich habe zum Beispiel zwei Wochen im Jahr Ferien gemacht. Zwei Wochen! ... E. hat damals noch studiert, und wir hätten furchtbar viel Ferien machen können. Das habe ich nur nicht getan, weil man mich eben zum Tippen gebraucht hat. Ich habe ganze Nächte getippt. Am Anfang habe ich den AK (»Arbeiterkampf«) allein gemacht, später gab es dann so eine Art Schreibbüro. Es war schon so, dass da auch Leute waren, die genau wussten, wie sie gerade (lacht) mich einsetzen und ausnutzen konnten. ... Ich wurde dann Anleiterin für einen Bereich, und das war so etwas wie eine kleine politische Karriere. Das hat mich –

bei meiner Herkunft – sehr stolz gemacht … Ich war unheimlich fleißig, nicht nur mit dieser Tipperei, sondern auch im Technikbereich und auch was die Schulungen betraf. Bei denen war ich ganz, ganz fleißig dabei und bemüht, da etwas zu lernen. Ich war unglaublich ehrgeizig.

Es gibt ein paar Sachen, für die schäme ich mich, dass ich da nicht widersprochen habe, dass ich mir das habe gefallen lassen oder es zum Teil als Anleiterin auch weitergegeben habe.

Aber was ich wirklich gut finde, ist, dass ich aus dem KB dann rausgegangen bin.

T: Wann bist du da raus?

1975. Ich hatte das mit niemandem abgesprochen. Ich bin 1975 aus dem KB ausgetreten. Es ist schwer, darüber was zu sagen. Es war wirklich eine sehr persönliche Sache. Vielleicht habe ich irgendwann mal Zeit oder Lust darüber nachzudenken, was das für mich so … Ich fand wirklich vieles sehr verlogen. Irgendwann musste man die Augen öffnen und da hinsehen, und irgendwann war ich dann auch dazu bereit, die Dinge wahrzunehmen, die mich sehr gestört und geärgert haben. Also, nur ein Beispiel … 1975 haben wir dieses Haus gekauft. Ich weiß noch, dass wir das diskutiert haben und, verstehst du, dieser Hauskauf wurde dann einfach irgendwie entschuldigt und für gut befunden. Da konnte ich zum Beispiel gar nicht zustimmen. Ich habe das Haus gar nicht gekauft, das war ja im Wesentlichen mein Mann, der das betrieben hat. Aber die Art, wie das entschuldigt oder gutgeheißen wurde, das widersprach zum Beispiel vollkommen der Auffassung über Wohneigentum, wie sie zumindest in unserer Einheit diskutiert wurde. Es gab da einfach so viel Unehrlichkeit. Zum Beispiel wollte man wegen meiner Arbeit nicht auf mich verzichten, und so hat man den Hauskauf gegen alle politischen Überzeugungen einfach hingenommen. Das war alles ziemlich verlogen. Und dann fing ich an, über meine Art zu arbeiten und über meine Stellung im KB nachzudenken.

T: Hast du das mit dir selbst ausgemacht?

Mit mir selbst. Ich habe darüber nachgedacht, dass da auch was falsch läuft, wie ich arbeite und wofür ich mich im KB einsetze, und dass das auch ziemlich verlogen für mich ist.

Ja, es war wirklich eine sehr persönliche Entscheidung, da rauszugehen.

T: Und auch ein ganz wichtiger Schritt für dich?

Ja, ja, es gab darüber noch nicht einmal eine Diskussion mit mir. Es war eben zu Ende. Ich weiß nicht, es war irgendwie merkwürdig oder vielleicht auch typisch, dass niemand ein Interesse hatte, mich mal zu fragen, was es für Gründe gegeben hat, dass ich austrete. Aber das war dann wohl auch nicht so wichtig. Ich habe jedenfalls nicht darauf bestanden.

Ja, und dann ging ich. Die Bunte Liste habe ich nicht aktiv mitgemacht, sondern mehr so von der Ferne. Ich war auf Versammlungen und habe das aber interessiert verfolgt …

Ich möchte noch einmal zu meinen Eltern zurückkommen, denn das ist auch irgendwie komisch. Mit meinem Vater hatte ich bis vor seinem Tod keinen Kontakt mehr und mit meiner Mutter ja … Die hat eigentlich immer großen Wert darauf gelegt, dass es keinen Kontakt zu meinem Vater gab. Es hat ihr nicht gepasst, dass ich mich in den letzten Wochen vor seinem Tod um ihn, also mehr um seinen Tod gekümmert habe. Sie wollte wohl, dass ich ihn vollkommen ablehne. Übrigens hatte ich viele Jahre lang das Bedürfnis, ihm einmal noch zu sagen, wie sehr ich unter seiner Fuchtel oder unter seiner schrecklichen Erziehung gelitten habe. Ich hatte mir immer vorgenommen, dass ich das dann tun werde, wenn ich sicher bin, dass ich nicht anfangen werde zu heulen. Weil ich mir da nicht sicher war, habe ich das nie getan.

Ich bin also bis zu seinem Schluss nicht hingefahren oder habe niemals mehr mit ihm geredet. Und in der Nacht, als er gestorben ist, da habe ich ihm eine Nacht lang erzählt, was ich ihm schon jahrelang sagen wollte. Aber da konnte er nicht mehr sprechen, nur noch zuhören, und ich denke, dass er das auch nicht mehr wahrgenommen hat. Wir haben nie miteinander gesprochen.

T: Er hat es nicht mehr verstanden?

Vielleicht hat er es verstanden, aber er konnte nicht mehr reagieren.

Dieser Mensch hatte einen ungewöhnlichen Willen, das haben auch die Ärzte gesagt.

Er war im Krankenhaus gewesen und konnte sich danach nicht mehr selbst versorgen. Ich habe ihm einen Platz in einem wirklich schönen Altenheim gesucht, mit seinen Möbeln, und da waren auch Leute, die er kannte … aber da wollte er nicht hin. Und zu mir ging natürlich auch nicht, das hat er rundweg abgelehnt. Ich hätte es zumindest vorübergehend versucht. Er wollte einfach nicht mehr. Er ist auf die Pflegestation dieses Altenheims gekommen und dort hat er von Anfang an keine Nahrung mehr zu sich genommen. Als er dann im Sterben lag, kam der katholische Pfarrer, und den hat er kurz vor seinem Tod in seiner zynisch-sarkastischen Art, so wie er immer geredet hat, rausgeschickt. Das hat mich an ihm auch fasziniert …

Eigentlich wollte ich von meiner Mutter erzählen. Die hat nämlich mitgekriegt, dass ich in den KB gegangen bin. Allein der Name »Kommunistischer Bund«, das war für sie ganz grauenvoll. Irgendwann später hat sie mal gesagt, daran sei so schrecklich gewesen, dass sie weder in der Verwandtschaft noch im Bekanntenkreis sagen konnte, dass ihre Tochter missraten sei ... dass sie mit niemandem darüber reden konnte.

Ich wurde immer als glückliche und ganz tolle Frau gepriesen, eine, die einen Rechtsanwalt geheiratet hat. Niemals hat sie irgendjemandem sagen können, dass ihre Tochter so den Bach runtergegangen ist. Mit mir hat sie nie darüber gesprochen. Ich habe manchmal ein paar Sätze dazu gesagt, aber darauf ist sie nie eingegangen. Das war ungefähr die größte Schande, die ich ihr antun konnte. Sie hat sogar meiner Schwester nichts davon erzählt, selbst nicht, dass ich bei den Grünen bin. Der habe ich das aber selbst gesagt. Das musste meine Mutter alles in sich reinfressen, mit dieser Schande musste sie ganz allein fertig werden.

T: War das für sie so ähnlich wie der Nationalsozialismus?

Nein, nein, ganz bestimmt nicht. Über Nationalsozialisten kann sie reden. Darüber hat sie abfällig gesprochen. Sie erzählt mir jetzt noch, wer früher mal Nationalsozialist war. Das ist schon was Verwerfliches, aber überhaupt kein Vergleich mit den Kommunisten. Erst jetzt, seit Gorbatschow, den verehrt sie zutiefst ... (lacht) ... weil der da aufgeräumt hat und so, spricht sie überhaupt mal über Kommunisten ... Aber ich glaube nicht, dass es für sie etwas viel Schrecklicheres gegeben hat als so ein Fehlverhalten wie meins.

Sie hat sich dabei wohl auch überlegt, wie weit sie dafür verantwortlich ist. Dabei ist sie zu dem Schluss gekommen, dass sie sich das überhaupt nicht erklären kann, wie aus mir so was werden konnte. Ich sei doch eigentlich immer ein wohlerzogenes und liebes, angepasstes Mädchen und überhaupt nicht aufmüpfig gewesen. Aber ich hätte schon immer vieles falsch gemacht, zum Beispiel pflege ich mich nicht so wie sie, kleide mich ganz schrecklich und achte nicht auf meine Falten im Gesicht wie sie. Solche Dinge sind für sie sehr wichtig. Das ist es, worauf man zu achten hat. Dass ich so bin, dafür macht sie den E. verantwortlich, der für alles Mögliche herhalten muss. Aber in dem Fall ... konnte sie nicht mal E. die Verantwortung zuschieben.

T: Deinem Mann hat sie für all das die Schuld gegeben, was ihr nicht an dir gefallen hat?

Ja, dass ich nicht auf mich achte usw., das liegt alles an E., der darauf keinen Wert legt oder es sogar gut so finden würde.

In ihren Augen hätte der Mann darauf einen großen Einfluss. Für meine politische Entwicklung und für mein Engagement kann sie ihn einfach nicht verantwortlich machen, weil er selbst gar nicht organisiert war. Das war ihre ständige Frage, und ich habe immer betont, dass E. nicht im KB sei. E. war zwar irgendwann mal bei den Grünen, aber nicht sehr engagiert. Also dafür konnte sie keine andere Person als nur mich verantwortlich machen. Und ich denke, dass sie schon darüber nachgedacht hat, wieso eine Tochter von ihr es so weit bringen konnte. Das war wirklich für sie sehr schwierig.

T: Wie war das für dich, dass du so gar nicht den Vorstellungen deiner Mutter entsprochen hast?

Ich hätte es ja leicht verheimlichen können. Sie hätte das nie erfahren müssen, wir wohnen ja weit genug auseinander. Ich glaube, ich wollte sie damit bewusst treffen.

Sie hat immer noch einen unheimlichen Dünkel. Auch wenn sie von ihrem Mann unterdrückt worden ist, ist sie es eigentlich gewohnt, dass auf sie Rücksicht genommen wird. Vor allem aber ist sie fordernd und anspruchsvoll. Als ich noch zu Hause war, haben wir ganz selten mal Leute eingeladen und schon gar keine Freunde. Sie hatte überhaupt keine Freundinnen oder Bekannte. Wenn, dann waren es – das nennt man, glaube ich, so – gesellschaftliche Verpflichtungen, denen sie nachgekommen ist. Aber man hatte nie den Eindruck, dass sie dazu Lust hatte.

Das hat sich inzwischen ... sehr geändert. Meine Mutter hatte immer schon einen Führerschein, sie durfte aber nicht fahren. Mein Vater ist immer gefahren. Und ... jetzt hat sie sich – sie ist jetzt 77 – noch ein nagelneues Auto gekauft, und damit fährt sie immer noch rum. Sie hat inzwischen einen riesigen Bekanntenkreis, so ältere, alleinstehende Damen, davon gibt es ja viele im Schwarzwald. Mit denen wandert sie und fährt Kaffee trinken. Sie kocht und backt viel, lädt Leute ein. Das sind alles Dinge, die sie vorher nie getan hat. In den letzten 20 Jahren hat sie unglaublich viele Reisen gemacht, wirklich viele Reisen durch Europa, und sie hat viele Länder kennengelernt, die sie früher überhaupt nicht interessiert haben. Früher sind wir immer ins Tessin gefahren. Das ging gerade noch, nach Italien konnte man ja nicht reisen, das war viel zu schmutzig. Frankreich war auch zu schmutzig. So konnten wir leider nur in wenige Orte fahren, weil immer irgendwas nicht passte. In der Hinsicht hat sie sich sehr verändert. Inzwischen reist sie weniger, weil sie wirklich älter wird. Aber sie spricht immer noch davon, dass sie weite Reisen machen möchte, zum Beispiel mal nach Amerika. Aber sie kann kein Englisch und ohne Sprachkenntnisse ist das schlecht. Allein kann sie das sowieso nicht mehr, was bedeutet, dass ich mit ihr fahren müsste, aber das tue ich nicht, in keinem Fall. Und daran habe ich auch zu knapsen. Sie ist ja schon recht alt und hat nicht mehr so viel Zeit ...

Also, sie hat ihr Leben ... und auch ihren Horizont erweitert.

T: Hat sie sich durch die Trennung von deinem Vater verändert?

Ja, ja, ganz deutlich. Sie selbst hat offensichtlich zwei- oder dreimal sogar die Grünen gewählt. Aber ihrer Schwester hat sie das immer noch nicht gesagt und sie wird ihr das auch nie sagen. Ich weiß nicht, wie das kommt, aber immerhin hat sie das ... gemacht. Die Grünen in Baden-Württemberg sind ja nun wirklich nicht der revolutionärste Landesverband, also, insofern hat sie jetzt nicht ... also, für sie ist es wirklich ganz enorm. Früher hätte sie, wenn sie denn überhaupt gewählt hat ... ich weiß das nicht so genau, was sie gewählt hat, aber mit Sicherheit CDU.

T: Das hört sich an, als sei sie ein Stück auf dich zugekommen? Du warst ja ziemlich engagiert bei den Grünen.

Ja, ja, ihr Grünenwählen, das hat mit Sicherheit mit mir zu tun, so als wollte sie mir damit einen Gefallen tun. Sie erzählte mir dann von guten Wahlergebnissen, die hat sie aus der »Badischen Zeitung« ausgeschnitten. Insofern sind die Grünen für sie ein bisschen hoffähig geworden.

T: Welche Bedeutung hatten die Grünen für dich?

Bei den Grünen war ich fünf Jahre im Landesvorstand. Ich glaube, ich bin 82 in den Landesvorstand gewählt worden, bis 87.

T: In welcher Funktion warst du dort?

Als Landesvorstandsmitglied, als Schatzmeisterin, und als Schatzmeisterin wurde ich immer wiedergewählt, die fanden doch immer keine Schatzmeisterin.

T: Ja, das stimmt.

Und in dieser Zeit habe ich ... natürlich mehr als diese Sitzungen, viel, sehr viel Arbeit in der Geschäftsstelle übernommen ... unentgeltlich. Und als diese Stelle dann ... bezahlt wurde, da war das für mich unglaublich wichtig. Ich hätte so eine ehrenamtliche Stelle nicht wieder gemacht, das würde ich ... sowieso ... würde ich das auch in Zukunft (lacht), bis zum Ende meines Lebens nicht mehr machen. Dass ich für meine Arbeit bezahlt wurde, das war für mich unglaublich wichtig.

T: Das war eine Wertschätzung für dich.

Ja, wahrscheinlich hat das für mich viel mehr Bedeutung als für die meisten anderen.

Das bedeutet für mich, dass meine Tätigkeit anerkannt wurde. Die Bezahlung ist deswegen so wichtig für mich, weil ich mich dadurch mehr wertgeschätzt gefühlt habe.

Das Arbeiten bei den Grünen war für mich sowieso unglaublich wichtig, vor allem aber, als sie bezahlt wurde. Ehrenamtlich zu arbeiten und dafür anerkannt zu werden, das habe ich über viele Jahre erfahren. Es käme mir nie mehr in den Sinn, bei irgendeiner Organisationen ehrenamtlich mitzuarbeiten. Da bin ich einfach ein gebranntes Kind. Für mich hat es immer den Beigeschmack ... das war auch beim KB so, als sei ich eine Luxusfrau, der als Beschäftigungstherapie eine Boutique gekauft wird und die dann noch für den guten Zweck in irgendeiner Organisation arbeitet.

Das will ich auf keinen Fall mehr. Lieber würde ich zu Hause sitzen und lesen, bevor ich noch einmal so etwas mache.

Hamburg, im Juni 1993

8. S.R.[3]

Ich bin nach dem Krieg, 1949, geboren.

Mein Vater ist im letzten Jahr im September gestorben, und das beschäftigt mich gerade sehr. Wir hatten etwa 20 Jahre gar keinen Kontakt. In der Zeit konnte ich von der Illusion leben, dass ich aus proletarischen Verhältnissen komme.

Ich bin in Altona aufgewachsen, und ich habe immer geglaubt, dass ich ein Arbeiterkind war, weil mein Vater ein Arbeiter gewesen ist, und dass er mehr oder weniger während der Nazizeit zum Widerstand gehört hat. Bevor er nun gestorben ist, musste ich feststellen, dass da gar nichts war, weder hat er mitgemacht, noch gehörte er zum Widerstand. Die Erkenntnis ist absolut hart. Alles, was mit meinem Vater zu tun hat, ist diffus, sodass ich das alles bis heute nicht verstehen kann. Ich kann nicht verstehen, was für ein Mensch er eigentlich war! Deswegen hat mich das alles unheimlich aufgewühlt, sein Tod und nichts mehr mit ihm klären zu können. Andererseits aber war sein Tod für mich der zweite oder dritte Abschied von ihm, weil ich ihn einfach nur abscheulich gefunden habe. Es gab nichts, wofür ich ihn hätte respektieren können. Die Art, wie er uns verlassen hat, wie er meine Mutter geprügelt hat, bevor er sie verlassen hat. Und dann diese langen Pausen, in denen er nicht dagewesen ist, oder die Widersprüche ...

---

3 Da ich den Aufenthaltsort von S.R. nicht ausfindig machen kann, konnte sie den vorliegenden Interviewtext nicht genehmigen. Daher habe ich das Interview anonymisiert.

Er ist 1926 geboren. Und er hat immer erzählt, dass er 1944 als Siebzehnjähriger in den Krieg eingezogen worden ist und dann in Russland in Gefangenschaft geraten ist. Davon bin ich immer ausgegangen. In unseren letzten Gesprächen hat er gesagt, er habe sich freiwillig gemeldet, weil er auch mal schießen wollte (empört). Er wollte nicht immer derjenige sein, auf dem rumgetrampelt wird. Er wollte auch mal ein Gewehr in der Hand haben. Und fast noch schrecklicher war für mich, was er über die Russen erzählt hat. Die Deutschen hätten da überhaupt erst mal Kultur und Landwirtschaft aufgebaut. Die Russen seien ja hinterwäldlerisch, und eigentlich können die nichts, aber sie sind irgendwie gute Menschen, die auch noch das Letzte teilen ... (lacht). Sie geben einem Kartoffeln, ein Glas Milch und ja ... und das bisschen, was sie haben, würden wir ihnen dann auch noch abnehmen. Ja, insofern, weißt du, kann ich gar nicht sagen, wie ich aufgewachsen bin oder was mich in der Nachkriegszeit oder in der Kindheit geprägt hat. Denn alles das, was gewesen ist, oder was ich geglaubt habe, dass es gewesen ist, das musste ich dann 20 Jahre später korrigieren. Ich habe in einer bestimmten Vorstellungswelt gelebt, die es gar nicht gegeben hat, die nichts mit dem wirklichen Menschen zu tun hatte. Ich habe wohl nur das gehört, was ich wollte. Vielleicht wurde aber auch nur das erzählt ...

T: Das klingt, als hättest du deinen Vater idealisiert?

Ja, ja, kann schon sein. Vielleicht, weil er so viel weg gewesen ist. Dann war er in der Beziehung zu meiner Mutter der Schwächere, so habe ich ihn als Kind erlebt. Das hatte sicher damit zu tun, dass er im Krieg verletzt worden ist. Er hatte Granatsplitter im Bein, so schlimm, dass er das Bein immer wickeln musste. Hinzu kommt, dass er als Kind Kinderlähmung hatte und dadurch war seine Beinmuskulatur unterentwickelt. ... Er hat sehr viel getrunken, also ja ... Er kam mit dem Leben nicht zurecht. Er konnte in seinem Lehrberuf nicht arbeiten, hat ständig irgendwo gearbeitet, mal im Hafen, mal hat er Bäume gefällt und geschält oder mal war er Kohlenschlepper oder so. Meine Mutter war diejenige, die eine Verbindung zur Großfamilie hatte. Wir haben in ihrer Familie gelebt, zusammen mit ihren Tanten, mit ihrer Großmutter, mit allen, die aus ihrer Familie da waren. Meinen Vater habe ich immer als schwach empfunden, selbst seine Ausflippereien, wenn er alles demoliert oder meine Mutter geschlagen hat. Das habe ich immer als Schwäche empfunden, immer. Dazu kommt, dass er mich oder meine Geschwister nie geprügelt hat, anders als meine Mutter. Er war derjenige, der hin und wieder mit uns schöne Ausflüge machte und mich sonntags in die Kneipe mitnahm. Ich war seine kleine Prinzessin, »Kaspers beste Popn«. Ich bin ja die Älteste von uns dreien. Dadurch hatten meine Mutter und ich immer ein sehr schwieriges Verhältnis. Ja, und so erkläre ich mir, dass ich andere Dinge über ihn nicht hören wollte. Ich habe auch nie hinterfragt, was er erzählt hat. Die Zweifel kamen mir erst später, da habe ich dann gedacht, dass ich das alles mal genauer hinterfragen muss ...

T: Wann haben sich deine Eltern getrennt?

Mein Bruder war gerade geboren, der ist 15 Jahre jünger als ich, und meine Schwester war 8 Jahre alt ... Ja, und dann war er weg, richtig weg, niemand wusste wohin, niemand, und 20 Jahre später hat mich das Arbeitsamt seinetwegen angeschrieben (lacht) ... und dann habe ich herausgekriegt, wo er wohnt. Ich bin dann zu ihm gegangen und habe angefangen, mich mit ihm auseinanderzusetzen. Erst mal voller Freude, ich hatte ihn wieder, ja, und dann musste ich mit dieser Enttäuschung umgehen, dass er ...

T: Er war nicht der Vater, den du in deiner Erinnerung hattest?

... nein, ich habe gesehen, dass da nichts, wirklich nichts war. Anders als bei meiner Mutter, mit der ich in der Kindheit kein gutes Verhältnis hatte, für die ich immer der Wurmfortsatz meines Vaters gewesen bin. Von ihr habe ich so Sprüche abbekommen wie »der Apfel fällt nicht weit vom Stamm«. Ich war aufsässig, ich habe gemacht, was ich wollte. Meine Mutter hat sich aber mit mir und mit meiner Schwester auch weiterentwickelt. Inzwischen begegnen wir uns auf einer ganz anderen Ebene. Wir können uns austauschen und wir verstehen uns. Und dann wird man mit einem konfrontiert, der einfach nur blöd ist, der 20 Jahre lang sein ganzes Wissen aus der Bildzeitung genommen hat, der überhaupt nicht bereit ist, auch nur die geringste Verantwortung auf sich zu nehmen. Das war es auch, was mich so genervt hat, sei es seine Version über seine Beteiligung am Krieg oder später über seine Beziehung zu meiner Mutter.

Du musst dir mal vorstellen, dass er immer nebenher andere Frauen hatte. Als meine Schwester geboren wurde, da hatte er eine Freundin, die ein Kind von ihm bekam, und jetzt, nach 20 Jahren, sagt er, die Beziehung wär ja – Beziehung sagt er ja gar nicht – also die Beziehung mit meiner Mutter, das sei ja so schwierig gewesen, weil er nicht mal Kollegen mit nach Hause bringen konnte, ohne dass sie mit denen geflirtet hätte. Meine Mutter ... verstehst du (lacht) meine Mutter, die hätte nie etwas mit einem anderen gemacht. Die hat sich bei all den Schwierigkeiten mit ihm jahrelang, mehr als ein Jahrzehnt geweigert, sich scheiden zu lassen, weil sich das nicht gehörte. Und flirten oder so was, das gehörte sich auch nicht. Sie war die absolut treue Ehefrau, und er springt überall rum und macht sie dafür verantwortlich, dass die Ehe auseinandergebrochen ist, weil sie mal einen Kollegen angegrinst hat.

T: Hast du eine Idee, warum du ihn als Kind immer in Schutz genommen hast? (längeres Schweigen)

Ja, also ... meine Mutter war nicht sehr liebevoll und auch körperlich wenig zärtlich. Das war vor allem er. Er hat uns auf den Arm genommen und rumgejuchzt. ... Sie war ganz stark davon geprägt, dass sie allein mit fünf jüngeren Geschwistern aufgewachsen ist. Ihre Mutter ist gestorben, als sie 14 war. Sie hatte ein absolut hartes und karges Leben. Sie hat selbst nie Wärme und Zuneigung und Fürsorge erfahren und konnte es deswegen auch nicht weitergeben. Ja, und er war mir wohl näher, weil er sich in einer eher unbeschwerten Weise gekümmert hat. Wobei, das alltägliche Kümmern wie Essen machen und Wäsche waschen und da sein, was meine Mutter gemacht hat, das ist ja für Kinder selbstverständlich. Das andere, das war eben er. Und er hat mir immer ganz deutlich zu verstehen gegeben, dass ich sein Glanzstück bin, dass ich seine Liebste bin, das Beste, was er hat ... Ich glaube, dass sie deswegen auch eifersüchtig auf mich gewesen ist. Irgendwie ist sie mit meinem Vater und mir in gleicher Weise umgegangen, so habe ich das jedenfalls empfunden. Wenn sie zum Beispiel mit ihm geschimpft hat, weil er nach Hause kam und das Geld verjubelt hatte, dann war das für mich dasselbe, als wenn sie mit mir geschimpft hat, wenn ich nicht einkaufen gehen wollte oder was auch immer ...

T: Aus was für einer Familie kam deine Mutter?

Ihre Mutter ist an Krebs gestorben, als sie 14 war, und ihr Vater war Bulle hier, also unterste Stufe, ein schrecklich brutaler Kerl, und die haben in einem Behelfsheim gelebt. Das war eine Kleingartenkolonie, wo es ganz viele mehr oder weniger feste Häuser gab ...

T: Deine Eltern waren sogenannte Kleinbürger?

Ich denke, die waren irgendwie mittenmang von dem, was um sie herum war. Es wurde wenig Wert auf Schulbildung oder Bildung gelegt, wenig Wert auf Tischmanieren oder überhaupt irgendwelche bürgerlichen Werte, sondern eher was daneben ... Deswegen glaube ich eher nicht kleinbürgerlich, obwohl mein Großvater Bulle war ...
(längere Pause)

Na ja, und die Onkel und Tanten, meine Mutter kommt ja aus einer Großfamilie. Einige von denen waren Kommunisten, einige Sozialdemokraten. Wir sind in der Jakobinergasse aufgewachsen, wie eine angeheiratete Tante unsere Straße immer genannt hat. Schlimm war für mich, als ich eingeschult worden bin. Ich konnte kein Wort hochdeutsch sprechen. Wir sprachen nicht plattdeutsch, sondern so missingsch, also irgendwas dazwischen, zum Beispiel »die Gas«, statt »die Gasflamme«. Ich hatte gar keine an-

deren Begriffe dafür. Einerseits hatte die Straße was von einem in sich abgeschlossenen Viertel, und es hatte zugleich was Gewachsenes. Für mich war es jahrelang kein Widerspruch, dass jemand Kommunist sein konnte und zugleich seine Frau und Kinder prügelt (lacht). Das änderte sich für mich erst später, durch den KB und vor allem durch die Frauen. Da waren für mich Kommunisten dann nicht mehr die besseren Menschen. Die Widersprüche sind mir aber später erst aufgefallen.

T: Eure Straße hat für dich noch immer eine besondere Bedeutung?

Ja, unbedingt. Es gab da eine große Nähe mit den Nachbarn. Es war egal, wer tagsüber zu Hause war. Als meine Mutter angefangen hat zu arbeiten, hat mir das überhaupt nichts ausgemacht.

Ich war ja kaum bei uns zu Hause, zu Hause war eigentlich überall. In der Zeit wurde die Miete noch wöchentlich bezahlt und in den meisten Gärten durften wir alle spielen.

T: Das war in den Fünfzigerjahren?

Ja, in Altona war alles in Trümmern, und der Garten, das war nicht so ein Garten, wie man ihn sich heute vorstellt. Der war mehr oder weniger auf einem Trümmergrundstück, dort wurde ein Stück abgezirkelt, und darauf wurden dann Bohnen gezogen (lacht) und ein bisschen Gras und ein Karnickelstall. Das kann man sich heute gar nicht mehr vorstellen, dass das mal so in Altona war.

T: War die Zeit des Nationalsozialismus oder der Krieg bei euch Thema?

Ja, schon, durch meine Urgroßmutter, mit der hatte ich am meisten zu tun. Die wohnte ganz in unserer Nähe. Zuerst haben wir alle zusammen in einer Zweieinhalbzimmerwohnung gewohnt. Tante E., Onkel K. und die drei Kinder meine Urgroßmutter, meine Eltern und ich. Das halbe Zimmer war so klein, dass du die Wände fühlen konntest. Die haben nicht viel über den Krieg geredet, höchstens über die Bombardierung Hamburgs, vor allem über die brennenden Tannenbäume. Und dann wurde auf Hitler geschimpft, auf »Artsche« also, und über die Cousins, die verurteilt und auch hingerichtet worden sind. Ich denke nicht, dass die politischen Widerstand geleistet haben, für mich ging das eher in Richtung Dumme-Jungen-Streiche. Wenn zum Beispiel die SS aufmarschierte, dann haben die nicht gegrüßt, sondern sie haben einem die Mütze vom Kopf geschlagen ... So ähnlich hat sich das abgespielt ... Aber sie hatten eine klare Haltung. Sie haben

»die da oben« nicht gegrüßt. Angefangen hat das schon mit dem »Udel«[4]*, der bei uns durch die Straßen ging. Alle aus der Straße hatten immer mal wieder mit der Kripo zu tun, das waren die in den langen Ledermänteln. Die kannte ich schon als kleines Kind. Die waren häufig in unserem Viertel, denn bei uns blühte der Schwarzmarkt. Das ging bis in die Sechzigerjahre. Die hatten immer irgendwelche Geschäfte am Laufen. Zum Beispiel war ein Onkel von mir bei Karstadt eingestiegen, und dann trugen alle in der Straße (lacht) ne bestimmte Art von Wintermänteln. Oder mein Vater wanderte in den Knast, weil er mit anderen zusammen an der Johanniskirche, wo das Dach neu gedeckt wurde, das Kupfer geklaut hatte. Für Kupfer gab es damals am meisten Geld. Und dabei haben sie sich schnappen lassen. Übrigens haben wir als Kinder in den Trümmern sehr viel Altmetall gesammelt.*

Jedenfalls gab es viel Ärger mit Polizei oder Obrigkeit, weil die dabei gestört haben, als die Leute sich das Leben in der Armut erträglicher machen wollten ...

Ich will noch was zu dieser Kindheit ergänzen. Ich glaube, dass bei uns die Frauen die Stärkeren gewesen sind. Meine Tanten, meine Urgroßmutter, die Männer waren zwar irgendwie da, aber sie hatten nichts mit dem Haushaltsgeld zu tun oder mit den Vorbereitungen von Festivitäten oder mit dem Alltagskrempel. Die Männer waren irgendwie da, die meisten von denen waren krank. Die Onkel von mir waren fast alle krank, entweder sie hatten Tb oder sie waren kriegsgeschädigt. Bei uns an der Ecke war ein Laden, Kolonialwaren hieß es damals noch. Der gehörte einer Frau, die hat nicht nur den Laden geschwungen, sondern die war gleichzeitig Vermieterin und sie hatte großen Einfluss. Also, wenn die sich irgendwo eingemischt hat, zum Beispiel weil der Mann sein Geld schon wieder versoffen hatte, dann war das was. Ich bin zu ihr hingegangen, da war ich zehn Jahre alt, und habe mit Inventur gemacht. Sie hatte mich mal gefragt, weil ich so ne saubere Handschrift hätte, und dann habe ich jeden Tag nach der Schule bis abends um halb acht Uhr dort gearbeitet. Dadurch habe ich mein eigenes Geld verdient und konnte was gegen die Armut tun. Es ist schon sehr demütigend, wenn man keine Klamotten hat, wie andere sie haben. Und ich wollte mich unabhängiger von meinen Eltern machen. Es war für mich wahnsinnig wichtig, aus diesen Streitereien rauszukommen, weil es dabei immer auch um mich gegangen ist.

T: Wie bist du dann zur Politik gekommen?

In die Politik zu gehen, das hat was mit Armut zu tun. Bei unserer Klassenlehrerin, Frau O., sie gehörte zu den vertriebenen Frauen, hatten wir in der siebten Klasse Geschichtsunterricht, Russland. Sie erzählte, dass in Russland alles gleich ist, dass alle dasselbe

4 Hamburger Ausdruck für Polizist/Schutzmann.

haben und niemand mehr verdient als der andere. Ich fand das hochattraktiv, wie in unserer Straße, wo wir Gleiche unter Gleichen gewesen sind. So habe ich mich da wenigstens gefühlt. Aber in der Schule war das ganz anders. Als ich da meine Meinung gesagt habe, wie ich es gewohnt war, da war klar, dass ich Kommunistin bin. Da bin ich dann mit meiner Meinung aufgefallen, was ich überhaupt nicht gewollt habe.

T: Du wolltest in der Schule nicht auffallen?

Ja, im Verhältnis zu den anderen, wegen der Armut und so ... Da gab es so Sachen, die waren schrecklich ... Zum Beispiel durften alle Mädchen in der Klasse Perlonstrümpfe tragen. Ich musste ne Strumpfhose anziehen, weil das billiger war als Perlonstrümpfe. Oder diese schwarzen, angerauten Pumphosen, über die dann ein Kleid gezogen wurde, das war aus der Türkei neu (lacht) hinzugekommen. Schrecklich!

T: Wann war das?

Ich bin 56 eingeschult worden, und ich war in der Schule die Einzige, die so rumrannte, kennst du das?

T: Nein.

Das wundert mich nicht (lacht), die anderen in der Klasse kannten das auch nicht, nein, ich musste so rumlaufen, weil das billig und warm war. Und diese Pumphosen kann man lange tragen, weil sie lange passen. Erst sind sie zu lang, und auch, wenn sie zu kurz sind, kannst du sie ein paar Jahre tragen. Man schämt sich. Ja, genau, man schämt sich. Das war meine Erfahrung mit Schule erst mal, ich habe mich geschämt ...
(längere Pause)

T: Wie hast du es erlebt, dass deine Lehrerin dich als Kommunistin bezeichnet hat?

Dass sie das gesagt hat, fand ich nicht schlimm, aber ihr Verhalten war dann so, dass sie mich von dem Tag an einfach ignoriert hat. Ich war eine gute Schülerin, ich wollte über den anderen sein. Ich war zeitweise eine glänzende, aber auch in der siebten Klasse noch eine gute Schülerin. Die Lehrerin hat mich nie mehr drangenommen, sie hat nie wieder das Wort an mich gerichtet, das war für mich schlimm ... Aber das habe ich dann auch so mit mir selbst abgemacht. Einerseits war ich stolz auf mich, und andererseits fand ich es auch traurig. (Längere Pause)

Ich war dann mit 18 schwanger und habe geheiratet und meine Prüfung zur Gehilfin in Wirtschafts- und Steuerberatung gemacht. Zur der Zeit war es noch so, dass schwangere Schülerinnnen in Extraklassen mussten. Ich war im dritten Lehrjahr und wollte nicht aus der Klasse raus. Daher habe ich es nicht gemeldet, dass ich schwanger bin. Meine mündliche Prüfung habe ich gerade noch so ablegen können. (Pause) Das war 1968, und 1972 habe ich mich scheiden lassen. Ja, 1972 Scheidung ... im letzten Jahr der Ehe haben wir in Kiel gelebt. Ich bin dann zurück nach Hamburg und habe in meiner alten Firma angefangen. 1973 bis 1975 habe ich dann politisch rumgesucht. Ich bin zu den Jusos Eppendorf gegangen, weil ich zu der Zeit in Eppendorf gewohnt habe. Das fand ich schrecklich langweilig, was die da so gesabbelt haben, aber ich wollte irgendwas machen ...

T: Hattest du eine Idee, was du machen wolltest?

Nein, das wusste ich nicht, aber das bei den Jusos reichte mir nicht. ... Ich habe gearbeitet, ich hatte ein Kind zu Hause, meine Schwester war zu mir gezogen, die war damals 16 Jahre. Es reichte mir nicht. Ich kann nicht sagen, was ich eigentlich wollte. Ich war auf der Suche nach Erklärung, oder ich wollte Einfluss. Das war es alles nicht, es war einfach nur so, es reichte alles nicht. Anfang der Siebzigerjahre war ja insgesamt eine Umbruchzeit. ... Ich habe nicht nach so was wie nach einem Ehemann und nach heiler Familie gesucht. Es sollte was Aufregendes sein, irgendwas, was mich begeistern konnte. Danach habe ich gesucht. Und dann bin ich bei der Mieterinitiative Eppendorf gelandet ... Das war ein ganz netter Kreis und da ging dann auch was los. Das Haus am Lehmweg sollte geräumt werden und die letzte standhafte Mieterin war noch dageblieben. Die Aktion mit den Leuten war zwar ganz nett, aber es hatte auch seine Grenzen. Das Ganze war DKP (24)-dominiert, was sich zeigte, als es darum ging, wer Hausbesuche macht. J. H. von der DKP sagt zum Beispiel zu mir, dass wir das zusammen machen, aber er würde reden, weil das besser wirkt, wenn ein Mann was sagt.

Da habe ich dann mit ihm keine Hausbesuche gemacht.

T: Deswegen?

(Empört) Ja, ich fand das beschissen. Ich habe die ganze Zeit mitgemacht und mitdiskutiert, und ich konnte überhaupt nicht verstehen, warum er als Mann besser bei den Hausbesuchen was sagen kann als ich. Das war nicht feministisch von mir gemeint, das fand ich nur unlogisch und blöd. Nur weil er ein bisschen länger dabei war als ich, war das kein Grund, dass er besser hätte reden können ...

Meine Schwester hat sich dann mit einem Genossen aus dem KB angefreundet. Da gab es zum ersten Mal zwischen uns Clinch. Ich war die DKP-Tussi, ohne dass ich Mitglied in der DKP war. Aber ich war in diesem Umkreis, und der KB war eben die bessere Organisation. Eigentlich ging es zwischen uns gar nicht um den Streit DKP/KB, sondern ... für mich ging es darum, dass mir meine Schwester genommen wurde. Bis dahin war es meine kleine Schwester (lacht), auf die ich Einfluss hatte. Dann kam da irgend so ein Typ, dem sie mehr zuhörte als mir, und dann konfrontierte sie mich auch noch damit, was der politisch so von sich gab.

Das war der eigentliche Grund für unseren Streit und das war ziemlich hart für mich. Wir haben bestimmt ein halbes Jahr nicht miteinander gesprochen. Wir haben dann wieder zueinandergefunden, klar, wir sind auch heute wieder miteinander, aber es war ein herber Konflikt. Das war für mich der erste negative Kontakt zum KB. Das änderte sich, als ich 1975 über den KB einen Ferienjob bekommen habe. Ich hatte immer wenig Geld und habe halbtags und auch ganztags gearbeitet, immer, wie es gerade ging. Für die Ferien habe ich mir eine Möglichkeit gesucht und habe am Großensee Kinderbetreuung gemacht. Dorthin konnte ich mein Kind mitnehmen. Unter den Kindern dort war ein großer Junge, dessen Eltern aus Jugoslawien waren. Er war hier geboren, die Mutter war abgehauen, der Vater im Krankenhaus. Am Großensee bekam ich einen Anruf, dass in meiner Truppe ein schwer erziehbares, problematisches Kind, T., sei, der im Anschluss an diese Urlaubsmaßnahme in einem Heim untergebracht werden müsste, worauf ich ihn schon mal vorbereiten sollte. Ich hatte T. bis dahin nie als problematisch empfunden. Er war das älteste Kind in der Gruppe, lieb und hilfsbereit, der immer die Kleinen zum See runterschleppte. Jedenfalls gab es mit ihm keine Probleme. Ich habe mir dann überlegt, dass der nicht ins Heim kommen soll, sondern dass ich ihn einfach mit zu mir nach Hause nehme.

Zu Hause war ich dann in der Situation, dass ich wieder arbeiten musste und nun zwei Kinder hatte, die untergebracht werden mussten. Mein eigenes und T., der war damals in der ersten oder zweiten Klasse. An dem Wochenende, an dem wir zurückgekommen sind, traf ich E., die ich nur als seine Lehrerin kannte, aber ganz nett fand. Ich habe ihr mein Problem geschildert, und E. wusste von einem Zeltlager, einem RBJ-Zeltlager. Sie ist mit uns dort hingefahren und hat meine Kinder bei ganz netten Leuten untergebracht (lacht). An den Wochenenden bin ich dann immer rausgefahren und habe mit denen das Lagerleben geteilt. Zu der Zeit gab es noch Genossen, die waren richtig asketisch (lacht). Die haben von mir erwartet, dass ich sonntags um sieben Uhr mit ihnen aufstehe und zum Frühsport komme. Das habe ich nach so einer arbeitsreichen Woche nicht gemacht. Aber ich bin mitgefahren, um den »Arbeiterkampf« zu verkaufen. Dafür fuhr man aus dem Lager los. Im Auto wurde ich gefragt, ob ich meinen Personalausweis dabeihabe. Das war für mich nun völlig absurd. Ich hatte mir den »Arbeiterkampf« vor-

her angeguckt und gedacht, wenn du den verkaufen willst, was sagst du da? Ich kannte bis dahin den »Arbeiterkampf« nur über Karstadt Eppendorf. Da habe ich mir hin und wieder die Zeitung AK gekauft, weil ich was über Imperialismus wissen wollte. Aber richtig verstanden habe ich eigentlich nichts. Jedenfalls war das mein erster Einsatz, ohne dass ich bis dahin viel vom KB gewusst habe, außer, dass meine Schwester ihn gut fand. Das war der Anfang ... Danach hatte ich weiter Kontakte zu einigen von diesen Zeltlagerleuten. Das war sehr locker, ohne dass ich mich gleich organisieren musste. Das war zum Beispiel die Fußballmannschaft Rote Beete ML (lacht), »Macht langsam« und so (lacht) ... Auf der Ebene lief das, ich ging mit zum Fußball und abends haben wir ein Bier zusammen getrunken. ...

T: Wie du darüber erzählst, muss ich an deine Straße denken.

Ja ... das hatte was davon.

T: Was meinst du damit?

Das, was ich von Menschen erwarte. E. war für mich der Inbegriff des guten Menschen, dieses spontane Reagieren, das Mitrausfahren, das Organisieren, meine Probleme sind auch ihre Probleme. Dadurch ist zwischen uns ganz viel entstanden, aber auch zu anderen. Und dann war es für mich naheliegend, weiter mitzumachen.

Meine Kinder, zu denen auch T. gehörte, haben dann im Schwimmbad W. H. und B. getroffen, die den »Arbeiterkampf« oder die »UZ« (25) gelesen haben. Die Kinder sind zu den beiden Genossen gegangen und haben gesagt, unsere Mutter liest diese Zeitung auch. Ja, somit stand dann kurz darauf W. H. bei mir vor der Tür, der eine Genossin gewinnen wollte ... Wir haben uns angefreundet (lacht) und gemeinsam Diskussionsurlaub gemacht ... Das war schrecklich, richtig schrecklich. Soll ich das ausführlicher erzählen?

T: Wenn es für dich wichtig ist.

Gut, wir, W. H. und ich und die Kinder, sind nach Büsum gefahren. Ich sollte mir vorher überlegen, was ich unbedingt diskutieren wollte. Und ich habe gesagt, dass ich gern diskutieren würde, warum es zwischen der VR China und der Sowjetunion nicht funktionieren würde, obwohl beide Länder kommunistisch seien. Das würde ich nicht verstehen. Du musst dir mal vorstellen, dass ich keinerlei theoretische Grundlage hatte, und dann bin ich da richtig examiniert worden, ich kann dir sagen, richtig examiniert. W. H. fand meine Beiträge völlig unbefriedigend. Ich würde nicht genug über irgendwelche

Grenzkonflikte und über die Dritte Internationale wissen. Nach so einer Sitzung sind wir spazieren gegangen, und ich bin zehn Schritt vorgegangen und habe gedacht, diesem Arsch werde ich es zeigen. Das lass ich mit mir nicht machen. Dann bin ich zum Lesekreis gegangen ...

T: Hattet ihr eine Beziehung miteinander?

Die Beziehung ist darüber zerbrochen. Ich meine ... das war ein Mann-Frau-Ding, Lehrer-Schülerin-Verhältnis, gestandener Genosse und Anfängerin, und so was ...

Mir ging es nicht darum, ihm zu zeigen, dass ich das kann, was er von mir verlangt, sondern ich wollte ihm zeigen, mit mir nicht! Irgendwann hat sich das Verhältnis dann umgekehrt. Unsere Beziehung läpperte so auseinander, das heißt, er hat sich entzogen in dem Moment, in dem ich mich auf gleicher Ebene mit ihm hätte auseinandersetzen können oder wollen. Das war für mich die absolute Bestätigung, dass er dazu nicht in der Lage war. Er war dann weg, also auch räumlich weg. Er war nirgends mehr aufzufinden ...

T: Er ist verschwunden?

Ja, wirklich so, dass er bei uns in der Wohngemeinschaft hinterlassen hat, er hätte ganz wichtige politische Sachen zu erledigen, ich glaube, das war in der Niederlandekommission ... Dann kam eine Genossin aus der Niederlandekommission (lacht) in die Wohngemeinschaft und fragte, ob er denn wenigsten mal zu einem Termin kommen könnte oder ob er ständig mit den Kindern rummachen müsste. Also, er hat sich wohl auch dort entzogen. Er war einfach weg ...

T: Er hat eigentlich das Gleiche gemacht wie dein Vater ...

Das stimmt. So habe ich das noch nicht gesehen. Ich finde das merkwürdig. In allen persönlichen Beziehungen habe ich Männer fast durchgehend als schwächer erlebt als die Frauen. Und trotzdem dominieren sie gesellschaftlich, das heißt, du kommst als Frau nicht daran vorbei, dich daran zu reiben, auch wenn du es gar nicht mehr willst.

T: Hattest du in der Organisation eine Funktion?

Nein, das war ja auch nur ein Gastspiel.

Im Sommer 75 bin ich in den Lesekreis gegangen, was mir sehr gut gefallen hat. Aus den Erzählungen von W. H. hatte ich die Vorstellung, dass alle Treffen konspirativ seien.

Man trifft sich irgendwo in Hinterzimmern, spricht sich mit Decknamen an, und alles ist sehr geheimnisvoll.

Im Lesekreis trafen wir uns bei G. in der Wohnung. Es wurde Tee getrunken bei Kerzenlicht (lacht) und es war einfach schön. Es war nett und auch die Themen, über die wir gesprochen haben. Das alles war für mich ein Aha-Erlebnis. Ich hatte viel Spaß an den theoretischen Diskussionen und ganz viel Ehrgeiz, schnell in den KB übernommen zu werden, weil ich wusste, dass das die nächste Stufe ist. Einige Männer waren schon seit zwei Jahren im Lesekreis, was für mich auch ein Triumph war.

Im Mai 1976 kam ich schließlich in meine Zelle. In dieser Zeit wurde das Kinderhaus aufgebaut, um das es auch in unserer Zelle viele Auseinandersetzungen gab, die ich immer unerträglicher fand ... Heucheleien und Lügen und dann diese Autoritätsfixirung ... Ich fand das alles ... entsetzlich. Schließlich bin ich und auch andere aus der Zelle rausgegangen.

T: Hast du das damals schon so erlebt?

Ja, ich war Newcomerin in dieser Zelle, und da gab es eine große Unzufriedenheit. Zum Beispiel wurden von oben die Verkaufszahlen des »AK« abgefragt, die runtergegangen waren. Und die Genossen und Genossinnen hatten keine Lust, sich immer abfragen zu lassen, ohne darüber reden zu können. Das führte dazu, dass die Exemplare unterm Bett versteckt und selbst bezahlt wurden. Ja, eine große Unzufriedenheit, auch darüber, dass man sich vom LG und von deren Leitungsstil zunehmend abgekoppelt fühlte. Schließlich wurde ein Brief an das LG geschrieben, in dem es darum ging, dass man mal mit einem aus dem LG über all das reden wollte. In der Woche, bevor W. kam, hieß es, Köpfe werden rollen, das mit dem Brief sei nicht gut gewesen. Und dann kam W., einer der LG-Oberen, und alle saßen da, und niemand von meinen gestandenen Genossen und Genossinnnen sagte was. Und dann habe ich was Kritisches gesagt, darüber, was ich bisher mitbekommen hatte. Danach gab es eine Diskussion, in der es nur über die falsche Rekrutierungspolitik ging, ob jemand wie ich, die so viel Kritik hat, eigentlich schon vom Lesekreis hätte übernommen werden sollen.

Da war ich natürlich stinksauer. Dasselbe wiederholte sich in der Auseinandersetzung mit dem Kinderhaus, (»Kinderhaus Heinrichstrasse«), wo von oben Kriterien für die Aufnahme bestimmt wurden. Ein Kriterium war, dass alle Elternteile sechs Wochenstunden Arbeit fürs Kinderhaus zu leisten hatten. Ich habe mehr als sechs Stunden dafür gearbeitet. Ich habe beim Diakonischen Werk in der Pflegesatzabteilung gearbeitet und die Anträge für das Kinderhaus formuliert. Mein Problem war das also nicht. Aber ich wusste, dass die Arbeitsanforderungen für ganz viele andere ein Problem war, vor allem für alleinerziehende und berufstätige Mütter. Diese Auflage hat also ein bestimmtes

Spektrum von Eltern ausgegrenzt, und das stand im Widerspruch zu dem, was Kinderhaus für mich bedeutete, nämlich grade die Einbeziehung derjenigen, die keine anderen Möglichkeiten haben, ihre Kinder unterzubringen. Ja, und dann wiederholte sich das, was ich in der Zelle erlebt hatte. Jemand, der solche Kritik hatte wie ich, war in diesem Kreis falsch. Für mich war das ein heftiger Schlag, weil von der Auseinandersetzung zwischen mir und dem Leitenden Gremium und der Zelle auch mein Kind betroffen war. Und nach dieser langen Phase von Arbeit und Vorbereitungen und dieser ganzen Scheiße, wenn ich abends zu meinem Kind sagte, das weinte, wenn ich wegging: »Weine nicht, mein Kind, ich gehe jetzt (lacht), aber demnächst geht es dir besser.« Dann dachte ich, dass das völlig verrückt sei, was ich da mache ... völlig verrückt, ein Kind allein zu lassen mit dem Versprechen, dass es zukünftig besser werde, wenn ich jetzt gehe. Und T. habe ich dann da auch abgemeldet, weil ich dachte, A. P. ist jeden Tag da, H. K. ist jeden Tag da, und dann werden da Konflikte vielleicht auf seinem Rücken ausgetragen, und das wollte ich nicht. Damit war der Bruch vollständig ... Diese Phase hat insgesamt zwei Jahre gedauert.

An dieser Stelle bricht S.R das Interview ab.
Hamburg, im Juni 1993

S.R. verlässt mit ihren Kindern das Kinderhaus und tritt auch aus dem KB aus. Sechs Jahre arbeitete als Geschäftsführerin bei den Hamburger Grünen. Sie engagierte sich für die Gefangenen der RAF, für die Hafenstraße und war Leiterin eines Obdachlosenheims für Männer, als ich sie für das Interview getroffen habe.

VIII. Reflexion und Diskussion der Fragestellung

Vor dem Hintergrund meines Erlebens im Übertragungsgeschehen und auf der Grundlage der theoretischen Konzepte der Psychoanalyse werde ich im abschließenden Teil meine Gedanken über die unbewussten Motive der Frauen für ihr politisches Engagement in der 68er-Bewegung darlegen und diskutieren.

1. Theoretische Vorbemerkung

In ihrem Buch »Die Unfähigkeit zu trauern« (1967) entwickeln Alexander und Margarete Mitscherlich die These, dass die Generation der Eltern das Thema Nationalsozialismus verleugnet habe. Alle Anlässe, die Empfindungen von Schuld oder Scham bezüglich des Nationalsozialismus hätten auslösen können, wurden zu einem Tabu, über das nicht gesprochen werden durfte. Das bedeutete auch, dass die Geschehnisse dieser Zeit und ihre Folgen nicht erkannt und anerkannt wurden, was eine Mitschuld daran ebenso wie die Scham darüber, ein solches System zumindest mitgetragen zu haben, einschließt. Nach A. und M. Mitscherlich führte dieser Mechanismus zur »Unfähigkeit zu trauern«. Damit meinen sie, dass die Eltern nicht fähig gewesen seien zu trauern, nicht nur über den Verlust von Personen und Gütern, sondern auch über den von Idealen und Werten, die sie mit dem NS-Regime und dessen Ideologie verbunden haben. Verleugnung ist psychisch eine Abwehrmöglichkeit, die vor dem Verlust des Selbstwertgefühls schützt, vor allem aber vor der Angst vor einem psychischen Zusammenbruch, den die Eltern, spätestens mit dem Ende des Krieges, in der Realität bereits erfahren und erlitten haben. Mit Hilfe von Verleugnung war es ihnen möglich, das Unerträgliche der Geschehnisse von sich fernzuhalten. So mussten sie nach dem Krieg »nicht in der Vergangenheit wühlen« und konnten sich zumindest nach außen hin in manisch anmutender

Weise der Gegenwart und dem Wiederaufbau zuwenden (vgl. Mitscherlich & Mitscherlich, 1967, S. 36).

Allerdings haben die fehlende Auseinandersetzung der Eltern mit der eigenen und mit der kollektiven Schuld ebenso wie die Verleugnung der Teilnahme an den Geschehnissen der NS-Zeit auch einen Preis: Sie führen zu einer Gefühlsstarre, zumindest zu einem Mangel an Empathie, das heißt, an der Fähigkeit, sich in einen anderen Menschen einzufühlen.

Bei den Kindern dieser Eltern, bei den Frauen der zweiten Generation also, hat sie zu charakteristischen psychischen Konfliktsituationen geführt, so zu dem Phänomen der Verwirrung, die dadurch ausgelöst wird, dass die eigene Vergangenheit und die familiäre bzw. die kollektive Vergangenheit nicht auseinandergehalten werden können. In diesem Zusammenhang möchte ich noch einmal auf das Konzept von Faimberg (1987) über das Ineinanderrücken der Generationen hinweisen, in dem er aufzeigt, dass der nachfolgenden Generation über den Weg der Projektion all das zugeschoben wird, was nicht sein sollte und nicht sein durfte. Dazu gehört auch, dass die Kinder die traumatisierenden Erfahrungen der Eltern und die damit verbundenen Gefühle von Schuld und Scham wegen deren Verwicklung in die Nazizeit übernommen haben. Als Kinder dieser Eltern haben die Frauen der zweiten Generation zugleich deren geheime Geschichte und Eigenschaften angenommen und übernommen. Anita Ecksteadt spricht davon, dass die Irreführung, die die Elterngeneration während der Nazizeit selbst erfahren hat und der sie aufgesessen ist, auf diesem Weg als eine Verwirrung in das Unbewusste der zweiten Generation eingegangen und dort wieder wirksam geworden ist. Das äußert sich nicht nur in sichtbaren, in leicht zu übersetzenden Symptomen, es zeigt sich vor allem in einer unbestimmten Ahnung, zum Beispiel in einem Erleben von Fremdheit. Ich denke, dass meine Verwirrung und Orientierungslosigkeit, ebenso wie mein Gefühl, ich könnte mich an den Frauen schuldig machen, wenn ich darüber schreibe, wie ich es während der Arbeit immer wieder erlebt habe, dafür ein Beleg sind. Diese Empfindungen sind nicht greifbar und sehr schwer zuzuordnen, weil sie über den Weg des »Telescoping« in das eigene Gefühl von Identität eingegangen sind, was die Entwicklung eines Empfindens von Getrenntheit und damit das einer eigenen Identität erheblich belastet (vgl. Eckstaedt, 1989, S. 497).

Marianne Leuzinger-Bohleber und Renate Dumschat (1991) unterscheiden dabei drei unterschiedliche Arten von Schuldgefühlen, die den Prozess einer eigenen Identitätsentwicklung bei Frauen der zweiten Generation entscheidend geprägt haben:[1] die Überlebensschuld, die Separationsschuld und die ödipale Schuld.

Vor dem Hintergrund dieser theoretischen Überlegungen gehe ich für meine Fragestellung von folgender These aus:

Die Motive von Frauen der zweiten Generation für ihren politischen Aufbruch waren vor allem durch den unbewussten Wunsch geprägt, sich von der Schuld und Scham zu befreien, die, transgenerativ vermittelt, im Innern zunehmend als Last empfunden wurden und somit die eigene Autonomie- und Identitätsentwicklung zu blockieren drohten.

2. Reflexion der Interviews

Von den interviewten Frauen sind drei während des Krieges, zwischen 1941 und 1945, geboren, die anderen zwischen 1946 und 1950. Alle Väter sind als Soldaten im Krieg und in Gefangenschaft gewesen. Keiner der Väter ist im Krieg gefallen, und alle Frauen haben ihre Väter erst danach kennengelernt.

Alle Frauen berichten davon, dass Nationalsozialismus und Krieg in der Familie kein Thema waren, dem eine besondere Bedeutung beigemessen wurde. Stattdessen hätten die meisten Eltern den Eindruck erweckt, als wäre nichts geschehen, worüber gesprochen werden müsse. Zugleich habe es eine Ahnung davon gegeben, dass da etwas sei, worüber besser nicht gesprochen werde. Allein Sabine Breustedt schildert ihre Eltern als »bürgerliche Antifaschisten«, von denen sie viel über die NS-Zeit erfahren habe.

> Ingeborg Glock: Ich habe in meinen Nachforschungen festgestellt, dass meine ganze Familie in den Nationalsozialismus involviert war. (...) Es wurde aber auch nie darüber gesprochen, nie ...

> Helga Wullweber: Mein Vater war bei der Waffen-SS. (...) Er hat mal erzählt, er hätte mal ein KZ besichtigt und das sei ein ganz normales Arbeitslager gewesen.

> Katja Leyrer: Es waren weder Feinde noch Vorbilder ... sondern das war vorbei, darüber redet man nicht ... (Ich) hab das teilweise erst mühsam durch irgendwelche Gespräche herausgekriegt.

1 Die Autorinnen beziehen sich dabei auf das Konzept von A. Modell (1983).

> Ruth Jäger: Ich wusste nur, dass er irgendwie zu »denen« gehörte.

Sechs Frauen mussten in ihrer frühen Kindheit flüchten oder sind nachkriegsbedingt häufig umgezogen. Die Erinnerungen von Ingeborg Glock und Helga Wullweber daran muten eher unbeschwert und abenteuerlich an.

> Ingeborg Glock: Ich habe nach der Flucht mit meiner Mutter zunächst in Husum gewohnt. (...) Das war eine ganz tolle Zeit, die nur ein halbes Jahr gedauert hat. Und dann kamen (...) mein Vater und kurz danach auch mein Onkel zurück aus dem Krieg.

> Helga Wullweber: Das ist sehr haften geblieben (...) diese kleinen Schmuggelgeschichten (von Ost- nach Westberlin) mit meiner Großmutter, die dann auch drei Röcke übereinander anzog. Die hatte (...) das Häuschen mit Garten, da hatte sie Kaninchen und Hühner, dann hatte sie Kaninchenfelle und dann Muffs genäht und die Eier im Westen verkauft.

Für die anderen Frauen erscheint die Flucht wie ein Einbruch in das Vertrauen zu den Eltern, als tiefgreifender und auch beschämend erlebter Abbruch des Sicherheitsgefühls der Kindheit, dem sie sich ohnmächtig ausgesetzt erlebt haben.

> Katja Leyrer: Also ein Bruch, der (...) bis heute da ist in meinem Bauch, nicht in meinem Kopf, ist die ganze Fluchtgeschichte (1959). Das habe ich richtig als Vertrauensbruch (empfunden), wie meine Eltern damit umgegangen sind.

> Sabine Breustedt: Für mich ist unser Weggang (die Flucht aus der DDR) ein unheimlicher Einschnitt gewesen, das weiß ich noch. Ich glaube, dass ich zum Teil damit überfordert gewesen bin.

> Elisabeth von Dücker: Ich habe in meiner Kindheit ungefähr acht Schulwechsel mitgemacht. Das ging dann so, dass wir am Abendbrottisch saßen, und uns wurde gesagt, ach, übrigens, Daddy hat vor, in einer anderen Stadt ... zu arbeiten. ... Ich sehe immer noch, wie wir (meine Schwester und ich) dasitzen und angefangen haben zu heulen.

Fast alle Frauen beschreiben die Wohnsituationen in ihrer Kindheit als beengt und dass sie sich wegen ihrer Armut zunehmend geschämt hätten, insbesondere als in den Fünfzigerjahren der finanzielle und damit auch der soziale Unterschied, zum Beispiel in der Anschaffung von Wohlstandsgütern, deutlicher wurde und sie darüber zunehmend Gefühle von Ungerechtigkeit und Entwertung erfahren hätten.

> Ingeborg Glock: Das war alles ... sehr ärmlich. Aber das ging den anderen Leuten auch so. (...) Ich habe das nicht als Mangel empfunden, erst als langsam die Fünfzigerjahre kamen und der Arzt sich ein Haus baute ...

> Eva Huber: Am Anfang habe ich das (den sozialen Unterschied) nicht so empfunden, als ich aber in die Pubertät kam (...) da habe ich schon mitgekriegt, dass sie die Nase gerümpft haben ... irgendwann fing ich dann an, mich zu schämen.

> S.R.: Man schämt sich. Ja, genau, man schämt sich ... Zum Beispiel durften alle Mädchen in der Klasse Perlonstrümpfe tragen. Ich musste ne Strumpfhose anziehen, weil das billiger war. ... Schrecklich! Und ich war in der Schule die Einzige, die so rumrannte.

> Ruth Jäger: Irgendwie habe ich die (reicheren Kinder) immer beneidet, dass ich nicht aus so einer Familie stammte ... Vielleicht habe ich mich auch geniert, wenn Leute zu mir nach Hause kamen.

Elternbilder

Fast alle Frauen haben ihre Eltern als wenig oder gar nicht einfühlsam oder mitfühlend erlebt. Mit Ausnahme von Sabine Breustedt erzählt keine der Frauen, dass ihr Familienleben entspannt oder die Ehe der Eltern glücklich gewesen sei, was ich auch als Ausdruck dafür verstehe, wie wenig inneren Raum sie hatten, sich auf ihre Kinder, auf deren innere Welt einzustellen und sich in sie einzufühlen (vgl. Mitscherlich & Mitscherlich, 1967).

> Eva Huber: Ein warmes Verhältnis zwischen meinen Eltern habe ich nicht erlebt (...) alles, was mein Vater gut fand, hat sie (meine Mutter) schlecht gemacht. (...) Ich habe von Anfang an gespürt, dass mit meinen Eltern irgendwas nicht in Ordnung war.

> Ruth Jäger: Bis heute merke ich, dass ich schon in der Kindheit ... auf meine Familie nicht stolz sein konnte...

> Isolde Rüter: Es gab nie ein harmonisches Zusammenleben.

> Lerke Scholing: (Ich komme aus einer Familie,) in der die Frau sowieso immer die aktivere Rolle übernommen hat und der Mann immer der Schwache war.

Mit Ausnahme von Isolde Rüter haben alle Frauen jüngere Geschwister. Sie berichten von Wohnsituationen, in denen es so gut wie keine Rückzugsmöglichkeiten gab. Dabei fällt auf, dass keine der Frauen erwähnt, dass sie zwischen den Eltern Sexualität erlebt hat, was wegen der beengten Wohnsituation eigentlich kaum möglich ist. So stellt sich die Frage, ob die rigide Sexualmoral der Fünfzigerjahre und die Tabuisierung von Sexualität, worüber alle Frauen in unterschiedlicher Gewichtung berichten, auch darin einen Ausdruck findet, dass dies gar nicht erwähnt wurde.

> Katja Leyrer: Mit NS habe ich eigentlich ein Tabu mitgekriegt, das war vorbei, darüber redet man nicht. Genauso wie Geschlechtsverkehr tabuisiert wurde.

Und so liegt es nahe, an einen Zusammenhang zwischen dem Sexualitätstabu dieser Zeit und dem Ausbruch aus der bedrückenden Enge (wie sie etwa Ingeborg Glock beschreibt) in die »sexuelle Revolution« der 68er-Bewegung zu denken, in der dieses Tabu dann umso massiver durchbrochen worden ist.

Auffallend ist, dass fast alle Frauen mehr und differenzierter über ihre Väter und über die Beziehung zu ihnen berichten als über die Mütter, was den Anschein erweckt, dass die Mütter im Vergleich zum Vater weniger bedeutsam waren.

Mit Ausnahme von Ingrid Kurz, deren Vater Kapitän war und den sie als präsenten Vater in der Familie kaum erlebt hat, und Sabine Breustedt, die ihren Vater als musikalischen, sensiblen Mann beschreibt, berichten alle Frauen darüber, wie hart, wie rigide, wie unnahbar und empathielos sie ihre Väter erlebt haben, aber auch, wie schwach und beschädigt.

> Helga Wullweber: »(Ich erlebte meinen Vater) so als Mauer eigentlich, der nicht über sich reden konnte. … Er hatte so mit 16, 17 ein weiches, schönes Gesicht und wie das dann so verhärtet ist durch diese Kriegsgeschichten …«

> Eva Hubert: Manchmal hat er mich richtig geschlagen, wenn meine Mutter gesagt hat, was ich alles Böses gemacht habe. So unberechenbar habe ich ihn erlebt, sodass ich auch immer Angst vor ihm hatte.

> S.R.: In der Beziehung zu meiner Mutter (war er) der Schwächere. ... Das hat sicher damit zu tun, dass er im Krieg verletzt worden ist. Er hatte Granatsplitter im Bein, so schlimm, dass er das Bein immer wickeln musste. ... Er hat sehr viel getrunken.

Dennoch, wenn es um den Vater ging, habe ich häufiger eine Sehnsucht gespürt, auch eine ödipal anmutende Bewunderung von etwas Heldenhaftem, aber auch eine tiefe Enttäuschung darüber, dass der Vater so gar nicht die Sehnsüchte und Erwartungen erfüllt hat.

Die nachträglichen Erklärungen einiger Frauen, dass das Verhalten des Vaters eine Folge von dessen Kriegserfahrung gewesen sei, erscheint dabei wie eine Rationalisierung, die helfen mag, die widersprüchlichen Gefühle für den Vater zu ordnen, das Entsetzen über seine Mittäterschaft, die Verachtung und die Beschämung deshalb, aber auch die Sehnsucht nach einem Vater, der er nicht gewesen ist. Daneben mutet es wie der Versuch an, dem Vater näher zu kommen, zu verstehen, warum er so war, wie er war. Und es geht wohl auch darum, das Schuldgefühl zu mildern, das mit dem eigenen Versagensgefühl verbunden sein mag, den Vater nicht erreicht zu haben.

> Eva Huber: Als (mein Vater) gestorben ist, da war ich aufgeregt, ich hatte Herzklopfen, aber es ... hat mich nicht sonderlich berührt. Er war halt so.

> S.R.: Bevor (mein Vater) nun gestorben ist, musste ich feststellen, dass da gar nichts war. ... Die Erkenntnis ist absolut hart. ... . Es gab nichts, wofür ich ihn hätte respektieren können. ... Ich habe in einer bestimmten Vorstellungswelt gelebt, die nichts mit dem wirklichen Menschen zu tun hatte.

> Isolde Rüter: Und in der Nacht, als er gestorben ist, da habe ich ihm eine Nacht lang erzählt, was ich ihm schon lange sagen wollte. Aber da konnte er nicht mehr sprechen, nur noch zuhören, und ich denke, dass er das auch nicht wahrgenommen hat. Wir haben nie miteinander gesprochen.

> Lerke Scholing: Nach Nicaragua habe ich zum ersten Mal geheult, dass es meinen Vater nicht mehr gibt, dass ich ihm nichts mehr erzählen kann. ... Ja, ich habe gedacht, jetzt könnte ich ihn eigentlich fragen: »Komm, was hast du eigentlich gehabt?«

In den Zitaten wird eher Bitterkeit deutlich. Trauer als Abschied von dem väterlichen Idealbild der Kindheit und als Ausdruck der Versöhnung mit dem Vater, wie Lerke Scholing es ausdrückt, habe ich beim Zuhören wohl als ein Gefühl der Gegenübertragung empfunden.

Im Vergleich zum Vater berichten die Frauen sehr viel distanzierter über ihre Mütter. Diese werden überwiegend als unglücklich und angepasst, aber auch als hart und zäh beschrieben und, ähnlich wie die Väter, als wenig einfühlsam und kaum erreichbar. Wenn die Frauen über ihre Mütter sprechen, wird eher Entwertung, aber auch Bedauern spürbar.

> Elisabeth von Dücker: Meine Mutter habe ich als äußerst angepasst … erlebt. … Ich finde das furchtbar.

> Helga Wullweber: (Meine Mutter war) immer so in der Rolle des Opfers … die ersten Sprüche, die ich von ihr erinnere, da war ich also zwei oder drei Jahre alt, also, andere Kinder trampeln ihren Müttern auf den Schürzen rum, ich auf ihrem Herzen. … Und sie hat sich immer geopfert und trotzdem musste ich sie immer bemitleiden gegen meinen Vater.

> Ingrid Kurz: Meine Mutter hat (bei Konflikten) einfach gesagt, zack, raus … Schluss! Existierte nicht mehr, darüber wurde nicht gesprochen, wurde nicht erwähnt, existierte nicht.

> Ruth Jäger: Nach dem Krieg war dann alles anders, und das hat sie (meine Mutter) auch gebrochen. … Jedenfalls habe ich meine Mutter sehr unglücklich erlebt, aber auch zäh, sehr zäh.

Diese Bedeutungsungleichheit zwischen Vater und Mutter, die sich in den Texten abbildet, war mir zunächst gar nicht aufgefallen. Erst später ist mir der Gedanke gekommen, dass sich darin eine Konkurrenz zwischen Töchtern und Müttern ausdrücken könnte, die wegen der Schuldgefühle der Mutter gegenüber nicht deutlich werden durfte.

Vor diesem Hintergrund kann die Entwertung der Mütter auch im ödipalen Sinne als Ausdruck einer Rivalität um den Vater/Mann, um den Platz an seiner Seite und um die Bedeutung für ihn gesehen werden, der weder für die Bedürfnisse der Frau/Mutter noch für die der Tochter hinreichend und angemessen zur Verfügung stand. Die Väter waren wegen ihrer eigenen Problematik selbst hoch bedürftig, konnten aber in der ödipalen Konkurrenzdynamik zumindest die Fürsorge der Frauen für sich sichern – um den Preis der Gefühlsverwirrung hinsichtlich ihrer Bedeutung als Ehemann und Vater und als Mann in der Nachkriegsgesellschaft.

S.R.: Er hat mir immer ganz deutlich zu verstehen gegeben, dass ich sein Glanzstück bin, dass ich seine Liebste bin, das Beste, was er hat. Ich glaube, dass sie (die Mutter) deswegen auch eifersüchtig auf mich gewesen ist.

Elisabeth von Dücker: (Ich habe Bilder von meinem Vater im Kopf), dass er mit einem Schimmel aus dem Krieg gekommen ist und ich auf diesem Schimmel mit ihm geritten bin. Also, ich bin von diesem großen, mächtigen Mann auf dieses große weiße Pferd gehoben worden.

Auffallend ist in diesem Zusammenhang, dass nach dem Tod des Vaters viele der Frauen ihre Beziehung zu den Müttern als deutlich entspannter schildern, so als sei erst dann mehr Nähe zur Mutter möglich, die als Mutter eher enttäuschend war und wohl auch daher als Rivalin erlebt und unbewusst schuldhaft ausgeblendet und auf Abstand gehalten werden musste.

Dabei stellt sich die Frage, ob der Wunsch der Töchter nach Wiedergutmachung ihrer »ödipalen Schuld« an den Müttern entscheidend zur Entstehung der Frauenbewegung in den Siebzigerjahren beigetragen hat. Diese Bewegung war einerseits davon angetrieben, als Frau sichtbar zu werden, ein eigenes Leben als Frau zu beanspruchen und sich vor einem sozialen Tod zu retten, den die Mütter in dem gesellschaftlichen Bild von Ehe und Familie gestorben zu sein schienen (vgl. Braun, 1992). Das wiederum bedeutet zwangsläufig, sich vom mütterlichen Lebensentwurf zu trennen und abermals mit der Mutter zu rivalisieren, wodurch ödipal determinierte Schuldgefühle erneut belebt werden. Auf der anderen Seite haben die Töchter durch die Frauenbewegung auch einen unbewussten Auftrag der Mütter nach einem eigenen Leben erfüllt, das den meisten Müttern selbst versperrt blieb.

Adoleszenz als Antrieb für den Aufbruch

1968 waren die Frauen in der Entwicklungsphase der Spätadoleszenz, in der es vor allem um Loslösung und Trennungen geht, im Außen von der Familie, im Innern von frühen Selbst- und Beziehungsvorstellungen sowie um die Festlegung von Lebens- und Identitätsentwürfen.

Die Kräfte, die in dieser Entwicklungsphase freigesetzt werden, tragen wesentlich dazu bei, sie sind quasi der Motor dafür, dass die Frauen aus den erstarrten gesellschaftlichen Strukturen der Elterngeneration ausbrechen und dazu beitragen konnten, dass diese Strukturen kulturell und gesellschaftlich in Bewegung gerieten und verändert wurden.

Trennung und Loslösung gehören in dieser Entwicklungsphase grundsätzlich zu den schwierigsten und schmerzhaftesten Prozessen. Sie gehen immer einher mit Verlustängsten und Schuldgefühlen. Da aber im Laufe der Entwicklung jedes Individuum sich zwangsläufig Anteile der Eltern zu eigen macht, wird die Trennung zusätzlich dadurch erschwert, dass eigene und fremde Anteile entwirrt werden müssen. Wenn aber familiäre Bindungen im Sinne des Teleskoping mit den transgenerativ vermittelten Schuldgefühlen verstrickt sind, wie bei den Frauen der zweiten Generation und deren Verwicklung in die Traumata der Eltern, dann erscheint eine Trennung, wenn überhaupt möglich, umso schwieriger (vgl. Hennigsen, 2000).

Vor diesem Hintergrund geht es im adoleszenten Trennungsprozess dieser Frauengeneration vor allem darum, sich von der transgenerativ vermittelten Last, insbesondere den dazugehörigen/darauf beruhenden Schuld- und Schamgefühlen, zu befreien und sie an die Eltern zurückzugeben, was wiederum eigene Schuldgefühle den Eltern gegenüber verstärkt.

Alle Frauen berichten von der Enge der äußeren Lebensbedingungen und von dem Anpassungsdruck insbesondere hinsichtlich der Geschlechterrollen und der Sexualmoral, in der sie aufgewachsen sind.

> Ingeborg Glock: Irgendwie habe ich die Zeit als grau in Erinnerung ... es hatte so was Enges. (...) Es gab nur die Familie, und danach gab es die, die man selber gründete, und dazwischen gab es überhaupt nichts. ... Und dann diese ganzen Fragen um Verhütung, bloß nicht mit einem Kind nach Hause kommen und solche Geschichten. Das war schon bedrückend irgendwie.

> Eva Hubert: (Mein Vater) hatte ganz genaue Vorstellungen, was ich durfte und was nicht. Wenn er gewusst hätte, dass ich mit 17 das erste Mal mit einem Jungen geschlafen habe, dann hätte er mich windelweich geprügelt.

> Isolde Rüter: Für ihn waren Kinder, Frauen sowieso ... dumm und hatten nichts zu sagen. Ich durfte bei Tisch nicht sprechen. ... Ich hatte nichts zu sagen und durfte das auch nicht.

Als Auswege aus dieser Enge, die zunehmend als unerträglich erlebt wurde, sind einige Frauen aus der Familie geflohen und untergetaucht, aber auch Heirat und Schwangerschaft erschienen als Ausweg, allerdings um den Preis einer neuen Enge. Einige der Frauen sind zum Studium ins Ausland und bis nach Lateinamerika gegangen und haben dort oppositionelle Bewegungen unterstützt.

Eva Huber: Ich habe mich früher oder später immer gefragt, ob ich abhauen soll, was ja damals viele gemacht haben. Aber ich hatte schon mit 13 das Ziel, Abitur zu machen und dann weg. Das habe ich dann auch gemacht.

Katja Leyrer: Mein Vater hat mir mal eine Schreibmaschine an den Kopf geschmissen, weil der machte meine Post auf. Na ja, das führte letztendlich dazu, dass (ich) von zu Hause weg (bin), etwas planvoll, aber heimlich.

Isolde Rüter: Ich hatte aber wirklich keine Möglichkeit, mich bei meinem Vater durchzusetzen. Ich bin dann richtig von zu Hause weg, zuerst ins Internat, und von dort habe ich … geheiratet.

Sabine Breustedt: Ich hatte, kaum dass ich das Abitur in der Tasche hatte, nichts Eiligeres zu tun, als zwischen mich und meine Eltern erst einmal eine Distanz von 1000 Kilometern zu legen. … Heute weiß ich, dass ich das wirklich gebraucht habe, um mich abzunabeln und von dieser sehr starken emotionalen Bindung und diesem ganzen Nestigen wegzukommen.

Auffallend ist, dass keine der Frauen über Schuldgefühle im Zusammenhang mit dem Ablösungsprozess spricht. Diese Empfindungen zuzulassen hätte womöglich den Ausweg erschwert und somit den Trennungskonflikt verschärft. Deutlich wird hingegen der Trotz, mit dem sich die Frauen den elterlichen Autoritäten widersetzt haben.[2] Zu bleiben hätte wohl Resignation bedeutet, vielleicht eine Depression ausgelöst, zumindest Verzicht auf ein eigenes Leben, wie viele der Frauen es bei ihren Müttern erlebt haben.

Ingeborg Glock: Ich hab mich zunächst damit abgefunden (…) und gedacht, jetzt bist du verheiratet, das ist das Leben, und das musst du jetzt tragen, das ist nun mal so. Das habe ich aber nur kurze Zeit durchgehalten.

Eva Huber: Ich erinnere noch gut, da war ich 13, wo ich in dieser engen Wohnung saß und aus dem Fenster auf die Straße guckte (…) und ich dachte, mein Gott, jetzt muss ich noch sechs Jahre aushalten. Das war so, als wenn ich in einer Anstalt gewesen wäre.

---

2 Trotz ist ein Affekt zum Schutz der eigenen Autonomie gegen äußere, aber auch gegen verinnerlichte Autoritäten. Er dient der Selbstverteidigung und Selbstbehauptung und zugleich dazu, Gefühle von Schuld und Scham nicht wahrnehmen zu müssen (vgl. Teckentrup, 1995).

Die in die transgenerativ vermittelten traumatischen Erfahrungen ihrer Eltern verstrickten Frauen brauchten für die Bewältigung des Ablösungskonflikts und der damit verbundenen Schuld anscheinend die Vorstellung von einem Ausweg, an dessen Ende »noch was ganz Tolles kommen wurde … also ein Wunder irgendwie, wie das in den Büchern immer so steht« (Ingeborg Glock). Die Triebkraft für den Aufbruch musste wohl umso massiver – und das meint auch, umso trotziger –eingesetzt werden, je rigider und starrer die Frauen die gesellschaftlichen Normen im familiären Beziehungsgeschehen erfahren haben.

Mario Erdheim (2015) beschreibt drei Antriebsimpulse, die für diesen Prozess notwendig sind: Sexualität und Aggression, Größen- und Allmachtsfantasien und den Generationskonflikt, der durch die Ablösung von den Eltern neue und eigene Gestaltungsräume und damit auch Macht verspricht. Deutlich wird zudem, dass Neugier für diesen Ablösungsprozess die libidinöse Voraussetzung ist, der Wunsch, die Welt zu verstehen, die bislang durch das Tabu als unzugänglich und verwirrend erlebt wurde.[3]

Neugier ist die Grundlage für das Begehren, Grenzen zu überschreiten, wie in den folgenden Zitaten deutlich wird:

> Ingeborg Glock: Ich habe viel Radio gehört, und da kriegte ich eben auch Rudi Dutschke und alles, was da so passiert ist, mit … Ich habe zwar nicht ein Wort von dem, was die wollten, verstanden. Nur, dass irgendwas im Gange ist (…) Aber das hat mir Auftrieb gegeben. Mir war klar, dass ich damit was zu tun haben wollte.

> Sabine Breustedt: Ich denke, diese Aufbruchstimmung, was da alles so rüberkam … Es waren Hunderttausende, und das fand ich wirklich toll. … es wurde diskutiert. Endlos, und ich habe wenig verstanden. Aber trotzdem, ich fand es sehr aufregend.

> Lerke Scholing: Ich weiß nicht mehr, warum mich das so fasziniert hat, was damals in Berlin passiert ist … Also, ich habe wenig kapiert und bin dann mit ganz großer Begeisterung in die FU gegangen. Ich fand das alles ganz toll, Rudi Dutschke zu erleben … also für mich war das eine Befreiung.

---

3 In diesem Zusammenhang sei erwähnt, dass Soziologie, die Forschung über das Zusammenleben von Menschen, in dieser Zeit ein eigenständiges Studienfach wurde.

> Eva Huber: Ich war damals 14, noch nicht ganz 15, als ich das erste Mal in diesem Kreis (von späteren SDS-Mitgliedern) war. Die waren alle 10 bis 15 Jahre älter, sahen schwer existenzialistisch aus (…) Und ich fand das hochinteressant, obwohl ich nichts verstanden habe (…) Es war eine andere Welt und ich hatte irgendwie Spaß daran.

Elisabeth von Dücker ist die einzige der Frauen, die sich 68 nicht unter diesem Ablösungsdruck erlebt hat:

> Ich habe die politische Bewegung zwar wahrgenommen und fand das auch interessant, aber ich habe mich nicht dazugehörig gefühlt und es hat mich nicht angesprochen. … Ich erkläre es mir so, dass ich viel mit meinem Elternhaus zu tun hatte, damit, alles von mir abzuwerfen.

Das politische Engagement

Grundsätzlich braucht es für den adoleszenten Ablösungsprozess Menschen, eine Gruppe, die einen Ersatz für den Schutz bietet, der mit der Familie aufgegeben wurde, und zugleich neue Erfahrungen verspricht. Diese Bedürfnisse erfüllten die politischen Gruppierungen, die zu der Zeit entstanden, offenbar, was sie für viele der Frauen attraktiv machte.

> Ingeborg Glock: Heute kann ich nicht mehr sagen, warum ich da mitgemacht habe.

> S.R.: Im Lesekreis (KB) … war (es) einfach schön … auch die Themen, über die wir gesprochen haben. Das alles war für mich ein Aha-Erlebnis.

> Ruth Jäger: Da waren zum einen viele Leute, die ich spannend fand …, die brachten andere Impulse und stellten neue Fragen. Das hat mich alles interessiert.

> Eva Huber: … ich bin in meinen Entscheidungen immer danach gegangen, wo ich die Leute stärker und ehrlicher fand. Ich glaube, die theoretische Ausrichtung war für mich gar nicht so ausschlaggebend.

In dieser Lebensphase wird der Ablösungsprozess entscheidend angetrieben von Omnipotenz- und Größenfantasien, die auch zu Grenzüberschreitungen führen können, wo Drogen und politische Strebungen eine große Anziehungskraft haben können, ebenso wie Ideologien, die für sich in Anspruch nehmen, allen anderen überlegen zu sein (vgl. Erdheim, 2015, S. 25).

> Katja Leyrer: (Ich habe) harte Drogen ausprobiert (...) und musste dann zwei Monate im Krankenhaus liegen (...) Und dann kam ich raus, und da gab es schon die Kontakte zur KPD/ML (...) Dieser Sprung dann so in eine ganz strenge Organisation auf allen Ebenen, der hatte ganz viel damit zu tun, also dass ich ... beweisen wollte, dass ich das aushalten kann.

> Isolde Rüter: Ich konnte mir einbilden (im KB), dass ich meine bürgerliche Vergangenheit total überwunden habe.

> Lerke Scholing: In Nicaragua war ich zum Beispiel immer nur mit Europäern zusammen. Meine Freundinnen und Freunde waren Franzosen und Italiener. Und ich habe voller Wonne mitgemacht, wenn es gegen die Deutschen ging. Ich war begeistert, wenn ich gehört habe, na ja, du bist ja auch keine typische Deutsche.

> Helga Wullweber: Ich weiß noch, wie ich auf dem U-Bahnhof stehe, und dieses Bild sehe, wo der (Polizeichef von Saigong einen Vietcong erschießt –) war ich wirklich aufs Innerste erschüttert und da haben wir halt gesagt, da muss man was machen, aufräumen, agitieren ... Gut, ein Treffpunkt war dann eben der SDS.

Das Gefühl, moralisch auf der richtigen Seite zu stehen, sich, anders als die Eltern während der NS-Zeit, Autoritäten zu widersetzen und sich nicht einem Unrechtsregime unterzuordnen, gehörte für alle Frauen bewusst zu den entscheidenden Motiven, politisch und gesellschaftlich aktiv zu werden. Dabei konnte der Schuldkonflikt, der mit der Ablösung einhergeht, gelöst werden, indem mit Hilfe von Spaltung und Projektion der richtige und falsche Weg bestimmt und moralisch gerechtfertigt wurde. Die politischen Gruppierungen, insbesondere wohl die sogenannten K-Gruppen, boten sich als Ort für den omnipotent gefärbten Wunsch an, durch Mitgliedschaft zu einer Elite zu gehören, die auf der richtigen Seite steht und in der Zukunft die Macht haben würde. So erklärt sich wohl auch, dass sie für viele der Frauen trotz autoritärer Strukturen so faszinierend waren.

Das ist zumindest bemerkenswert, weil die Strukturen der K-Gruppen an die Familienerfahrungen in der Kindheit denken lassen.

Alle Frauen berichten davon, dass sie das Verhältnis zu den Eltern als ein Machtverhältnis erlebten, in dem sie sich weitgehend ohnmächtig erfahren haben, was bedeutet: Erwachsensein heißt Macht zu haben, und Machthaber bestimmen, was als Wahrheit zu gelten hat.

> Ingeborg Glock: »Die ganzen Jahre, die ich im (...) KB verbracht habe, haben mir wirklich überhaupt keinen Spaß gemacht. Meistens war ich nur am Zittern, weil ich die Sachen nur durchgelesen hatte, die man gelesen haben sollte.«

> Isolde Rüter: Kurz gesagt, ich habe mich dann fünf Jahre lang ... ausnutzen lassen, freiwillig, das habe ich wohl auch gebraucht. Daran knapse ich bis heute. ... Es gibt ein paar Sachen, für die schäme ich mich, dass ich da nicht widersprochen habe, dass ich mir das habe gefallen lassen oder es zum Teil als Anleiterin auch weitergegeben habe.

> Sabine Breustedt: Ich weiß es nicht (was mir der KB gebracht hat). Eigentlich schien mir das, was ich da in Paris erlebt habe, viel attraktiver als so ein eingefahrener Laden wie bei meinen Eltern, bei meinem Vater, davon wollte ich mich ja gerade absetzen.

> Ruth Jäger: Ich bin da in eine Organisation gekommen, die mir zwar intellektuell und von der Theorie zugesagt hat, die aber gar nicht das war, was ich eigentlich gewollt habe. (...) Ich bedaure das für mich als Frau. Mir fehlte damals die Stärke, um zu sagen, dass ich das eigentlich nicht will ... aber da gab es soziale Verbindungen, die mir wichtig waren.

> Ingrid Kurz: Die DFU war für mich nicht so eine »Heimat«, kein Ort zum Wohlfühlen. ... Das war irgendwie Arbeit, aber eine Arbeit, die sinnvoll war und die ich deswegen auch gerne gemacht habe.

Die meisten Frauen berichten von Ohnmachts- und Beschämungserfahrungen, die sie in und mit den politischen Organisationen gemacht haben, was wie eine Wiederholung ihrer Kindheitserfahrungen anmutet und an die Machtstrukturen der NS-Diktatur denken lässt, die die Eltern erfahren und mitgetragen haben.

In diesem Zusammenhang kann die Wiederholung auch der Bewältigung von traumatischen Erfahrungen dienen – als Voraussetzung dafür, dass die

Vergangenheit in der Gegenwart und die daraus resultierende Problematik überhaupt angegangen werden kann (vgl. Erdheim, 2015, S. 27).

Trennung und Abschied

Als Motive für die Trennung von den politischen Gruppierungen nennen die Frauen nicht die politischen Inhalte, die sie nicht weiter unterstützen und mittragen wollten, sondern vor allem, dass sie deren autoritäre Strukturen, die persönlichen Erfahrungen insbesondere mit den Männern dort, zunehmend als unerträglich erlebten.

Wenn die Frauen über ihre Trennung und Loslösung von der politischen Organisation erzählen, ist nichts zu spüren von dem Antriebsdruck, der zu ihrem politischen Aufbruch geführt hat, aber auch nichts von Schuldgefühlen, die politische Organisation zu verlassen, die ich bei der Trennung von der Familie vor allem im Trotz erlebt habe. Möglicherweise drückt sich der Schuldkonflikt darin aus, dass sie sich nicht aktiv und offensiv von der politischen Organisation getrennt haben, wie es die meisten Frauen berichten. Spürbar werden stattdessen eher Resignation und Bitterkeit, auch Wut wie etwa bei R. T., aber auch Beschämung darüber, dieses System mitgetragen und unterstützt zu haben. Auch wenn keine der Frauen es so ausspricht, habe ich beim Zuhören hinter der Resignation auch Beschämung gespürt und Selbstkritik, das alles mitgetragen zu haben.

> Ingeborg Glock: Aus dem KB bin ich dann selbst rausgegangen. Das hat zwar keiner gemerkt, aber ich habe das auch nicht mit einer Erklärung gemacht, dazu war ich nicht in der Lage. Ich wusste nur, das mach ich nicht mehr, das will ich nicht mehr.

> Eva Huber: ... es wurde zunehmend unangenehmer, die Widersprüche spitzten sich zu, bis ich dann dachte, jetzt reicht es, jetzt muss ich da raus, weil ich sonst die Selbstachtung verliere.
> Isolde Rüter: Was ich wirklich gut finde, ist, dass ich aus dem KB dann rausgegangen bin.

> Ingrid Kurz: Mir ist (bei der Auflösung der Landesorganisation DFU) klar geworden, dass ich es auch ein wenig wie eine Befreiung empfunden habe. Dieses Kapitel ist jetzt abgeschlossen, und das ist auch gut so.

Katja Leyrer: ... ich bin nicht aus der Partei ausgetreten so nach dem Motto, nein, ich will jetzt gar nichts mehr, sondern ich war der Meinung, die machen alles verkehrt, und man muss das anders machen.

Zudem habe ich beim Zuhören, aber auch später beim Lesen der Texte Trauer gespürt, wohl darüber, etwas verloren zu haben, was mit so idealisierten Erwartungen besetzt gewesen ist.

Trauer bedeutet aber immer auch, etwas verloren zu haben, ein Ideal, und betrauert werden kann auch die Beschämung, einer Täuschung erlegen zu sein. Trauer schließt ein, sich für das eigene Handeln verantwortlich zu fühlen und damit Schuld anzuerkennen. Somit ist Trauer die Voraussetzung dafür, dass etwas Neues möglich wird. In diesem Sinne verstehe ich die Antwort einiger Frauen auf meine Frage nach der Bedeutung dieser Erfahrungen für das eigene Selbstverständnis – und das meint auch, für die eigene Identitätsentwicklung.

Ruth Jäger: Also einerseits habe ich über mich selbst und über meine Strukturen mehr Klarheit bekommen. Entscheidend war für mich natürlich später die Frauenbewegung, wo ich richtig drin war.

Lerke Scholing: Mir ist jetzt erst klar geworden, dass ich zunächst mal versucht habe, alles anders zu machen als sie. ... Letztendlich aber bin ich eben auch eine sehr aktive Frau. Über meine Mutter ist mir ein Bild von Frau vermittelt worden, von Selbstständigkeit, und dem bin ich schon ziemlich nahe.

Katja Leyrer: ... ich fühle mich dieser Arbeit (ihrem jetzigen Engagement) zwar ausgeliefert und finde es zu viel ... aber ich fühle mich für mich (...) selbstsicher und stark (...) ich kann mittlerweile auch delegieren, ich kann mittlerweile auch sagen, so geht es nicht.

3. Zusammenfassung

In jedem von uns gibt es eine Sehnsucht, die Welt, in der wir leben, zu verstehen und zu begreifen. Aus ihr entspringt die Neugier, das Rätsel um die Sexualität lösen zu wollen, das von den Eltern unbewusst im Kind implantiert wurde. Es bildet den Ursprung seiner Fantasien und ist die Triebkraft,

> wissen zu wollen, die umso stärker wirksam werden kann, je mehr der Zugang zum Verstehen versperrt wird.
> *(Vgl. J. Laplanche, 1987)*

Die Frauen der zweiten Generation sind die Erbinnen der Vergangenheit ihrer Eltern. Über den Mechanismus der transgenerativen Vermittlung tragen sie die Last der Traumatisierung ihrer Eltern und der verdrängten Schuld- und Schamgefühle wegen deren Mitverantwortung für die NS-Verbrechen. Durch den Mechanismus des Teleskoping haben sie sich Anteile der Eltern zu eigen gemacht, sodass die Unterscheidung und Trennung von vermittelten und eigenen Anteilen kaum möglich ist. Das zeigt sich auch darin, dass die verdrängten Gefühle der Eltern, zum Beispiel die Wünsche nach und die Trauer um den Verlust von Idealen und idealisierten Personen (etwa dem »Führer«) in der Sehnsucht der zweiten Generation nach einer Führungsperson wiederauftaucht, wobei die Idealisierung insbesondere von Männern wie Rudi Dutschke oder Che Guevara auffallend ist.[4] In diesem Sinne kann auch verstanden werden, dass die zumeist extremen Erfahrungen der ersten Generation während der NS-Zeit in den politischen Aktionen der zweiten wiederkehren und wiederholt werden. So gesehen ist die zweite Generation nicht nur Opfer der vorangegangenen, sondern sie ist für ihr Handeln auch selbst verantwortlich (vgl. Eckstaedt, 1989, S. 496).

Wie beschrieben, haben die transgenerativen Übertragungen immer wieder zu Verwirrung geführt, die einerseits der Abwehr von Klarheit diente, aber auch dazu, Verleugnung und Projektion von Schuld und Scham aufrechtzuerhalten. Zugleich aber schürte die Verwirrung auch den Wunsch, die Welt und wie sie funktioniert verstehen zu wollen.

Anders als ihre Eltern haben die Frauen der zweiten Generation nicht über ihre Erfahrungen geschwiegen. Sie wollten sich erinnern und haben darüber gesprochen. Das hat sicher auch damit zu tun, dass die Befürchtung eines Zusammenbruchs, wie von Alexander und Margarete Mitscherlich (1967) beschrieben, für die zweite Generation nicht mehr so bedrohlich war. Ich habe am Anfang gesagt, dass ich überrascht war über die Bereitschaft der Frauen, mit mir ein Interview zu machen, und dass ich, vielleicht anders als die Frauen selbst, befürchtet habe, ich könnte dadurch etwas anrühren und aufdecken, was eigentlich verborgen bleiben und nicht benannt werden

---

4 Bemerkenswert ist, dass es in der RAF insbesondere Frauen waren, die idealisiert wurden, worauf ich an dieser Stelle nicht näher eingehe. Siehe dazu auch Kapitel III.

sollte. Ich habe dabei vor allem an Schuld- und Schamgefühle gedacht, wie ich sie bei der Beschäftigung mit den Lebensgeschichten der Frauen immer wieder erlebt habe. Nun frage ich mich, ob insbesondere die Angst vor Scham und Beschämung maßgeblich dazu beigetragen hat, dass Frauen sich ihre Geschichte haben stehlen lassen, weil sie ihnen, gemessen an ihrem hohen

Ich-Ideal, nicht bedeutend genug erschienen ist, wie ich es mit diesem Projekt erlebt und zugelassen habe.

Joachim Küchenhoff (2002) spricht davon, dass Erinnern Befreiung bedeutet, Befreiung von der Last der vermittelten Erinnerungen, von der Wiederkehr des Verdrängten und damit auch vom Wiederholungszwang. Erst wenn Ereignisse aus der Vergangenheit erinnert, das heißt, wiederbelebt werden, können sie als zu sich gehörend erlebt und damit zur eigenen psychischen Realität werden – als Voraussetzung dafür, dass für das, was geschehen ist, auch Verantwortung übernommen und getragen werden kann.

Anders als ihre Eltern wollten die Töchter wissen und nicht unwissend bleiben. Unwissen über sich selbst kann dazu führen, dass die zweite Generation mit der nächsten ebenso verfährt, wie mit ihr umgegangen wurde. Das, was dann weitergegeben würde, wäre allerdings noch verwirrender und unverständlicher (vgl. Eckstaedt, 1989, S. 24).

Die Voraussetzung für den Prozess der Befreiung von den vermittelten Erinnerungen war ein Abschied, der sicher erst mit der Adoleszenz und mit der damit verbundenen Trennungsdynamik möglich wurde. Es war ein Abschied von idealisierten Elternbildern, von überlieferten Männer- und Frauenbildern, von der Sehnsucht nach einem »Heldenvater« und Mann (vgl. Gravenhorst, 1990), aber auch von der gesellschaftlichen Bedeutungslosigkeit der Mutter und Frau. Vor dem Hintergrund der weiblichen Rollenzuschreibungen ihrer Mütter, der Frauen der ersten Generation, war der Aufbruch der 68er-Frauen vor allem ein Ausbruch aus den geschlechtsspezifischen Rollenbildern.

So haben die Frauen der zweiten Generation mit ihrem politischen Engagement, insbesondere durch die Frauenbewegung, wesentlich dazu beigetragen, dass sich die Gesellschaft der Bundesrepublik, die in den Fünfziger- und Sechzigerjahren eher traditionell geprägt, »vermieft« war, nachhaltig verändert hat.

Die Frauen haben dazu beigetragen, dass die Enge einer traditionell geprägten Gesellschaft, in der die kulturellen Normen und Ressourcen beim Wechsel der Generationen bis dahin nahezu unverändert weitergegeben wurden, aufgebrochen/geweitet werden konnte. Ihr Aufbruch hat dazu geführt, dass die Elterngeneration als Kulturträger abgelöst wurde (vgl. Erdheim, 1984).

Dadurch wurden Räume für gesellschaftliche und kulturelle Veränderungen, für emanzipatorisch-demokratische Prozesse eröffnet, und Frauen haben zunehmend die Verantwortung dafür eingefordert und übernommen.

IX. Vergangenheit in der Gegenwart: Juni 2022

Ich beende das Projekt im Juni 2022 mit einem Gespräch mit vier der Frauen, die ich interviewt habe, und einigen meiner Nachgedanken dazu. Die Frauen sind inzwischen älter als 70 Jahre.

Auch wenn diese kleine Gruppe nicht repräsentativ ist für alle interviewten Frauen, wollte ich dennoch von ihnen erfahren, wie sie ihren Aufbruch 68 und die Ereignisse dieser Zeit erinnern, die seit den Interviews 30 Jahre und zum Zeitpunkt dieses Gesprächs mehr als 50 Jahre zurücklagen, und welche Bedeutung sie dem heute beimessen. Zudem wollte ich, auch vor dem Hintergrund der aktuellen Krisen und Konfliktsituationen, erfahren, wie sich die Vergangenheit für sie in der Gegenwart darstellt und wie die Frauen ihre Vergangenheit in ihr Leben heute integriert haben.

1. Gespräch der Frauen

Sabine Breustedt, Eva Hubert, Ingrid Kurz, Lerke Scholing und Gabriele Teckentrup (T. Moderation)

T: Ich freue mich, dass wir heute, 30 Jahre nachdem wir die Interviews gemacht haben, zusammengekommen sind, um uns darüber auszutauschen, wie wir die 68er-Zeit heute sehen und verstehen.

Wir sind eine kleine Restgruppe von den elf Frauen, deren Interviews in dem Buch veröffentlicht sind. Drei Frauen war es aus persönlichen Gründen nicht möglich zu kommen, und vier der Frauen sind inzwischen gestorben.

Ihr kennt euch alle aus den Interviews, aber mit Ausnahme von Sabine und Eva bisher nicht persönlich.

Ich möchte unser Gespräch damit beginnen, dass jede von euch erzählt, was sie in ihrem Leben gerade macht und was sie und womit sie sich beschäftigt.

Ingrid Kurz: Nachdem ich aus der Hochschule ausgeschieden bin, habe ich eine Zeit lang politisch erst einmal nichts gemacht. Dann habe ich mir überlegt, was ich Sinnvolles tun könnte, etwas, was nicht so eingebunden ist in feste Strukturen. Seit ein paar Jahren bin ich in der Rosa-Luxemburg-Stiftung, sowohl in Hamburg als auch zentral. In Hamburg habe ich eine Veranstaltungsreihe organisiert zu den Problemen Migration und Flucht, ansonsten bin ich aber eher ein passives Mitglied. Das zweite Standbein ist die Patriotische Gesellschaft. Menschen, die die Patriotische Gesellschaft nicht so gut kennen, zucken immer zusammen und sagen: »Wie passt das zusammen, Rosa Luxemburg und Patriotische Gesellschaft?« Weil damit eher irgendwas aus der rechten Ecke assoziiert wird. Ich bin dort Mitglied in einem Arbeitskreis »Kinder, Jugend, Bildung«. Das ist eine interessante Runde. Ich hatte mit einer Gruppe von Frauen eine Konferenz zu Kinderarmut und Bildung organisiert. Dabei haben wir gemerkt, dass man ohne Organisation im Rücken keine Konferenz durchführen kann. Eine von den Frauen war in der Patriotischen Gesellschaft, und die waren interessiert, und so bin ich dort gelandet. Das sind meine Hauptaktionsfelder. Dann bin ich noch in einer Initiative, die Flüchtlingsarbeit macht, aber da bin ich nicht sehr aktiv.

T: Das hört sich zumindest vielbeschäftigt an.

Lerke Scholing: Um zu verstehen, was ich heute mache, muss ich damit beginnen, dass ich auf sehr unschöne Weise meinen Job als Geschäftsführerin bei der Neuen Gesellschaft in Hamburg verloren habe, den ich sehr gerne gemacht habe. Als mir dieser Job angeboten wurde, bin ich nicht gefragt worden, ob ich Mitglied der SPD sei. Ich war die erste Geschäftsführerin, die nicht in der SPD war.

Eva Hubert: Gehört die Neue Gesellschaft zur SPD?

Lerke Scholing: Nein, sie ist SPD-nah ... und eines Tages, die SPD hatte gerade die Wahl verloren, kam der Bürgermeister, damals Olaf Scholz, in mein Büro und sagte zu mir, sie wüssten, dass ich nicht in der Partei sei ...

Eva Hubert: Das war nach 9/11, 2001.

Lerke Scholing: … Und dann haben sie es so hingedreht, dass ich meinen Job verloren habe. Da war ich 59 Jahre, in einem Alter, in dem man sich auf nichts mehr bewerben kann. Ich habe dann auf einer Freiwilligenbörse in Hamburg den Senior Experten Service kennengelernt, und die haben mir drei wunderbare Einsätze in Mexiko, in Peru und in Odessa vermittelt. Der tollste Einsatz war in Odessa, obwohl ich zunächst Zweifel hatte, dort hinzugehen, will ich kein Russisch sprach. Mir wurde dann eine Übersetzerin an die Seite gestellt, mit der wir bis heute befreundet sind. Dann haben mein Mann und ich beschlossen, aufs Land zu ziehen. Das war eine große Umstellung vor allem für meinen Mann, der ja aus Hamburg kommt. Diese Entscheidung hat sich dann als positiv herausgestellt. Als die ersten Flüchtlinge aus Syrien kamen, war für uns beide klar, dass wir uns da engagieren. Und diese Arbeit hat dann sehr stark unser Leben geprägt. … Mein Mann hat die Fahrradwerkstatt gemacht, und das macht er jetzt wieder für die Ukrainerinnen und Ukrainer.

Sabine Breustedt: Aktuell mache ich politisch gar nichts. Ich bin vor mehr als zehn Jahren frühzeitig pensioniert worden. Seither habe ich eigentlich nur Sozialarbeit gemacht. Dabei fühle ich mich immer an die Zeiten mit der KB-Bezirksgruppe Harburg-Wilhelmsburg erinnert, als wir von der Haynstraße 1 in Hamburg-Eppendorf nach Wilhelmsburg in die proletarischen Vorstädte gezogen sind. In unserem Nachbarhaus waren alle Zimmer hauptsächlich an Türken vermietet. Wenn ich gesagt habe, dass wir da doch was machen müssen, wurde mir erwidert: »Das ist überhaupt nicht politisch, du willst immer deine Sozialarbeit machen.« Und so ist es bis heute geblieben. Also, wenn ich was mache, dann sowas.

T: Du hast Familie?

Sabine Breustedt: Ich habe ziemlich viel Familie. Ich habe mit 29 Jahren meinen Sohn bekommen und mich vier Monate später von seinem Vater und Erzeuger getrennt, sogar einvernehmlich. Dann habe ich mit meinem Sohn allein gelebt, bis ich 1989 meinen jetzigen Mann kennengelernt habe. Der hat zwei Kinder mitgebracht, und ich hatte ja schon einen Sohn und dann wollte ich unbedingt noch ein Kind haben. Das hat sich auch bewährt. Kurz gesagt: Ich bin mittlerweile siebenfache Großmutter.

T: Du warst Lehrerin. Wann hast du aufgehört, als Lehrerin zu arbeiten?

Sabine Breustedt: 2010, ungefähr mit 60. Ich konnte einfach nicht mehr. Dann habe ich erst einmal meine Eltern begraben. Dann bin ich mit meiner Sozialarbeit auch in dieses Altersheim gegangen, wo meine Eltern untergekommen waren. Also Politik ... Ich werde zwar unpolitisch genannt, aber mich regt alles wahnsinnig auf, und ich verfolge das auch. Es ist für mich Urlaub, wenn ich mal keine Zeitung lese, aber das halte ich nicht lange durch.

Eva Hubert: Ich habe bis Ende 2015 gearbeitet, die letzten 18 Jahre als Geschäftsführerin der Filmförderung Hamburg Schleswig-Holstein, und ich habe als Folge von diesem Job einige Ämter: Ich bin noch im Stiftungsrat der Hamburgischen Kulturstiftung und im Hochschulrat der HFBK, ich war im ZDF-Fernsehrat und im Arte GEIE-Beirat. Die Mitarbeit dort fand ich total spannend. 2018 bin ich über die Diesterweg-Stiftung der Patriotischen Gesellschaft Patin eines Schwarzen Mädchens geworden, deren Mutter alleinerziehend ist und aus Ghana kommt. Das war eine ganz tolle Erfahrung für mich. In der Coronazeit haben wir jeden Tag telefoniert. Jetzt schließt sie gerade die siebte Klasse ab. Über meinen Bezug zur Filmförderung bin ich seit über drei Jahren ehrenamtliche Vorständin der Themis Vertrauensstelle gegen sexuelle Belästigung und Gewalt, die 2018 im Zusammenhang mit den Harvey-Weinstein-Geschichten gegründet worden ist. Ein Konstrukt von 28 Unterstützerverbänden aus den Bereichen Theater, Bühne, Orchester, Film, Fernsehen. Neu dazugekommen ist der Musikbereich. Als ehrenamtlicher geschäftsführender Vorstand, wir sind zwei, ein Mann und eine Frau, haben wir Personalverantwortung und müssen auch die Gelder akquirieren. Ganz stolz bin ich darauf, dass wir jetzt zu 70 Prozent aus der Branche finanziert werden und zu 30 Prozent noch von der BKM.

T: Was ist BKM?

Eva Hubert: Beauftragte für Kultur und Medien beim Bund, was jetzt Claudia Roth ist und was vorher Monika Grütters war. Und jetzt bin ich noch von den Grünen gefragt worden, ob ich in den NDR-Rundfunkrat gehe. Das mache ich nun auch noch und gehe wie beim ZDF wieder in den Programmausschuss. Das passt insofern ganz gut, als ich 25 Jahre Filmförderung gemacht habe, davor war ich 8 Jahre beim Hans-Bredow-Institut und davor war ich 7 Jahre Lehrerin an einer Berufsschule. Als die Grünen mich deswegen angerufen haben, habe ich gesagt: »Ihr wisst schon, dass ich seit über 30 Jahren kein Parteimitglied mehr bin?« Ich war Mitglied der Frauenfraktion und bin 1990 ausgetreten, als die GAL sich auf einer Vollversammlung mehrheitlich gegen die Wiedervereinigung ausgesprochen hatte. Wir als Frauenfraktion argumentierten dagegen und wurden als »der braune Rest der GAL« und als »schreckliche Nationalistinnen« beschimpft. Und da habe ich beschlossen: Ok, dann trete ich aus der Partei aus. Das lasse ich mit mir nicht machen und ich gebe ich auch gerne mein Mandat zurück. Das hat aber eine Dynamik erzeugt, dass von den acht Frauen sechs ausgetreten sind und als Freche Frauen weitermachen wollten. Eine der Frauen ist als fraktionslose Abgeordnete bei der GAL geblieben, und eine weitere wollte einfach in Ruhe gelassen werden, weil sie sehr krank war.

Aber ich habe keine Enkelkinder und keine Kinder, leider.

T: Meine zweite Frage an euch ist, ob sich eure Sichtweise bzw. eure Einstellung, wie ihr sie in eurem Interview vor 30 Jahren beschreibt, verändert hat und wenn ja, inwiefern?

Sabine Breustedt: Also, gegenüber 1993 hat sich bei mir nichts verändert.

Lerke Scholing: Ich fand es komisch, dass ich das nicht sofort gesagt habe. Mein Leben war schon vor 1993 sehr geprägt von Nicaragua. Ich bin 1980 nach Nicaragua gegangen und wollte mir das da mal angucken. Nein, das stimmt so nicht, ich wollte mal eine Revolution erleben und zwar ganz nah. Und dann habe ich mich stehenden Fußes in das ganze Land verliebt. Nicht in einen Mann, ich habe mich in alle verliebt, und das ist bis heute so geblieben. Wir sind nach wie vor in der Nicaragua-Hilfe aktiv und wir treffen uns mit denen in Lüneburg. Wir helfen diesen jungen Menschen, hier zurechtzukommen. Die, die aus dem Knast dort kommen, haben immer Folter erlebt. Dora Maria Téllez zum Beispiel liegt im Sterben. Sie ist seit einem Jahr im Knast und sie lassen sie da verhungern. Ich merke, dass ich das kaum sagen kann. Ich kriege sofort Tränen.

Ingrid Kurz: Seit wann sind so viele junge Menschen aus Nicaragua in Hamburg?

Lerke Scholing: Seit 2018, da haben fast alle Studenten angefangen, gegen die Diktatur zu protestieren. Sie kommen auch nach Deutschland, weil Nicaraguaner kein Einreisevisum brauchen. Sie können hier drei Monate bleiben, wie wir auch, wenn wir da hinfahren.

Ingrid Kurz: Ok, ich konnte mir das im Moment gar nicht vorstellen, weil man in den allgemeinen Medien nichts davon hört.

Lerke Scholing: Das ist richtig, wir haben es wirklich versucht. Es gibt ab und zu mal was in der FAZ darüber zu lesen. Die leisten sich einen Lateinamerikakorrespondenten. Aber sonst weiß hier niemand etwas, und das seit vier Jahren.

Ingrid Kurz: Den Begriff Nicaragua-Hilfe kenne ich noch von früher, als das noch keine Diktatur war.

Eva Hubert: In Hamburg gab es doch auch eine Nicaragua-Gruppe.

Lerke Scholing: Ja, natürlich. Schon immer.

T: Einige der Frauen, die die Interviews gemacht haben, sind in der 68er-Zeit auch in Lateinamerika gewesen und haben dort gearbeitet. Du, Ingrid, hast auch eine starke Verbindung zu Lateinamerika.

Ingrid Kurz: Ja, ich habe als Jugendliche in Brasilien gelebt. Ich bin dann als Studentin aber auch später noch mehrfach in Brasilien gewesen, auch in Kuba und in anderen Ländern Lateinamerikas, dann natürlich nie mehr so lange, weil ich gearbeitet habe und mir das nicht leisten konnte.

T: Hat sich dein Blick darauf heute im Vergleich zu 1993 verändert?

Ingrid Kurz: Nein. Eigentlich hat sich das eher bestätigt.
(Pause)

Ingrid Kurz: Bei mir war das nach dem Putsch in Chile, da haben wir in Hamburg ein Chile-Solidaritätskomitee gegründet in meiner Wohnung damals. Wir haben ganz viel Unterstützung organisiert, ich sag jetzt mal bewusst, gegen den Putsch und für den Kampf der Chilenen.

T: Du hast bisher gar nichts dazu gesagt, Eva.

Eva Hubert: Ich war nie in Lateinamerika.

T: Das ist nicht dein Schwerpunkt gewesen. Ich finde es bemerkenswert, dass ihr alle bei euren Schwerpunkten geblieben seid.

Eva Hubert: Ich habe so eine Patchwork-Geschichte, Lehrerin, Redakteurin und dann bei der Filmförderung, was öffentliches Mäzenatentum ist, wenn man so will. Ich fand es total spannend, 25 Jahre Drehbücher zu lesen, Dokumentarfilme, Kurzfilme, lange Filme, und viele davon auch international, weil wir viele Koproduktionen unterstützt haben. Aber so tief einzutauchen in Flüchtlings- oder Lateinamerikahilfe, das war bei mir nicht der Fall. Ich habe das natürlich in euren Interviews gelesen und fand das ganz spannend. Ich war 1973 fertig mit meinem Lehrerstudium – da war ich noch nicht 23 Jahre. Ich hatte kein Berufsverbot, obwohl ich politisch aktiv war, beim Studentenparlament, dann beim »Arbeiterkampf« und bei der »Arbeiterhilfe« ... Mein Name ist damals durchaus aufgetaucht. Ich dachte mir, komisch, warum bin ich immer so unter dem Radar gelaufen?

Ingrid Kurz: Die Berufsverbotepolitik war ja darauf ausgelegt, unsicher zu machen und nicht, dass man kalkulieren konnte, wie gefährlich das ist, was man tut. Man wurde irgendwie rausgegriffen und dann mit dem Kommunismusvorwurf oder sonst was konfrontiert. Das war Willkür und es war und es sollte auch nicht kalkulierbar sein, wer betroffen ist.

Eva Hubert: Ich dachte, 1973 war vielleicht zu früh.

Ingrid Kurz: Nein, das (mit den Berufsverboten) ging 1971 los.

Sabine Breustedt: 1971 sind wir schon als Studentenvertreter durch die Seminare getingelt und haben uns dagegen ausgesprochen und fanden das unerhört.

Ingrid Kurz: Noch mal zu der Frage, ob ich heute irgendwelche Dinge aus dem Interview anders sehen würde? Eigentlich nicht. Ich würde eher sagen, ich hätte vielleicht mal ein bisschen länger nachdenken und einiges ein bisschen ausführlicher oder deutlicher (sagen sollen), aber anders nicht.

Lerke Scholing: Doch, bei mir schon. In dem Interview ging es ja sehr um meine Auseinandersetzung mit dem Nationalsozialismus und mit meiner Mutter und ihrer Beteiligung daran. Da hat sich meine Sicht wirklich sehr verändert. Ich verurteile sie nicht mehr so und sehe das nicht mehr so moralisch.

Sabine Breustedt: Du bist verständnisvoller gegenüber deiner Mutter?

Lerke Scholing: Ja.

Sabine Breustedt: Genau wie du deine Eltern besser verstehst, wenn du selber Eltern wirst.

Lerke Scholing: Das denke ich auch. Das hat was mit Ältersein zu tun. Es gibt manches, was ich anders sehe, zum Beispiel bei meinen Reisen nach Osteuropa. Immer habe ich gedacht, hoffentlich war mein Vater nicht dabei. Dann habe ich mir vom Militärhistorischen Institut seine Akte schicken lassen und gedacht, ich lese nicht richtig. Mein Vater hat den Feldzug gar nicht mitgemacht, der ist am ersten Tag verletzt worden und war im Lazarett.

T: Aber du bist mit dem Gefühl aufgewachsen, dass dein Vater die ganze Zeit dabeigewesen ist?

Lerke Scholing: Ja. Und das hat mich sehr beruhigt. Was habe ich bloß all die Jahre da gemacht?

Ingrid Kurz: Es muss doch auch beunruhigen, wenn man so ein Bild vom Vater hat. Wer hat das denn vermittelt?

Lerke Scholing: Diese Übermoral, das hatte was mit meinem Beruf zu tun. Wenn ich in dem Interview gesagt habe, mir wäre das nicht passiert, ich hätte besser hingeguckt, dann sage ich heute, weiß ich das? Weiß ich, ob wir da nicht auch drauf reingefallen wären?

Sabine Breustedt: Ich finde es schwierig, das zu verurteilen, auf jeden Fall.

T: Wie ist das bei dir, Eva? Du hattest darüber ja viele Auseinandersetzungen mit deinen Eltern.

Eva Hubert: Ja, wobei über den Nationalsozialismus überhaupt nicht geredet wurde. Ich habe ja schon von meinem Onkel erzählt, der im KZ in Dachau war. Der war der Einzige, der überhaupt ein bisschen darüber gesprochen hat. Dadurch, dass für mich früh klar war, dass ich nach dem Abitur aus München und von meinen Eltern weggehe, habe ich diese Geschichte dann für mich geklärt. Ich wäre gar nicht mehr auf die Idee gekommen, später noch mal meine Mutter zu fragen.

T: Hast du dich mit deinen Eltern ausgesöhnt?

Eva Hubert: Ich hatte schon als Kind und später noch viel mehr ein sehr distanziertes Verhältnis zu meinen Eltern. Man macht, was man tun muss, also habe ich gemacht, was ich tun musste, aber das war es auch.

Ingrid Kurz: Bei mir hat sich das insofern nicht geändert, weil ich heute auch nicht mehr über meine Eltern in der Zeit des Nationalsozialismus weiß, als ich 1993 gewusst habe, nämlich fast gar nichts. Das sind so vage Interpretationen aus bestimmten Bemerkungen, aber was sie wirklich gemacht haben? Sie haben eigentlich nichts erzählt, nie ... Insofern hat sich die Sichtweise auf meine Eltern, was das anbetrifft, auch nicht verändert. Ich weiß jetzt immer noch nichts, und da ist auch nichts dazu gekommen.

Sabine Breustedt: Das war bei mir total anders. Meine Eltern haben sehr viel über diese Zeit gesprochen. Mein Vater hat das alles gehasst. Wenn er Musik gehört hat, er mochte gern moderne Musik und Jazz und Swing, dann hat er immer gesagt: »Und das wollten die Nazis verbieten, stell dir das mal vor, so eine tolle Musik.« Und meine Mutter hatte eher den Schluss daraus gezogen, dass jegliche Form von politischem Engagement schlecht sei. Das war auch die Haltung, mit der sie mir begegnet ist.

T: Du, Ingrid, hast deine Mutter als sehr strikt erlebt, gar nicht zugänglich. Hast du inzwischen besser verstanden, warum sie so war?

Ingrid Kurz: Nein, sie war so bis zum Ende ihres Lebens, das war wie ein durchgehender Charakterzug, ziemlich unzugänglich und auch nicht sehr zugewandt. Ich dachte immer, sie war Mutter contre cœur, also Muttersein war nicht das, was ihr am Herzen lag. Aber sie war eine unglaublich pflichtbewusste, versorgende Mutter, auch in schwierigen Zeiten. Sie hat uns drei Kinder durch die Nachkriegszeit befördert, ohne dass wir was davon gemerkt haben, dass es uns schlecht ging, dass wir arm waren, dass sie wahnsinnig strampeln musste, um irgendwie an Futter zu kommen. Das war ihr vorwiegender Charakter.

T: Es scheint so, dass es für einige von euch gar nicht möglich gewesen ist, an die Eltern heranzukommen. Deine Eltern, Sabine, scheinen im Vergleich zu den Eltern der anderen Frauen eine Ausnahme zu sein.

Sabine Breustedt: Ja, das habe ich im Laufe der Jahre auch verstanden, dass meine Eltern für ihre Generation besonders waren. Besonders mein Vater.

Lerke Scholing: Bei mir gibt es einen Schnitt. Ich hatte ja ein sehr gebrochenes Verhältnis zu meiner Mutter. Meine Mutter hat die US-Serie Holocaust gesehen, und das war für sie wie ein Schock. Als dann der Chefredakteur der »Lüneburger Zeitung« mir erzählt hat, dass meine Mutter mit ihm über den Nationalsozialismus und die große Schuld gesprochen habe, habe ich gedacht: Ausgerechnet ich, ihre Tochter, tue mich so schwer mit ihr. Deswegen ist es für mich so wichtig zu sagen, ich habe mich mit ihr versöhnt. Das ist für mich beruhigend. Das hat lange gedauert. Ich werde jetzt 75, und es wird auch mal Zeit.

Ingrid Kurz: Meine Eltern waren sehr aufeinander bezogen. Der Vater war alles, und die Kinder kamen dann auch noch, so ungefähr. Mein Vater ist ziemlich früh gestorben, er ist nur 62 Jahre alt geworden. Aber die Beziehung zwischen den beiden war sehr eng und intensiv, und meine Mutter war voll und ganz auf ihn bezogen.

T: Das ist wirklich eher eine Ausnahme. In den Interviews werden die Elternbeziehungen eher schrecklich beschrieben.

Ingrid Kurz: Zum Teil lag das auch an den Verhältnissen. Meine Mutter wollte studieren, sie wollte Lehrerin werden, sie wollte arbeiten. Aber nach dem Arbeitsdienst ging dann nur noch die Ehefrauenrolle.

Eva Hubert: Meine Mutter wollte arbeiten, weil sie das schrecklich fand, nur zu Hause mit den beiden Töchtern zu sitzen, und das hatte mein Vater verboten. Er meinte, das kommt nicht infrage, was denken dann die Leute. Also, darüber kann man sich heute noch empören. Sie hat das dann ein bisschen unterlaufen, indem sie bei einer Freundin, die einen Frisiersalon hatte, die Buchhaltung gemacht hatte. Dafür wurde sie umsonst mit Dauerwelle und Färben versorgt. Zu arbeiten wäre im Grunde genommen für sie die Möglichkeit gewesen, aus der Ehe auszusteigen. Zwischen meinen Eltern war das keine Liebesbeziehung. Aber wenn du als Frau nicht arbeiten konntest und kein eigenes Geld hattest, wie sollst du das dann machen?

T: Deine Mutter, Lerke, war sehr aktiv, sie war ja nachher auch bei den Grünen.

Lerke Scholing: Da war sie schon Witwe, und dann hat sie die Grünen mitgegründet, da begann für sie ein zweites Leben, und sie hat wirklich noch mal Furore gemacht. Sie ist in Lüneburg bekannt als »die große alte Dame der Stadt Lüneburg, Freyja Scholling«. Inzwischen kann ich damit umgehen und denke: »Ja, das stimmt, sie war eine ungewöhnliche Person.«

T: Dann sind wir eigentlich schon bei der Frage, welche Bedeutung die 68er-Zeit aus heutiger Sicht für euch hat.

Lerke Scholing: Das ist für mich völlig klar: Aufbruch. Ich bin nach Berlin gegangen, weil ... wo sonst hätte man das so toll erleben können. Ich habe ... Rudi Dutschke und den anderen zugehört. Ich habe zwar nichts verstanden, aber gespürt, oh, hier passiert was ganz Spannendes.

Sabine Breustedt: Ich habe das ja in Paris erlebt. Nach dem Abitur war ich acht Monate dort als Au-Pair in einer französischen Familie. Als das dann in Paris losging, war ich immer unterwegs. Meine Eltern saßen zu Hause und sahen die Bilder im Fernsehen und machten sich Sorgen. Dann hat mein Vater angerufen und wollte mich abholen: »Du musst da weg.« Ich habe ihm erklärt, dass ich bleibe, und ich bin geblieben.

T: Wärst du mit ihm zurückgefahren, wenn er dich geholt hätte?

Sabine Breustedt: Ich war ja 18, und damals wurdest du erst mit 21 volljährig. Wenn er gesagt hätte, du musst jetzt mit mir, da wäre mir nichts anderes übriggeblieben. Ich hätte natürlich sagen können, ich bleibe hier, und mich irgendwo verstecken.

T: Konntest du dir das vorstellen?

Sabine Breustedt: Nein, das konnte ich mir nicht vorstellen.

T: Du, Eva, bist abgehauen.

Eva Hubert: Ja, ich bin abgehauen. Ich hatte vorher meine Geburtsurkunde und was man alles so braucht zwischengelagert. Dann habe ich mir eine Taktik ausgedacht und so habe ich das dann auch alles gemacht. Ich fand das damals so wichtig, dass man gegen alle möglichen Missstände aufgestanden ist und dagegen argumentiert hat. Ich glaube, das war für jede von uns wichtig. Das hat uns doch durch diese ganze Zeit getragen mit all diesen Verrücktheiten, die man hinterher noch gemacht hat.

T: Du, Sabine, warst wegen deines politischen Engagements vom Berufsverbot betroffen.

Sabine Breustedt: Ja, das war ein riesiger Schock. Plötzlich kriegst du eine Aufstellung, wo du die letzten eineinhalb Jahre gewesen bist. Da weiß einer genauer als du selbst, bei welchen Demonstrationen, Veranstaltungen und Diskussionen du warst. Ich war die Erste, die damals links von der DKP betroffen war. Als KBlerin fühlte man sich eigentlich ziemlich sicher, denn das Berufsverbot hatte bis dahin ja nur die DKP betroffen. Das war mein großer Irrglaube.

Eva Hubert: Sind denn außer dir noch andere betroffen gewesen?

Sabine Breustedt: H. W., und zwar mit der Begründung, dass er mein Untermieter war. Ich wurde nach dem Referendariat nicht eingestellt, und bei ihm ging es um die Verbeamtung auf Lebenszeit. Seine Schulleiterin hat sich richtig vor ihn gestellt. Aber für mich hat sich niemand eingesetzt. Ich wurde einfach abgelehnt.

Lerke Scholing: Ich habe zu der Zeit nicht studiert. Aber ich habe sehr viel Zeit im Audimax der FU verbracht, weil ich irgendwie ein Gespür dafür hatte, dass hier etwas passiert, etwas ganz Neues. Und Rudi Dutschke zu erleben, das war wirklich was ganz Besonderes.

Ingrid Kurz: Für mich war das absolut entscheidende Ereignis dieser berühmte Vietnam-Kongress in Berlin. Damals war ich am Ende meines Studiums und habe mich politisch für alles Mögliche interessiert. Aber wo es wirklich so Klick gemacht hat, das war bei diesem Vietnam-Kongress, und das war 1968 oder 1969?

T: War das so ein Gefühl, etwas ausrichten und bewirken zu können, sich nicht mehr so ohnmächtig zu fühlen.

Ingrid Kurz: Ohnmachtsgefühle sind für mich heute viel stärker als damals. Damals gab es die Vorstellung, wir sind auf dem richtigen Weg und es kann eigentlich nur vorwärtsgehen.

Sabine Breustedt: Damals dachte ich auch, ich erlebe das noch. Als junger Mensch hast du oft so eine Arroganz, dass du das alles anders machst und es dann auch erlebst. Aber das sehe ich nicht mehr so.

Eva Hubert: Also es ist nicht besser im Augenblick, als es vor 20 Jahren war oder vor 40. Ich habe mich aber nie als jemand verstanden, die politisch in der ersten Reihe mitmachen wollte. Mir war es immer wichtig, auch im Kleinen etwas zu verändern. Politik ist ein unglaublich mühsames Geschäft. In der Frauenfraktion in der Bürgerschaft war ich parlamentarische Geschäftsführerin und im Eingabenausschuss, in den wir viele Anträge eingebracht haben. Dabei war es wichtig, auch andere in der Gesellschaft davon zu überzeugen, was man ändern will. Das finde ich ganz aktuell in der Debatte um den Politikstil von Olaf Scholz und Habeck und Baerbock spannend. Ich weiß nicht, ob sich letztlich durchsetzen wird, dass man ein bisschen ehrlicher mit den Menschen umgeht und als Politikerin nicht immer dieses Vorgestanzte runterspult. Mir ist immer wichtig gewesen, andere Menschen mitzunehmen.
(Pause)

T: Das schließt vielleicht daran an, dass es in der derzeitigen Krisen- und Konfliktsituation, ob es um den Krieg oder die Klimafrage geht, kaum mehr möglich erscheint, unterschiedliche Meinungen und Gedanken offen zu äußern und sich auszutauschen.

Ingrid Kurz: Das war aber in den Siebzigerjahren besonders grauenhaft. Entweder du bist das eine oder das andere. Eine Differenzierung gab es doch überhaupt nicht. Ich sehe das nicht so, sondern eher so, dass es mehr Skepsis gibt. So polarisiert wie früher erlebe ich die Situation nicht.

Eva Huber: In den linken Gruppen damals war das extrem polarisiert.

Sabine Breustedt: Ja, entweder man war richtig oder man war falsch.

Eva Hubert: Die Frage ist doch, wie man mit unterschiedlichen Meinungen umgeht und wie man ein solidarisches Miteinander schafft. Seit der Flüchtlingskrise 2015 ist das für mich noch mal richtig sichtbar geworden.

Lerke Scholing: Mich beängstigt seit dem Ukraine-Krieg die Angst vor einem Krieg in Europa. Manchmal denke ich, ich gucke da nicht mehr hin, ich ertrage es nicht mehr. Aber das tue ich dann doch wieder.

T: Du meinst die Ohnmacht?

Sabine Breustedt: Die Ohnmacht ist schon schwer zu ertragen. Ich gönne es mir manchmal, alles beiseite zu schieben, aber das kannst du nur bedingt durchhalten.

T: Das ist wohl eine Gradwanderung zwischen sich einmischen, helfen wollen und sich auch moralisch dazu verpflichtet zu fühlen und dem Gefühl, sich damit zu überfordern.

Ich danke euch für das Gespräch.

2. Nachgedanken

> »Alles, was die Kulturentwicklung fördert, arbeitet auch gegen den Krieg.«
> *(Freud, 1933, S. 286)*

Zunächst hatte ich nicht die Absicht, das Gespräch zu kommentieren, aber es hat mich im Nachhinein mehr beschäftigt, als ich vorher gedacht habe. Und so habe ich mich doch dazu entschieden, einige meiner Gedanken hinzuzufügen.

Im Folgenden werde ich meine Überlegungen darüber reflektieren, welche Antworten das Gespräch auf die Frage gibt, wie sich die Vergangenheit in der Gegenwart präsentiert und welche Bedeutung sie für die Lebensgestaltung der Frauen hat.

Vor dem Gespräch war ich aufgeregt und auch neugierig, die Frauen zu treffen, die ich lange Zeit nicht gesehen und mit denen ich mich in den letzten Monaten so intensiv beschäftigt hatte. Daher war unsere gemeinsame Vergangenheit für mich sicher höher besetzt als für die Frauen, die ich vor allem zu Beginn des Gesprächs eher abwartend distanziert und rational erlebt habe.

Nach dem Gespräch war ich zunächst enttäuscht, sicher auch, weil so wenig von der emotionalen Bewegung spürbar wurde, die ich wohl nach wie vor mit der 68er-Bewegung verbinde und erwartet hatte. Es schien mir, als gebe das Gespräch für meine Frage so gar nichts her.

Dabei ist mir wichtig zu betonen, dass ich nicht von den Frauen enttäuscht gewesen bin, sondern dass mich das Gespräch, gemessen an meinen Erwartungen, enttäuscht hat.

Ich hatte das Gefühl, als Moderatorin etwas falsch gemacht, versagt zu haben. Das war mir unangenehm und peinlich, und ich habe überlegt, das Gespräch besser nicht zu veröffentlichen. Aber es war mit den Frauen abgesprochen und zumindest für zwei der Frauen war es wichtig, einige Aussagen in ihrem Interview zu korrigieren oder zu ergänzen.

Schließlich habe ich dem nachgespürt, wie das Gespräch, sein Verlauf und mein Erleben für die Fragestellung aus tiefenhermeneutischer Sicht auch verstanden werden können.

Zunächst kam mir der Gedanke, dass meine Erwartungen wohl überhöht, idealisiert gewesen sind und dass ich in meiner Ent-täuschung die Kehrseite der Idealisierung, die Entwertung, erfahren habe. Beide Zustände, Idealisierung und Entwertung, bedingen sich jeweils, und dabei fiel mir ein, dass dieser Mechanismus für die Fragestellung eine grundsätzliche Bedeutung hat, die sich wie ein roter Faden von Anfang an durch das Projekt zieht. Die Idealisierung einer Vorstellung ist grundsätzlich eine wesentliche Anschubkraft dafür, auszubrechen aus Situationen, die als unerträglich erlebt und verändert werden sollen. So auch für die Frauen der zweiten Generation, die trotz ihrer Befürchtungen, sich schuldig zu machen, aus der Erstarrung in den Jahren der Nachkriegszeit 1968 ausgebrochen und in den Widerstand gegen die herrschenden und erdrückenden gesellschaftlichen Normen gegangen sind. Für diesen Schritt brauchte es idealisierte Vorstellungen, Ziele von einem anderen, dem »richtigen Weg«. »Ich fand das damals so wichtig, dass man gegen alle möglichen Missstände aufgestanden ist und dagegen argumentiert hat. Ich glaube, das war für jede von uns wichtig. Das hat uns doch durch diese ganze Zeit getragen mit all diesen Verrücktheiten, die man hinterher noch gemacht hat« (Eva Hubert).

Die meisten Frauen berichten, dass sie auf diesem Weg in ihren Erwartungen auch enttäuscht worden sind, Kränkungen und Entwertungen erfahren haben, sodass einige von ihnen sich von diesem Weg zumindest äußerlich völlig zurückgezogen hatten und damit nichts mehr zu tun haben wollten. (SR)

Durch das Gespräch und seine Wirkung auf mich hat sich die Dynamik von Idealisierung und Enttäuschung, die mit der Bewegung untrennbar verbunden war, noch einmal inszeniert, indem ich erfahren habe, dass und wie sehr diese Idealisierung dazu dient, die emotionale Besetzung und die gesellschaftliche Bedeutung der 68er-Bewegung aufrecht zu erhalten, wohl auch, um zu verhindern, dass sie sich nicht ins Gegenteil, in die Entwertung, wendet.

Beeindruckend ist, wie sehr Idealisierung und die damit verbundenen Gefühle von Grandiosität und die Ideen von Wirksamkeit nach wie vor latent sind, aber auch, wie nah die Enttäuschung liegt, wenn sich die Erwartungen daran nicht erfüllen und dann das virulent werden könnte, was durch Idealisierung vermieden werden soll: Ratlosigkeit, Entwertung, Beschämung, Schuld und Resignation, wie Mitscherlich & Mitscherlich (1967) es beschreiben.,

Ein Ausweg aus der befürchteten Enttäuschung besteht darin, verstehen zu wollen, warum die 68er-Bewegung auch psychologisch so notwendig gewesen ist. Sie hat sich einerseits, im Sinne des Wiederholungszwanges, an einer Idee entzündet und an Personen wie Rudi Dutschke, auch um das Trauma, das wir von der Elterngeneration vermittelt in uns tragen, nicht weiter leugnen und tragen zu müssen.

Dafür braucht es Erinnerung und die Bereitschaft, sich ent-täuschen zu lassen. Erst dann können die eigene Vergangenheit und ihre Bedeutung gesehen und angesehen und eigene Grenzen und Möglichkeiten für sich erkannt und anerkannt werden.

Die Frage stellt sich, in welcher Weise die Vergangenheit, die der Interviews vor 30 Jahren und die aus der 68er-Bewegung vor über 50 Jahren in der Gegenwart des Gesprächs wieder aufgetaucht ist.

Deutlich wurde für mich zunächst, wie präsent diese Lebensphase nach wie vor auch für die Frauen ist und wie sehr die Erfahrungen aus dieser Vergangenheit ihre weiteren Lebensvorstellungen geprägt haben.

Alle Frauen sind, wenn auch in unterschiedlicher Weise, noch immer gesellschaftlich interessiert und engagiert, wobei sich ihre Aktivitäten an den Werten orientieren, die sie in den Interviews 1993 vertreten und die zumindest rational auch den Aufbruch und die Aktivitäten 68 begründet haben. Sie betonen, dass sich ihre Sichtweisen und Einstellungen nicht grundsätzlich verändert hätten, kritisiert wird eher das eigene Verhalten: »Ich hätte vielleicht mal ein bisschen länger nachdenken und einiges ein bisschen ausführlicher oder deutlicher (sagen sollen), aber anders nicht« (Ingrid Kurz).

Hinsichtlich ihrer Einstellung zu den Eltern betonen Ingrid und Eva, dass sich zwar nichts verändert habe, aber für sie persönlich alles geklärt sei, auch weil die Eltern für ihre Fragen an sie nicht erreichbar gewesen wären. Bei Sabine und Lerke hingegen ist die Einstellung zu den Eltern versöhnlicher geworden: Sie hätten mehr von ihnen verstanden. Vor allem für Lerke Scholing bedeutet die Versöhnung mit ihrer Mutter eine große psychische Entlastung: »Ich habe mich mit ihr versöhnt. Das ist für mich beruhigend. Das hat lange gedauert. Ich werde jetzt 75, und es wird auch mal Zeit.«

Das Gespräch erlebe ich im weiteren Verlauf lebendiger, emotionaler, vor allem, als sich die Frauen über die Berufsverbote in den Siebzigerjahren empören, von denen Sabine persönlich betroffen war, und es wird heftiger, als es um die Gefahr für zivile und demokratische Rechte geht, die durch die aktuelle globale Krisensituation bedroht sind. Anders als 68, als bestimmte Ereignisse wie der Vietnam-Kongress 1968 in Berlin, wo Rudi Dutschke mit seiner Rede den Traum von der Weltrevolution entzündet hat, wo es »Klick gemacht hat« für die Vorstellung, auf dem richtigen Weg zu sein und die Welt verändern zu können, wird das Gefühl von Ohnmacht deutlicher, gegen die aktuellen Bedrohungen nichts ausrichten zu können.

Die Auseinandersetzung mit der Realität der Gegenwart, in der ein Gefühl der Ohnmacht vorherrscht, bedeutet für jede der Frauen, die die 68er-Bewegung mit idealen Erwartungen verbunden hatte, eine Ent-Täuschung. Darüber und über ihren Umgang damit haben die Frauen schon in dem Interview 1993 berichtet. Damals waren sie im 40. Lebensjahrzehnt, in einer anderen Lebensphase, und die globale Situation war und erschien weniger bedrohlich.

Die Frauen sprechen darüber, wie sie dieses Ohnmachtsgefühl für sich erleben und damit umgehen. Beeindruckend ist für mich, dass sich keine von ihnen resigniert zurückgezogen hat, auch wenn resignative Gefühle im Gespräch deutlich spürbar werden. Mir erscheint es, als gehe es jeder von ihnen darum, die erkämpften Werte von damals und damit verbunden die eigene Identität zu bewahren und über das gegenwärtige Engagement weiterzugeben.

Die Vergangenheit der 68er-Bewegung erscheint mir in der Gegenwart der Frauen der zweiten Generation wie ein verlässliches Fundament für das, was ich mit zivilgesellschaftlichen Werten verbinde.

Literaturverzeichnis

Arendt, H. (2001). *Menschen in finsteren Zeiten.* Piper München Zürich.

Blos, P. (1978). *Adoleszenz. Eine psychoanalytische Untersuchung.* Klett-Cotta.

Bohleber, W. (1996). *Adoleszenz und Identität.* Verlag Internationale Psychoanalyse .

Bohleber, W. (2000). Die Entwicklung der Traumatheorie in der Psychoanalyse. *Psyche, 54, 797–839.*

Bohleber, W. (2003). Erinnerung und Vergangenheit in der Gegenwart der Psychoanalyse. *Psyche,* 57, 783–788.

Bohleber, W.(2007). Erinnerung, Trauma und kollektives Gedächtnis – der Kampf um die Erinnerung in der Psychoanalyse. *Psyche, 61,* 293–321.

Boveri, M. (1976). *Der Verrat im 20. Jahrhundert.* Rowohlt.

Braun, C. (2007). *Stille Post.* Propyläen.

Eckstaedt, A. (1989). *Nationalsozialismus in der »zweiten Generation.« Psychoanalyse von Hörigkeitsverhältnissen.* Suhrkamp.

Erdheim, M. (1984). *Die gesellschaftliche Produktion von Unbewusstheit.* S. Fischer.

Erdheim, M. (1986). *Die Psychoanalyse und das Unbewusste in der Kultur.* S. Fischer.

Erdheim, M. (1991). Zur Problematik der Imagines von Familie und Kultur. In C. Borer, K. Ley (Hg.), *Fesselnde Familie.* Tübingen: edition diskord.

Erdheim, M. (2015). Vergangenheit, die als Gegenwart erscheint. In Bründl, P. & Scheidt, C. E. (Hg.), *Spätadoleszenz: Identitätsprozesse und kultureller* Wandel (S. 16–40). Brandes & Apsel.

Erikson, E. H. (1959). *Identität und Lebenszyklus.* S. Fischer.

Faimberg, H. (1987). Das Ineinanderrücken der Generationen. Zur Genealogie gewisser Identifizierungen. *Jahrbuch der Psychoanalyse, 20,* 114–134.

Freud, A. & Dann, S. (1951). Gemeinschaftsleben im frühen Kindesalter. In Freud, A. & Burlingham, D. (1971). *Heimatlose Kinder* (S. 165–217). S. Fischer.

Freud, S. (1905). *Drei Abhandlungen zur Sexualtheorie.* In Studienausgabe (Bd. 5, S. 37–134). S. Fischer.

Freud, S. (1912/1913). *Totem und Tabu.* In Studienausgabe (Bd. 9, S. 287–387). S. Fischer.

Freud, S. (1915) *Das Unbewusste.* In Studienausgabe (Bd. 3, S. 119–168). S. Fischer.

Freud, S. (1917).*Trauer und Melancholie.* In Studienausgabe (Bd. 3, S. 193–213). S. Fischer.

Freud, S. (1930). *Das Unbehagen in der Kultur.* In Studienausgabe (Bd. 9, S. 193–270). S. Fischer.

Freud, S. (1932/1933). *Warum Krieg?* In Studienausgabe (Bd. 11, S. 271–287). S. Fischer.

Frei, N. (2008). *1968. Jugendrevolte und globaler Protest.* Dtv.

Gravenhorst, L. & Tatschmurat, C. (Hg.) (1990).*Töchter-Fragen: NS-Frauen-Geschichte.* Kore.

Gravenhorst, L. (1990). Die Wunde Nationalsozialismus und die Sozialwissenschaften als therapeutisches Milieu. In Gravenhorst, L. & Tatschmurat, C. (Hg.). *Töchter-Fragen: NS-*

Frauen-Geschichte. Kore.

Gravenhorst, L. (1997). *Moral und Geschlecht. Die Aneignung der NS-Erbschaft.* Kore.

Hagengruber, R. (2019). Die gestohlene Geschichte. *Philosophie-Magazin. Sonderausgabe: Philosophinnen. Eine andere Geschichte des Denkens.* 9.

Henningsen, F. (2000). Destruktion und Schuld. Spaltung und Reintegrationsprozesse in der Analyse eines traumatisierten Patienten. *Psyche,* 54, 9/10, S. 974–1001.

Hinshelwood, R. D. (1991). *Wörterbuch der kleinianischen Psychoanalyse.* Verlag Internationale Psychoanalyse.

Jähner, H. (2020). *Wolfszeit. Deutschland und die Deutschen.* Rowohlt.

Kätzel, U. (2002). *Die 68erinnen.* Rowohlt.

Khan, M. (1963). Das kumulative Trauma. In *Selbsterfahrung in der Therapie* (S. 50–70). Kindler 1977.

Keilson, H. (1979). *Sequentielle Traumatisierung bei Kindern.* Enke-Verlag.

Keilson, H. (1984). Wohin die Sprache nicht reicht. *Psyche, 38,* 915–926.

King, V. (2002). *Die Entstehung des Neuen in der Adoleszenz.* VS Verlag für Sozialwissenschaften.

Koghan, I. (1989). Vermitteltes und reales Trauma in der Psychoanalyse von Kindern von Holocaust-Überlebenden. *Psyche, 44,* 533–543.

Koch, F. (1995). *Der Kaspar-Hauser-Effekt. Über den Umgang mit Kindern.* VS Verlag für Sozialwissenschaften.

Koonz, C. (1991). *Mütter im Vaterland. Frauen im Dritten Reich.* Kore.

Küchenhoff, J. (2002). *Erinnerung und Neubeginn.* edition psychosozial.

Kraushaar, W. (1998). *1968 – Das Jahr, das alles verändert hat.* Piper.

Laplanche, J. & Pontalis, J.-B. (1967). *Das Vokabular der Psychoanalyse.* Suhrkamp.

Laplanche, J. (1987). *Neue Grundlagen für die Psychoanalyse. Die Urverführung.* Psychosozial Verlag 2011.

Leuzinger-Bohleber, M. & Dumschat, R. (1991). Weibliche Identitätskonflikte 1968 und heute. In: Frag-Mente, Schriftenreihe zur Psychoanalyse. Jenior & Preßler.

Lévi-Strauss, C. (1986). Die Familie. In Lévi-Strauss: *Der Blick aus der Ferne.* (S. 73–1049).

Lorenzer, A. (1970). *Sprachzerstörung und Rekonstruktion.* Suhrkamp.

Lorenzer, A., (1978). Die Analyse der subjektiven Struktur von Lebensläufen und das gesellschaftlich Objektive. In Dahmer, H. (Hrsg) (1980). *Analytische Sozialpsychologie* (Bd. 2, S. 619–632) S. Fischer.

Lorenzer, A. (1986). Tiefenhermeneutische Kulturanalysen. In Lorenzer, A. (Hrsg). *Kulturanalysen* (S. 11–98). Suhrkamp.

Meinhof, U. (1968). Die Frauen im SDS oder In eigener Sache. In Meinhof, U. (1994). *Die Würde des Menschen ist antastbar* (S. 149–152). Wagenbach.

Mertens, W. (2019). Wie zuverlässig und wirklichkeitstreu sind unsere Erinnerungen? *Psyche, 73,* 974–1001.

Mitscherlich, A. & Mitscherlich, M. (1967). *Die Unfähigkeit zu trauern.* Piper.

Moré, A. (2013). Die unbewusste Weitergabe von Traumata und Schuldverstrickung an nachfolgende Generationen. *Journal für Psychologie, 21.* Psychosozial-Verlag.

Murado, L. (2019). *Die Feier der Differenz. Philosophie-Magazin. Sonderausgabe: Philosophinnen. Eine andere Geschichte des Denkens,* S. 132.

Notz, G. (2006). *Warum flog die Tomate? Die autonomen Frauenbewegungen der Siebzigerjahre* (S. 12). AG SPAK Bücher.

Notz, G. (2019) Die Geschichte der Frauen wird ausgelassen. TAZ, 11. 7. 2019, S. 24.

Oliner, M. M. (1997). Das ungelöste Rätsel Trauma. *Psyche – Z Psychoanal.53,* 1115–1135.

Quindeau, I. (1995). *Trauma und Geschichte.* Brandes & Apsel.

Reemtsma, J. Ph. (1997). Die Skala des Scheußlichen ist nach unten hin offen. Gespräch über Gewalt im 20. Jahrhundert. *Frankfurter Rundschau,* 14. April 1997.

Sander, H. (1968). *Rede am 13. 9. 1968 während des SDS Kongresses.* Frankfurt a.M.

Teckentrup, G. (1995). Einige Gedanken zum weiblichen Trotz. In *Evas Biss – Weibliche Aggressivität und ihre Wirklichkeiten* (S. 45–73) Kore Verlag.
Teckentrup, G. (1998). Transgeneratives Trauma und Rebellion. In Schlösser, A. & Höhfeld, K. (Hg.). *Trauma und Konflikt* (S. 421–435), Psychosozial-Verlag.
Teckentrup, G. (2021). Vom Aufbruch in den Widerstand. Motive von Frauen, 1968 politisch aktiv zu werden. In Stambolis, B. & Lamparter, U.(Hrsg). *Folgen sequentieller Traumatisierung. Zeitgeschichtliche und psychotherapeutische Reflexionen zum Werk von Hans Keilson.* Psychosozial-Verlag.
Thürmer-Rohr, C. (1983). Mittäterschaft von Frauen: Die Komplizenschaft mit der Unterdrückung. In Becker, R. & Kortendiek B. (Hg.) (2010). *Handbuch Frauen- und Geschlechterforschung.* (3. Aufl.) Springer.
Vollmer, A. (1991). *Die schöne Macht der Vernunft. Auskünfte über eine Generation.* In Sammlung Zeitgedanken (Bd. 3). Verlag der Nation.
Weil, S. (2019). Das Leid der anderen. *Philosophie-Magazin. Sonderausgabe: Philosophinnen. Eine andere Geschichte des Denkens,* S. 113.

Leitfragen

1) Biografische Angaben
2) Was erinnern Sie aus Ihrer Kindheit und aus der Zeit der Fünfziger- und Sechzigerjahre?
3) Wurde in der Familie über den Nationalsozialismus und über den Krieg gesprochen?
4) Wenn ja, in welcher Weise? Und welche Bedeutung hatte diese Zeit für Ihre Familie?
5) Wenn nicht, wie haben Sie das Nichtsprechen erlebt?
6) Wie haben Sie die Adoleszenz erlebt?
7) Welche Anlässe gab es für Sie, 1968 mitzumachen bzw. sich politisch zu engagieren, und was waren Ihre Beweggründe und Motive?
8) In welcher Weise haben Sie sich engagiert?
9) Wenn Sie Mitglied einer linken Organisation waren, welche Erfahrungen haben Sie für sich gemacht?
10) Welche Bedeutung hat Ihr Engagement für Ihre weitere Lebensgestaltung?
11) Wie ist Ihre gegenwärtige Lebenssituation bzgl. Ihrer politischen Haltung und Einstellung?

Glossar

(1) **Frauenliste:** 1986 trat die GAL mit einer reinen Frauenliste zu den Bürgerschaftswahlen an und erreichte 10,4 % der Stimmen. Das heißt, zwölf weibliche Abgeordnete bildeten die Fraktion der GAL in der Hamburger Bürgerschaft. Entstanden war die Idee »GAL Frauenliste« von den »Frechen Frauen«, als eine Initiative von Adrienne Goehler.

(2) Der **RBJ (Ring bündischer Jugend)** war von 1958 bis 1976 ein Jugendverband in Hamburg mit bis zu 1000 Mitgliedern. Er gehörte u.a. mit dem Bund Deutscher Pfadfinder (BDP) zum Jugendverband RDJ – Ring Demokratischer Jugend. Da der RBJ sich zunehmend zur Jugendorganisation des KB entwickelte, gab es 1973 eine Trennung der Jugendverbände.

(3) Der **KB (Kommunistischer Bund)** wurde 1971 gegründet und bestand bis 1991. Er ging hervor aus einem Zusammenschluss des Sozialistischen Arbeiter- und Lehrlingszentrum Hamburg (SALZ) mit dem Kommunistischen Arbeiterbund Hamburg. Der KB galt im Vergleich zum KBW (Kommunistischer Bund Westdeutschland) und zur KPD/ML als eher undogmatisch. Er hatte in den Siebzigerjahren in Hamburg ca. 1500 Mitglieder. Presseorgan war der »Arbeiterkampf« (AK).

(4) Nach den **Wahlen zur Hamburger Bürgerschaft** im November 1986 wurde die SPD unter Klaus von Dohnanyi nicht mehr stärkste Kraft. Die Koalitionsverhandlungen scheiterten, sodass die Bürgerschaft im Mai 1987 neu gewählt werden musste.

(5) Der **BDM (Bund Deutscher Mädel)** war in der Zeit des Nationalsozialismus der weibliche Zweig der Hitlerjugend, in dem Mädchen von 14 bis 18 Jahren im Sinne des NS-Regimes organisiert waren.

(7) **SDS (Sozialistischer Deutscher Studentenbund),** 1946–1970. Der SDS war ursprünglich ein Hochschulverband der SPD, bis sich im Mai 1960 der Sozialdemokratische Hochschulbund von ihm abspaltete. 1961 schloss die SPD-Führung den SDS aus. Bis zu seiner Selbstauflösung 1970 war der SDS die einzige parteipolitisch unabhängige Hochschulgruppe.

(8) **SED (Sozialistische Einheitspartei Deutschlands),** gegründet 1946 aus der Vereinigung von SPD und KPD in der sowjetischen Besatzungszone und der Viersektorenstadt Berlin. Seit der Gründung der DDR 1949 Staatspartei der DDR.

(9) Der Slogan »**Brot und Rosen**« stammt aus einer Rede der New Yorker Gewerkschafterin Rose Schneidermann im Jahr 1911. 1912 wurde »Brot und Rosen« zur Streikparole und beim Streik von mehr als 20.000 Textilarbeiterinnen in Lawrence, Massachusetts, als Lied bekannt. Bei dem Streik kämpften Frauen aus 40 Nationen für ihre Interessen, in denen es nicht nur um gerechten Lohn (Brot), sondern auch um menschenwürdige Arbeitsbedingungen (Rosen) ging. Seither gehört das Lied zur Internationalen GewerkschafterInnenbewegung und zur Frauenbewegung (Internationaler Frauentag, Weltfrauentag).

(10) **ESG (Evangelische Studierendengemeinde):** In Deutschland gibt es 120 solche Gemeinden, die neben gemeinsamem Essen auch Angebote für Bildung, für gesellschaftliches, politisches, musikalisches und künstlerisches Engagement machen.

(11) **KPD/ML (Kommunistische Partei Deutschland/Marxisten-Leninisten)**: Die KPD/ML war von 1968 bis 1986 eine marxistisch-leninistische kommunistische Partei in der BRD mit ca. 800 Mitgliedern. 1986 ging sie in der VSP auf (der Vereinigten Sozialistischen Partei, die bis 1990 bestand).

(15) **HWP – das Hamburger Modell des zweiten Bildungswegs:** Seit 1970 haben an der HWP (Hochschule für Wirtschaft und Politik) Studierende ohne Abitur Zugang zum Studium. 1993 wurde die Hochschule zur Universität umgewandelt. Seit 2005 ist die HWP Teil der Universität Hamburg mit dem Fachbereich Sozialökonomie.

(16) **Blohm und Voss**: Schiffswerft und Rüstungsfabrik in Hamburg. Hier war u.a. das gewerkschaftliche »Komitee zur Demokratisierung« (Teil von SALZ) der Schiffs- und Rüstungsindustrie aktiv.

(17) **Bunte Liste – Wehrt Euch (BuLi)** – Initiative für Demokratie und Umweltschutz – 1978 in Hamburg gegründete politische Partei. Auf dem Hintergrund der Gründung des Hamburger Landesverbandes »Die Grünen« wurde 1981 von enttäuschten Ex-BuLi Mitgliedern die Alternative Liste (AL) gegründet. Aus

wahltaktischen Gründen fusionierten 1982 die Partei »Die Grünen« und die »AL« zur »GAL« (Grün-Alternative Liste), wie sie bis 2012 hieß.

(18) **Die Frauenanstiftung,** 1988 ausschließlich von Frauen gegründet und geleitet, unterstützte und förderte feministische Projekte im internationalen Maßstab. Geschäftsführerin war Gunda Werner, Namensgeberin des heutigen Gunda-Werner- Instituts. 1998 trat das feministische Institut in der Heinrich-Böll-Stiftung, seit 2007 Gunda-Werner-Institut für Feminismus und Geschlechterdemokratie (GWI), einen Teil des Erbes der Frauenanstiftung an.

(19) **AStA (Allgemeiner Studierendenausschuss** der Uni Hamburg) – für die Interessenvertretung der Studierenden – wird durch das Parlament eingesetzt.

(20) **SSB (Sozialistischer Studentenbund):** Studentenorganisation des KB

(21) **SALZ** (s. auch KB): Sozialistisches Arbeiter- und Lehrlingszentrum, hervorgegangen aus dem DGB-Jour fixe, dem sozialistischen Lehrlingszentrum (SLZ), in das sich Teile des Harburger Lehrlingszentrums integriert hatten, das u.a. bei der Norddeutschen Affinerie und der Phönix AG aktiv war.

(22) Das **LG (Leitende Gremium des KB)** bestand aus bis zu zwölf Personen. Die Zusammensetzung wurde nach außen nicht bekannt gegeben. Bis1989 gab es auch keine Wahlen. Die Redaktion des Zentralorgans des KB, der Zeitschrift »Arbeiterkampf« (AK), bestand aus Mitgliedern des LG.

(23) **KBW (Kommunistischer Bund Westdeutschland):** maoistisch ausgerichtete K-Gruppe, die von 1973 bis Anfang 1985 bestand. Der KBW beteiligte sich von 1974 bis 1981 auch an Wahlen.

(24) **DKP (Deutsche Kommunistische Partei)**

(25) **UZ – »Unsere Zeit«,** 1969 gegründete Wochenzeitung der DKP

(26) Eine **Zelle des KB** war die nach dem Lesekreis nächsthöhere Organisationsform.

(27) Der marxistische Studentenverband **Spartakus** war der Studentenverband der Deutschen Kommunistischen Partei (DKP). Er bestand von 1971 bis 1990 in der BRD.

(28) Die **DFU (Deutsche Friedensunion)**, gegründet 1960, war eine linksgerichtete Partei oder auch ein Bündnis aus Kommunisten und Sozialisten, linken Christen und verschiedenen pazifistischen Organisationen.

(29) **DED (Deutscher Entwicklungsdienst)** war einer der führenden europäischen Personalentsendedienste bis 2011. Er ist gemeinsam mit der GTZ (Deutsche Gesellschaft für Technische Zusammenarbeit) in der Deutschen Gesellschaft für internationale Zusammenarbeit (GIZ) aufgegangen.

(30) Der **BDWI (Bund demokratischer Wissenschaftlerinnen und Wissenschaftler)**, gegründet 1969, engagiert sich für eine Wissenschaft in demokratischer Verantwortung.

Danksagung

Ich danke den Frauen, die mir ihre Lebensgeschichte anvertraut haben.

Ich danke meiner Lektorin Brigitte Grosse für ihre engagierte und sorgfältige Arbeit an meinem Text und ich danke meinen FreundInnen und KollegInnen für ihre kritische und zuverlässige Begleitung meines Projektes, v.a. Gabriele Amelungen, Karin Heister-Grech, Hanns-Werner Heister, Antje Haag, Marita Lamparter, Ulrich Lamparter, Margret Lüdemann, Ulla Lübke-Werner, Gabriele von Malottki, Heidemarie Ott, Sibylle Plogstedt und Martina de Ridder.